LIBERTE DE SAISIR ET EXECUTION FORCEE DANS L'ESPACE OHADA

Collection **Études africaines**

dirigée par Denis Pryen et son équipe

Forte de plus de mille titres publiés à ce jour, la collection « Études africaines » fait peau neuve. Elle présentera toujours les essais généraux qui ont fait son succès, mais se déclinera désormais également par séries thématiques : droit, économie, politique, sociologie, etc.

Dernières parutions

KOUAKOU (Jean-Marie) dir., *Penser la réconciliation. Pour panser la Côte d'Ivoire,* 2015.

WOUAKO TCHALEU (Joseph), *Le racisme colonial, Analyse de la destructivité humaine,* 2015.

TOE (Patrice) et SANON (Vincent-Paul), *Gouvernance et institutions traditionnelles dans les pêcheries de l'Ouest du Burkina Faso,* 2015.

OTITA LIKONGO (Marcel), *Guerre et viol. Deux faces de fléaux traumatiques en République Démocratique du Congo,* 2015.

MAWANZI MANZENZA (Thomas), *L'Université de Kinshasa en quête de repères,* 2015.

MOUCKAGA (Hugues), SCHOLASTIQUE (Dianzinga), OWAYE (Jean-François), *Quelle gouvernance pour l'Afrique noire ?,* 2015.

SEMANA (Tharcisse), *Aux origines de la morale rwandaise. Us et coutumes : du legs aux funérailles,* 2015.

BANGUI (Thierry), *La mal gouvernance en Afrique centrale,* 2015.

GOHY (Gilles Expédit), *Éducation et gouvernance politiques au Bénin. Du danxômè à l'ère démocratique,* 2015.

BADO (Arsène Brice) (dir.), *Dynamiques des guerres civiles en Afrique,* 2015.

Ces dix derniers titres de la collection sont classés
par ordre chronologique en commençant par le plus récent.
La liste complète des parutions, avec une courte présentation
du contenu des ouvrages, peut être consultée
sur le site www.harmattan.fr

Serge Christian EKANI

LIBERTE DE SAISIR ET EXECUTION FORCEE DANS L'ESPACE OHADA

Préface de Félix ONANA ETOUNDI

L'Harmattan

5-7, rue de l'École-Polytechnique, 75005 Paris

http://www.harmattan.fr
diffusion.harmattan@wanadoo.fr
harmattan1@wanadoo.fr

ISBN : 978-2-343-06039-2
EAN : 9782343060392

À mes parents Catherine NKE,
Pascaline EFOUBA et Pierre Paul EYE.

REMERCIEMENTS

Je remercie M. Félix ONANA ETOUNDI de l'honneur qu'il me fait en acceptant de préfacer le présent ouvrage, signe de son soutien à la jeunesse et son dévouement à la construction doctrinale de l'OHADA.

J'exprime également ici ma grande reconnaissance à M. Sylvain Sorel KUATE TAMEGHE (HDR, Chargé de cours à l'Université de Yaoundé II) qui a accompagné mes premiers pas dans la recherche.

Ma gratitude va aussi à l'endroit de :

Franck Borel EYE EKANI et Raphaëlle Lilia OVAMI EKANI, mes enfants pour la joie qu'ils me procurent ;

Stéphanie Julie NGA ASSE FOUDA pour son amour et sa patience ;

M. Joseph Lebel MOLLO pour son soutien et ses encouragements ;

Mme ABE, Née Bernadette NDZIE, qui m'a accompagné pendant mes premières années à l'école primaire ;

A Sabine OHAYON et Charlotte BORIUS pour la mise en forme de ce travail ;

A mes collègues pour la bonne humeur distillée au travail ;

Mes amis pour leur relecture, leurs avis et leur soutien. Je n'ose pas les citer au risque d'en oublier. Ils se reconnaîtront sans doute ;

Mes frères et sœurs pour leur amour sans faille.

PRINCIPALES ABRÉVIATIONS

Aff. : Affaire.

Al. : Alinéa.

Art. : Article.

AUS : Acte uniforme portant organisation des sûretés.

AUSCGIE : Acte uniforme du 17 avril 1997 relatif au droit des sociétés commerciales et du groupement d'intérêt économique.

AUPCAP : Acte uniforme du 10 avril 1998 portant organisation des procédures collectives d'apurement du passif.

AUVE/AUPSRVE : Acte Uniforme sur les Voies d'Exécution forme simplifiée de « Uniforme Portant Organisation des Procédures Simplifiées de Recouvrement des Créances et des Voies d'Exécution ».

Bull.civ.: Bulletin des arrêts de la chambre civile.

Cass.civ. : Chambre civile de la cour de cassation française.

Cass.com. : Chambre commerciale de la cour de cassation française.

CCI : Chambre de Commerce Internationale.

CEMAC : Communauté Economique et Monétaire de l'Afrique Centrale.

CIRDI : Centre International de Règlement des Différends relatifs aux Investissements.

CNUDCI : Commission des Nations Unies pour le Droit Commercial International.

CPCC : Code de procédure civile et commerciale (Applicable au Cameroun suivant l'arrêté du 16 décembre 1954).

C/ : Contre.

CA : Cour d'appel.

CCJA : Cour Commune de Justice et d'Arbitrage.

Cf. : Confer.

CS : Cour suprême.

D. : Dalloz.

DAE : Défenses à exécution provisoire.

DP : Dalloz Périodique.

DS : Dalloz Sirey.

Éd: édition.

EPIC : Entreprise Publique Industrielle et Commerciale.

ERSUMA : Ecole Régionale Supérieure de la Magistrature.

GD-CCJA : Les grandes décisions de la CCJA (ouvrage publié sous la direction de Paul-Gérard Pougoué et Sylvain Sorel Kuaté Tameghé).

GIE : Groupement d'Intérêt Economique.

GP: Gazette du Palais.

Ibid : au même endroit.

JCP: Juris classeur périodique.

LPA: Les Petites Affiches.

Obs: observations.

OHADA: Organisation pour l'Harmonisation en Afrique du Droit des Affaires.

Op.cit.: ouvrage précité.

p. : page.

Préc. : Précité.

PUF : Presses Universitaires de France.

Rappr. : Rapprocher.

RASJ : Revue Africaine des Sciences Juridiques (Revue de la Faculté des Sciences Juridiques et Politiques de l'Université de Yaoundé II).

RCCM : Registre du Commerce et du Crédit Mobilier.

RCDA : Revue Camerounaise de Droit des Affaires.

RDAI : Revue de Droit des Affaires Internationales.

Rec. : Recueil

Rev. cam. Arb : Revue Camerounaise d'Arbitrage.

Rev. drt. Publ : Revue de Droit Public

Rev. Huis. Just. : Revue des Huissiers de Justice

RTD civ : Revue Trimestrielle de Droit Civil.

RTJA : Revue Trimestrielle de Droit et de Jurisprudence des Affaires.

s. : suivant (e) s.

SARL : Société à Responsabilité Limitée.

Somm. : Sommaires.

Supra : Ci-dessus.

TGI : Tribunal de Grande Instance.

TPI : Tribunal de Première Instance.

PRÉFACE

En recueillant les propos de Roger PERROT in « La réforme des procédures civiles d'exécution », Marie MIGNON-GARDET (LPA, 6 janvier 1993, n°3, p11) rappelle toute la dialectique de l'exécution forcée des décisions de justice et autres titres exécutoires. Elle indique notamment que « dans un domaine comme l'exécution forcée où, plus qu'en tout autre, les discussions juridiques cèdent le pas à l'épreuve de force, quand ce n'est pas tout bonnement à des considérations de rentabilité, il faut être convaincu que les textes ne peuvent pas tout. Une véritable réforme réside aussi et surtout dans les mentalités, les habitudes, les usages, une solide déontologie et, pour tout dire, dans une morale éprouvée ».

La réforme OHADA des voies d'exécution a-telle révolutionné les mentalités des débiteurs de mauvaise foi et institué une véritable liberté de saisir en faveur du créancier ?

C'est cette délicate question que Serge Christian EKANI aborde courageusement dans son ouvrage intitulé « Liberté de saisir et exécution forcée dans l'espace OHADA ». La problématique est aussi bien pertinente que d'actualité.

Elle est pertinente en ce qu'elle conditionne le développement du crédit et des affaires, tout comme elle accroit la confiance des citoyens en leur justice et permet de mesurer le respect du droit et l'évolution des droits de l'homme dans une société démocratique. Elle est également pertinente en ce que du point de vue pratique, la décision de justice n'est pas une fin en soi ; elle n'est qu'un moyen parmi tant d'autres, pour parvenir au rétablissement d'un équilibre qui s'est trouvé rompu par le préjudice subi. Or, ce but ne saurait être atteint tant que la décision n'est pas exécutée. C'est l'exécution qui permet le recouvrement des créances, et c'est grâce à elle que les décisions de justice peuvent devenir effectives et avoir un sens.

Elle est d'actualité en ce qu'elle interpelle au quotidien le créancier qui souhaite réaliser son droit de créance, mais aussi le débiteur qui en l'absence d'un paiement amiable, doit pouvoir affronter l'exécution forcée qui constitue la phase la plus critique du conflit d'intérêts entre créanciers et débiteurs. Car la mise en œuvre du droit légitime du créancier justifie parfois le recours à la force publique. Elle risque alors de porter atteinte à des droits fondamentaux tels que celui de la propriété, de l'inviolabilité du domicile.

L'ouvrage de Serge Christian EKANI développe avec satisfaction cette espèce d'équilibre que recherche en permanence le législateur OHADA entre l'affirmation d'un droit de saisir qui renforce les garanties d'exécution du créancier, et l'indispensable protection des intérêts du débiteur qui tempère les ardeurs de cette liberté de saisir.

Dans un premier titre, l'auteur contribue à démontrer que la liberté de saisir du créancier dans la mise en œuvre des voies d'exécution se manifeste aussi bien sur le plan spatial, matériel que sur le plan personnel.

Sur le plan spatial, les décisions de la CCJA pouvant s'exécuter dans tous les pays membres de l'OHADA sans exigence d'exequatur, le créancier peut valablement choisir le territoire dans lequel il pratiquera la saisie contre les biens de son débiteur.

Sur le plan matériel, le législateur OHADA met à la disposition du créancier une panoplie de saisies dont certaines dites classiques ont été simplifiées ou modernisées, et d'autres nouvellement instituées pour tenir compte de l'évolution du patrimoine du débiteur.

Sur le plan personnel enfin, en dehors de la saisie entre les mains du débiteur proprement dit, le créancier peut poursuivre des personnes qui lui sont assimilées, notamment à travers la saisie entre les mains des tiers ou encore la saisie sur soi-même.

Dans un second titre, l'ouvrage marque un bémol sur la liberté de saisir du créancier dont l'exercice ne doit pas être incontrôlé, ni constituer une prérogative liberticide.

Au titre des valeurs qui restreignent cette liberté de saisir, l'auteur met en évidence la protection de l'intérêt général en ce que l'exécution d'une décision de justice ou d'un autre titre exécutoire ne doit point porter atteinte à l'ordre public ou perturber la quiétude du fonctionnement du service public. Une autre limite tient au respect des droits fondamentaux du débiteur dont la vie privée doit être respectée, d'où l'interdiction par exemple de violer son domicile à certaines heures sous prétexte de saisie.

La conclusion à laquelle aboutit la réflexion de Serge Christian EKANI, à savoir que le souci d'humanisation des voies d'exécution par le législateur OHADA a fait basculer le curseur du côté du débiteur dans sa bataille contre le créancier, est digne d'éloges. Car en effet, l'obligation de collaboration et de loyauté mise à la charge du créancier dans les opérations de saisie, la constitution du débiteur comme gardien de ses propres biens saisis, le recours à la saisie comme ultime solution qui s'ouvre au créancier après la défaillance préalable du débiteur, le cantonnement automatique dans les saisies de créances et bien d'autres restrictions rendent incertaine l'issue de la saisie. En cela, la revalorisation du titre exécutoire théoriquement recherchée par la réforme des voies d'exécution en OHADA apparait beaucoup plus un leurre pour le créancier.

L'ouvrage de Serge EKANI, écrit dans une discipline où les intérêts contradictoires du créancier et débiteur s'opposent en permanence, se lit avec curiosité, délectation et intérêt. Il est vivement recommandable, et je le recommande aux universitaires, praticiens et tous usagers du droit OHADA.

Porto Novo, le 21 février 2015

Félix ONANA ETOUNDI
Magistrat
Docteur d'Etat en Droit des Affaires
Expert Juridique International spécialisé en Droit des Affaires
Directeur Général de l'ERSUMA

RÉSUMÉ

La liberté de saisir suppose qu'il soit reconnu au créancier la possibilité de choisir les mesures et moyens de droit qu'il estime opportuns dans la mise en œuvre de son droit à l'exécution. La finalité ultime est alors de permettre au titulaire d'un titre exécutoire d'obtenir facilement la matérialisation du droit qui lui est reconnu dans des conditions de facilité et de célérité raisonnables de sorte à exposer le moins de frais possibles. C'est la condition *sine qua non* de la reconnaissance du caractère fondamental du droit à l'exécution et partant, de l'efficacité du droit OHADA.

Le législateur OHADA, à la différence de ses devanciers, aménage à la faveur du créancier des possibilités de choix appréciables liées aux champs spatial (territoire sur lequel peut se déployer la saisie), matériel (les biens à saisir) et personnel (les personnes contre lesquelles la saisie peut être mise en œuvre) des opérations de saisies. Il ne perd non plus de vue que l'affirmation de cette liberté passe par la recherche constante de l'équilibre entre les parties et donc des intérêts en cause.

Cependant, la philosophie des voies d'exécution préconise que les limitations qu'imposent ces différents intérêts ne contredisent pas fondamentalement le droit de saisir. L'auteur constate que la primeur accordée à l'intérêt général, aux intérêts des tiers, tout autant que l'humanisation de l'exécution forcée par la protection accrue du débiteur, mettent à mal la liberté du créancier et partant, la matérialisation de ses droits. C'est dire que le rapport que l'on peut dresser de la liberté de saisir dans l'espace OHADA reste mitigé à ce jour.

SOMMAIRE

« Liberté. La soif qu'elle inspire est toujours exaltante et son discours est plus porteur d'espoir que le silence et l'oppression. Encore faudrait-il ne jamais oublier qu'elle est bien fragile et qu'à vouloir trop souffler sur la flamme, on risque de l'éteindre. »

TERRE (François),
« Sur la notion de droits et libertés fondamentaux »,
in Droits et libertés fondamentaux, Rémy CABRILLAC, Marie–Anne FRISON-ROCHE, Thierry REVET (sous dir.)
Paris, Dalloz, 6e éd. 2000, p.5.

INTRODUCTION GÉNÉRALE

Le droit objectif pose l'ensemble des règles juridiques qui régissent la vie en société et sanctionnées par la puissance publique[1]. Le droit met ainsi à la charge des sujets, des obligations, c'est-à-dire des devoirs assortis de sanctions juridiques *« impliquant l'intervention étatique et au besoin, la force publique pour en assurer le respect »*[2].

A l'analyse de ce qui précède, il apparaît que, le droit, prévu par les textes, se doit d'être mis en application. La division des droits subjectifs consacre ainsi les droits substantiels (droits déterminateurs) et les droits processuels (droits sanctionnateurs). Les premiers reconnaissent des prérogatives pendant que les seconds permettent de les rendre effectives.

Le droit OHADA[3] n'a pas manqué à cette logique. Dans la mise sur pied d'un droit des affaires moderne et ouvert, en vue de *« faciliter les échanges et les investissements et de garantir la sécurité juridique des activités des entreprises »*[4], le législateur devait adopter des règles uniques de droit matériel. Ceci a pu être réalisé grâce à la mise en place d'Actes uniformes[5] applicables à l'ensemble des Etats

---

[1]R. GUILLIEN et J. VINCENT, *Lexique des termes juridiques,* Paris, Montchrestien, 13ème éd. 2001, p.214.

[2] A. BENABENT, *Droit civil, les obligations,* Paris, Montchrestien, 2005, p. 1.

3 Organisation pour l'Harmonisation en Afrique du Droit des Affaires. Le traité créant cette organisation a été signé à Port-Louis (Ile-Maurice) le 17 octobre 1993 et révisé à Québec en 2008 par les chefs d'Etats et de délégations des pays africains de la zone franc. Il est entré en vigueur le 18 septembre 1995. Il est déposé auprès du gouvernement du Sénégal.

4 P.-G. POUGOUE, "OHADA, instrument d'intégration juridique" *RASJ*, vol. 2, n°2, 2001, p11.

5 A ce jour, neuf Actes uniformes ont été adoptés et portent sur le droit de l'arbitrage, le doit commercial général, le droit des sociétés commerciales et du GIE,

membres[6]. Ces normes matérielles ont pour but de régir les personnes et leurs activités dans le domaine du droit des affaires, tout en leur attribuant des droits.

Ainsi attribués, ces différents droits, lorsqu'ils sont contestés, doivent être rétablis par les juridictions. Mais force est de constater que, *« pour l'homme moderne, la reconnaissance d'un droit n'est pas une fin en soi et davantage peut-être qu'autrefois, il se résigne mal à ce que le droit qui lui a été reconnu ne trouve pas concrétisation dans les faits »*[7]. Il est donc important qu'au sortir du prétoire, les voies d'exécution soient mises en œuvre au cas où le débiteur ne se serait pas exécuté spontanément.

Cela dit, il faut d'emblée relever que l'AUVE[8], dans aucune de ses dispositions ne donne la définition de ce que sont les voies d'exécution. Cette attitude consistant à présenter simplement la matière sans la définir n'est pas le propre du seul législateur OHADA. C'est qu'en réalité, l'entreprise de définition d'une discipline présente le risque de mal la cerner, ce qui peut souvent conduire à deux situations. Premièrement, lorsque la définition esquissée s'avère

---

le droit des sociétés coopératives, le droit comptable, le droit des sûretés, le droit des procédures simplifiées de recouvrement et des voies d'exécution, le droit des procédures collectives d'apurement du passif et le droit de transport des marchandises par route.

6 Ils sont au nombre de dix sept : le Bénin, le Burkina Faso, le Cameroun, le Congo (Brazzaville), la Côte d'Ivoire, le Gabon, la Guinée Bissau, la Guinée Conakry, la Guinée Equatoriale, le Mali, le Niger, la République Centrafricaine, le Sénégal, le Tchad, le Togo, l'Union des Comores et la République Démocratique du Congo ; le Ghana semble aussi s'y intéresser.

7 R. PERROT, PH. THERY, *Les procédures civiles d'exécution,* Paris, Dalloz 2000, p 1.

[8] Acte uniforme sur les voies d'exécution. Il s'agit d'une appellation simplifiée de l'Acte uniforme sur les procédures simplifiées de recouvrement et des voies d'exécution.

restrictive, elle enferme abusivement la matière dans des frontières étroites, excluant de manière injustifiée certains de ses aspects. Parfois aussi, la discipline appréhendée de manière restrictive est hostile à l'intégration de situations nouvelles. Deuxièmement, si la portée s'avère extensive, elle devient trop dangereuse. Ceci conduit à une insécurité juridique, le risque étant que, par l'arbitraire, une institution ou une notion se mue en un fourre-tout. Conscient de cela, le législateur abandonne généralement cette tâche au juge.

La CCJA[9] n'a pas failli à cet appel. Ainsi, dans son arrêt n° 029/2008 du 3 juillet 2008, elle présente les voies d'exécution comme des *« procédures qui permettent à un créancier de saisir, et au besoin de faire vendre les biens et droits de son débiteur afin de se faire payer et celles qui ont pour but la délivrance ou la restitution d'un bien mobilier corporel »*[10].

Cette mise au point, à la différence de bien d'autres, a le mérite d'intégrer la saisie- appréhension souvent négligée dans la définition des voies d'exécution. Elle pose toutefois quelques difficultés quant à son interprétation, tout autant que certaines définitions doctrinales[11]. En effet, il est difficile de percevoir que les saisies conservatoires y sont intégrées, même si l'on peut rétorquer que la formule « *au besoin* » sous-entend leur prise en compte. Mais, cette définition n'en reste pas moins ambiguë, et donc imparfaite. La définition du juge

---

[9] Cour Commune de Justice et d'Arbitrage de l'Organisation pour l'Harmonisation en Afrique du Droit des Affaires. C'est la juridiction de cassation des Etats membres de l'OHADA dans le domaine du droit des affaires relevant du Traité OHADA. Elle a une fonction judiciaire contentieuse et une fonction consultative et abrite en son sein un Centre Permanent d'Arbitrage dont elle assure l'administration.

[10] CCJA, arrêt n°029/2008 du 3 juillet 2008.

[11] V. par exemple, A.-M. ASSI-ESSO, NDIAW Diouf, *OHADA, Recouvrement des créances,* coll. Droit uniforme, Yaoundé, PUA, 1999, p 1, n°2.

communautaire laisse penser que les voies d'exécution se limitent aux saisies à fin d'exécution, ce qui serait une vision restrictive et donc erronée de la matière.

Dès lors, il vaut mieux retenir que les voies d'exécution sont l'ensemble des voies de droit mises à la disposition des créanciers pour leur permettre d'obtenir ce qui leur est dû, soit en frappant les biens visés d'indisponibilité pour en éviter la distraction par le débiteur ou le tiers, soit pour les faire restituer ou délivrer, ou alors les faire vendre pour en être payé sur le prix. Une telle lecture correspond davantage au domaine de l'AUVE. Celle selon laquelle les voies d'exécution sont *« des voies de droit qui sont mises à la disposition des créanciers pour leur permettre d'obtenir ce qui leur est dû, au besoin par la coercition »*[12] correspond à la conception française qui, il faut le dire, est assez large.

En effet, l'Acte Uniforme, à la différence du législateur français, exclut des mesures telles que l'expulsion[13] ou l'astreinte, du domaine des voies d'exécution. L'OHADA adopte donc un système de voies d'exécution qui lui est propre et qui se limite aux seules saisies.

Juridiquement, le mot «*saisir*» revêt au moins trois sens. Il peut d'abord s'agir en procédure civile de saisir une juridiction, c'est-à-dire de porter une demande devant un tribunal en accomplissant auprès de celui-ci les formalités requises afin qu'il la dise bien ou mal fondée. Il peut ensuite s'agir en droit des successions de saisir un héritier, c'est-à-dire de l'investir de la possession de l'hérédité qui, s'opérant de

---

[12] R. PERROT, PH. THERY, *op. cit.*

[13] Cour d'appel de Dakar, arrêt n°36 du 19 janvier 2001. Pour la Cour, l'expulsion n'est pas une mesure d'exécution forcée soumise à l'article 49 de l'AUVE.

plein droit au jour du décès en faveur des héritiers *ab intestat* ou au profit du légataire universel, fonde le saisi à exercer les prérogatives liées à sa qualité sans avoir à accomplir la moindre formalité[14]. Dans ces deux cas, ce mot a pour substantif la saisine et ne constitue pas le nœud de notre analyse. Enfin, un autre sens de ce mot renvoie à l'exécution forcée et consiste à mettre les biens sous-main de justice, à pratiquer une saisie. C'est ce sens qui nous intéressera.

La saisie est la voie d'exécution par excellence. Elle fait, comme la notion de "voies d'exécution", l'objet de définitions restrictives. Une définition satisfaisante et complète la présente comme un *« moyen d'action offert par la loi au créancier sur les biens du débiteur afin d'assurer la conservation et, le cas échéant, la réalisation de son gage »*[15]. Cette définition intègre à la fois les saisies conservatoires et celles à fin d'exécution. Le gage étant le bien affecté à la satisfaction du créancier, sa réalisation peut supposer la remise, la restitution ou la vente. Elle prend aussi en considération toutes les saisies à fin d'exécution.

Sur ces entrefaites, il est acquis que *« l'imperium est inséparable de la jurisdictio: il en est le complément naturel »*[16]. C'est qu'en réalité, *« la règle de droit n'a de sens que respectée, le droit subjectif n'a d'existence qu'à travers l'effectivité dont bénéficie son titulaire »*[17] , laquelle effectivité est satisfaite au moyen de l'exécution forcée. En effet, la plupart des plaideurs n'ont que faire d'une décision dont ils ne

---

[14] G. CORNU, *Vocabulaire juridique*, Henri CAPITANT, 4e éd., *PUF*, Paris, 1987, P.809.
[15] *Ibid.*, p. 808.
[16] *Ibidem,* p 9.
[17] M.-A. FRISON-ROCHE, "L'impartialité du juge", *D.*, 1999, Chr., p 53.

peuvent obtenir exécution[18]. Le justiciable ne va à la quête du titre exécutoire que parce que c'est par ce moyen qu'il peut obtenir l'exécution que le débiteur ne réalise pas[19]. Or, si les décisions de justice ne sont pas exécutées, c'est à juste titre que l'on peut parler d'un *« droit fantôme, un droit virtuel, un droit trompeur »*[20]. L'inexécution des décisions de justice peut générer chez le justiciable qui en souffre, un sentiment d'injustice, de frustration, de non droit[21]. C'est en réalité ce spectacle désolant qu'offre le paysage juridique des Etats de l'OHADA avant l'avènement du droit uniforme des affaires. En substance, le droit de l'exécution forcée jusque-là applicable dans nombre d'Etats parties[22], hérité du législateur colonial, était devenu inadapté aux exigences économiques et sociales nouvelles, engendrant ainsi *« une sorte d'insécurité juridique marquée par l'ineffectivité des décisions de justice »*[23]. Dans un tel environnement, la grande majorité des décisions de justice restaient lettre morte. Il était donc urgent d'élaborer et d'adopter des *règles communes simples, modernes et adaptées aux situations des économies [des Etats membres] par la mise en œuvre des procédures judiciaires appropriées...* . Cette nécessité était d'autant plus impérieuse que les pays de l'OHADA, craignant de devoir rester à la traîne à une époque où l'on n'hésite plus à ériger de manière solennelle l'exécution forcée en un droit

[18] C. HUGON, "L'exécution des décisions de justice", in *Libertés et droits fondamentaux*, R. CABRILLAC, M.-A. FRISON-ROCHE et T. REVET (dir), Paris, *Dalloz*, 6ème éd., 2000, p 512.

[19] *Ibid.*

[20] *Ibid.*

[21] *Ibid.*

[22] Il est à relever cependant que quelques pays, à l'instar du Sénégal, avaient entrepris de moderniser leur droit de l'exécution forcée issu de la colonisation.

[23] M. MAÏDAGI, "Le défi de l'exécution des décisions de justice en droit OHADA", *Penant,* n°855, p176 ; *Ohadata*, D-06-51 ; www.ohada.com.

fondamental de l'homme dans l'espace européen[24] et dans les textes à caractère international et communautaire, se devaient d'adopter un texte régissant la matière "rénovée" des voies d'exécution.

En effet, il était observé dans l'espace de l'OHADA des situations portant gravement atteinte au caractère exécutoire des décisions passées en force de chose jugée. Pourtant, il n'a jamais été contesté qu' *« il est de l'essence du jugement d'être exécuté »*[25]. Cet état de choses n'allait pas sans conséquence sur les économies de ces jeunes Etats. La preuve en est que le non recouvrement d'importantes créances des banques, entrainant au passage la fuite des investisseurs, est l'une des causes fondamentales de la crise bancaire des années 1980 ayant secoué nombre de ces Etats[26]. Ainsi, le droit OHADA s'est attelé à mettre en place un droit de l'exécution forcée nouveau. Les nouvelles dispositions venaient ainsi consacrer de manière tacite un droit à l'exécution. Il était question de créer des règles et des procédés devant assurer la bonne exécution des titres exécutoires. Mais il restait que reconnu, ce droit soit libre dans son exercice.

La notion de liberté est polysémique et difficile à cerner. Dans le cadre de cette réflexion, nous allons l'appréhender comme l'exercice sans entrave garanti par le droit de telle faculté ou activité[27]. Elle peut dans certains cas être prise au sens banal de toute faculté. La liberté suppose donc la reconnaissance à son titulaire de certaines facultés et

---

[24] V. CEDH, Hornsby c/ Grèce, 19 mars 1995, affaire 107/1995/613/701, JCP-G, 1997, 22949, note O.DUGRIP et F. SUDRE, D. 1998, I, p74, note N. FICERO ; *RTDciv*, 1997, p1009, obs. MARGUENAUD.
[25] C. Hugon, op. cit. , p 513.
[26] M. DIAKHATE, "Les procédures simplifiées et les voies d'exécution : la difficile gestation d'une législation communautaire", ohada.com/*Ohadata*, D-05-10.
[27] G. CORNU, *op. cit*, p 525.

l'aménagement de moyens nécessaires à son exercice facile. Si le droit à l'exécution est une prérogative reconnue, cette reconnaissance ne vaut pas en elle-même grand-chose si elle reste à l'état de simple déclaration de principe. Elle suppose aussi et surtout que des moyens sont mis en œuvre par l'Etat et les institutions qui en sont garantes pour en assurer une certaine facilitation dans sa mise en œuvre. Cependant, la liberté n'est pas seulement positive, elle peut aussi être négative. Dans ce cas, on donne le choix au sujet de l'exercer ou de ne pas l'exercer. Un auteur a pu ainsi affirmer en ce qui concerne la liberté laissée au titulaire du droit d'exécuter que, « *l'appréciation de l'opportunité d'exécuter appartient à la partie qui a gagné le procès, tout comme lui appartient l'opportunité d'introduire l'action en justice. Cela revient à dire que la liberté d'exécuter fait pendant à celle d'introduire l'action : de même qu'un individu peut choisir de subir une violation de son droit en s'abstenant d'intenter l'action, une personne peut décider de ne pas exécuter la décision qui a été rendue à son profit.»*[28]. Mais appréhendée de façon négative, l'expression d'une telle liberté ne permet pas de jauger véritablement sa réalité, sa dynamique, et son effectivité. Par contre, l'expression positive d'une liberté permet d'apprécier sa réalité, son ampleur et partant, sa portée. Par ailleurs, il n'est pas sans intérêt de relever que l'étude d'une liberté dans son champ d'application suppose l'analyse tant de son étendue que de ses limites.

[28] J. FOMETEU, « Observations sous CCJA, arrêt n° 001/2008, 24 janvier 2008. Standard Chartered Bank c/ Caisse Nationale de Prévoyance Sociale du Cameroun », in P.-G. POUGOUE, S. S. KUATE TAMEGHE (Sous la direct*ion de) Les grandes décisions de la Cour Commune de Justice et d'Arbitrage de l'OHADA*, l'Harmattan, Paris, 2010, p.356.

Pourtant, à compulser l'AUVE et les différents travaux de la doctrine, il est presque vain de rechercher l'expression "*liberté de saisir*", d'où l'importance qu'il y a à lui donner le sens qu'elle recouvre. On peut l'appréhender comme la latitude qu'a le titulaire d'une créance revêtant certains caractères[29], de mettre les biens de son débiteur sous main de justice afin de les conserver ou d'en réaliser le gage. Plus encore, il s'agit de la mesure des facilités légales mises au bénéfice du créancier, titulaire du droit à l'exécution, pour lui permettre d'obtenir une réalisation sans contraintes (ou avec le moins de contraintes possible). Dans les anciennes législations issues du Code civil, elle tire son fondement des articles 2092 et 2093. Selon le premier, *« quiconque s'est obligé personnellement est tenu de remplir son engagement sur tous ses biens mobiliers et immobiliers, présents et à venir »*. Quant au second, *« les biens du débiteur sont le gage commun de ses créanciers ; et le prix s'en distribue entre eux par contribution, à moins qu'il n'y ait entre les créanciers des causes légitimes de préférence »*. Ces articles reconnaissent au créancier un droit de gage sur tous les biens du débiteur. Il faut donc dire à leur lecture que *« tout créancier d'une obligation personnelle, quel que soit l'acte ou le fait générateur de sa créance bénéficie de l'article 2092 du Code civil »*[30]. Ce texte a pour objet de permettre au créancier de saisir n'importe quel bien de son débiteur[31] ; il concerne donc l'étendue de la garantie

---

[29] Les caractères de certitude, de liquidité et d'exigibilité, exception faite de la saisie conservatoire.

[30] C. LARROUMET, "Pour la responsabilité contractuelle", in *Mélanges P. CATALA*, Paris, *Litec*, 2000, p.548.

[31] Sous réserve des biens déclarés insaisissables dont le régime sera étudié.

ou de la liberté du créancier d'une obligation personnelle[32]. Ainsi, le droit de saisir les biens du débiteur n'est pas réservé aux seuls créanciers en vertu d'un contrat[33].

Ce principe a été repris dans l'AUVE à l'article 28[34] et réitéré en quelque sorte à l'article 50, alinéa 1 du même Acte[35].

Si ces textes relèvent au premier abord de la reconnaissance du droit à l'exécution, il en ressort en filigrane une certaine liberté donnée au créancier. La liberté de saisir devient alors un moyen de facilitation dans la mise en œuvre du droit à l'exécution. Elle postule des possibilités de choix, d'option, de latitude, d'opportunités. En effet, pour arriver à une exécution satisfaisante, la loi doit reconnaître la possibilité au créancier de choisir les mesures et moyens qu'il estime opportuns dans la facilitation et l'efficacité de son action. Il s'agit pour lui de déterminer quand saisir (sous réserve des prescriptions légales en matière d'heures et des jours de la saisie), comment et qui saisir (dans le cas où il y aurait plusieurs personnes tenues par la dette ou répondant du débiteur). On crée donc dans la réglementation des voies d'exécution, un cadre d'expression libre qui permette au créancier d'être juge de la stratégie à mettre en place pour parvenir à la réalisation rapide, efficace et peu coûteuse de son droit. Il est alors question d'éviter de créer un environnement opaque qui empêche le

---

[32] C. LARROUMET, *Op. Cit,* p.548.
[33] *Ibid.*
[34] Selon cet article, *« A défaut d'exécution volontaire, tout créancier peut quelle que soit la nature de sa créance, dans les conditions prévues par le présent Acte Uniforme, contraindre son débiteur défaillant à exécuter ses obligations à son égard ou pratiquer une mesure conservatoire pour assurer la sauvegarde de ses droits… ».*
[35] Selon l'article 50 alinéa 1, *« les saisies peuvent porter sur tous les biens appartenant au débiteur alors même qu'ils seraient détenus par des tiers, sauf s'ils ont été déclarés insaisissables par la loi nationale de chaque Etat partie ».*

créancier de faire des choix adéquats dans l'exercice de son droit. La liberté de saisir permet donc au créancier, au travers des saisies prévues par la loi, de mettre en place la stratégie appropriée pour pouvoir rentrer aisément dans son dû.

Au final, on peut soutenir que l'exécution fait partie intégrante du droit à la justice. Ce droit est notamment mis en œuvre par la liberté d'action qu'a un justiciable de soumettre sa prétention à un tribunal afin que ce dernier la dise bien ou mal fondée. Rendu à la phase de l'exécution, le corollaire du droit à la justice est le droit à l'exécution de la décision ou de l'acte constatant ou reconnaissant un droit à une partie. Ainsi, la liberté d'exécuter ou de saisir est donc par ricochet, le pendant de la liberté d'agir en justice.

L'éclairage sémantique de la liberté de saisir reste cependant obscur si l'on ne s'attarde pas sur le terrain sinueux de sa différence d'avec le droit à l'exécution. Peut-on imaginer qu'il y ait une différence entre les deux concepts ou s'agit-il simplement de l'appât de la nouveauté terminologique ? Pour notre part, le droit à l'exécution forcée est différent de la liberté de saisir.

La distinction de ces deux notions peut se justifier du point de vue de leurs bases textuelles. Si elle est moins nette en droit OHADA, la liberté de saisir se trouve induite des dispositions précitées des articles 28 et 50 alinéa 1 de l'AUVE. En droit comparé français, le législateur français de 1991 affirme clairement ce principe à l'article 22 al.1. Selon ce texte, « *le créancier a le choix des mesures propres à assurer l'exécution ou la conservation de sa créance* ». Pour ce qui est du droit à l'exécution, il trouve sa manifestation la plus nette dans la lettre de l'article 29 de l'AUVE qui met à la charge de l'Etat l'obligation d'apporter son concours à l'exécution des décisions de justice et autres titres exécutoires ; que la formule exécutoire vaut réquisition directe de la force publique et que sa carence ou son refus engage sa responsabilité.

De même, pour ce qui est du fondement du droit à l'exécution, il repose sur l'obligation pour l'Etat de garantir à tous les citoyens, la reconnaissance, la protection et la matérialisation de leurs droits. La liberté de saisir quant à elle est justifiée par la nécessité de permettre à un créancier de contraindre aisément son débiteur à s'exécuter et partant, d'obtenir la matérialisation de ce qui lui est dû.

Une autre différence subtile peut se trouver au niveau de la distinction du débiteur du droit à l'exécution de celui de la liberté de saisir. Ici, on peut soutenir que l'Etat est garant de la liberté de saisir qui s'exerce contre les biens du débiteur (personne identifiée par le titre exécutoire). Ceci signifie que l'Etat ne pourra alors être mis en cause que s'il n'offrait au saisissant les moyens légaux lui permettant de matérialiser son droit. C'est à partir de cette défaillance que le créancier pourrait exciper son droit à l'exécution (qui jusque-là, reste latent), ou, si l'on veut, l'obligation pour l'Etat de garantir la réalisation du droit qui lui est reconnu. La liberté de saisir est donc la manifestation ultime du droit à la justice si l'on considère que ce dernier va de l'introduction de l'instance jusqu'au dernier acte d'exécution.

Des développements qui précèdent, il ressort que la liberté dans la mise en œuvre du droit à la justice est une exigence importante. Elle se pose dans un contexte où la rénovation du droit de l'exécution forcée est nécessaire, mais tiraillée par des exigences contradictoires dont le juste maniement est la condition même de l'efficience de ce droit. C'est que la promotion du droit à l'exécution devait tenir compte du souci de modernisation et d'humanisation des voies d'exécution. Cette montée des droits humains dans la saisie vise à ne plus considérer le créancier comme une « victime » du « méchant » débiteur qu'il faut absolument venger.

Face à ces exigences parfois contradictoires (déboucher sur une exécution rapide et respecter les droits des parties, notamment du débiteur), mais toutes deux cardinales, la question de la liberté accordée au créancier dans le processus de saisie suscite un vif questionnement. C'est qu'à bien observer, on se rend à l'évidence que le droit de l'exécution forcée, relevant d'une procédure minutieusement règlementée, formaliste et d'ordre public, laisse peu de place au choix, aux options, bref à la liberté. De cette remarque, la question au cœur de cette réflexion est toute simple : existe-t-il une liberté de saisir dans l'espace OHADA ? En d'autres termes, l'AUVE laisse-t-il une certaine latitude au créancier dans l'organisation de la mise en œuvre de son droit de saisir ? Quels en sont le contenu, les modalités, le degré, les limitations ?

Poser dès lors les jalons d'une étude sur la liberté de saisir dans l'espace OHADA ne saurait être sans intérêt ; loin s'en faut.

D'abord du point de vue scientifique, il s'agit de voir si les procédures civiles d'exécution *« en sommeil législatif »*[36] dans les Etats africains depuis les indépendances réussissent à travers la liberté de saisir, le

---

[36] Y. DESDEVISES, "Equilibre et conciliation dans la réforme des procédures civiles d'exécution", in *Nouveaux juges, nouveaux pouvoirs ? Mélanges R. PERROT,* Paris, *Dalloz*, 1996, p 99.

pari de la sécurité juridique chère à l'OHADA. L'on sait clairement que l'harmonisation du Droit des Affaires *« a été perçue comme le remède à l'insécurité juridique et judiciaire qui serait la cause du phénomène de désinvestissement et de la marginalisation de l'Afrique sub-saharienne, de l'investissement direct et du commerce mondial »*[37]. Ainsi, cette étude a pour objectif de recenser les possibilités de choix, d'option, les facilités et les marges de manœuvres qui sont offertes au créancier afin que ce dernier mette en place les stratégies de nature à faciliter la matérialisation de son droit. Par le même temps, l'étude s'attèlera à vérifier, après analyse, si la portée de ces facilités est de nature à renforcer l'efficacité du titre exécutoire. Ceci est d'autant plus justifié que les voies d'exécution sont *« le baromètre de l'efficience du droit dans un pays donné en vue de l'épanouissement socio-économique »*[38]. D'ailleurs, le rapport *Doing Business* de la Banque Mondiale qui mesure l'efficacité des différentes places juridiques en les comparant, à l'aune des facilités d'exécution entre autres, témoigne bien de l'importance de la question. Ce souci se justifie clairement au regard de la montée en puissance, dans le domaine de l'exécution forcée, de l'objectif d'humanisation de la procédure à travers une protection de plus en plus accrue du débiteur[39]. Mais il reste constant que *« s'agissant de faire la part des intérêts contradictoires du créancier et du débiteur, tout système de voies d'exécution doit commencer par affirmer ceux*

---

[37] M. Diakhaté, *op.cit.*

[38] F. P. M. BATOUM, "La saisie- vente dans la législation OHADA ou le sacre de l'insolvabilité ?", *Juridis Périodique*, n°74, avril- mai- juin 2008, p 72.

[39] Lire à ce sujet, S. S. KUATE TAMEGHE, *La protection du débiteur dans les procédures individuelles d'exécution,* Paris, l'*Harmattan*, 2004.

des créanciers »[40]. Il s'agit donc de voir si le "*curseur*" de l'exécution forcée ne s'est pas déplacé vers une plus grande prise en compte du débiteur, lui faisant ainsi la part trop belle au détriment du créancier. Mais au-delà de cet objectif, nous ne nous contenterons pas d'un plaidoyer en faveur du créancier. Ce serait en réalité traiter partiellement et partialement de la question si l'on ne se tournait pas un instant du côté du débiteur. Il faut donc d'emblée bannir toute vision simpliste qui *« se contenterait d'opposer le bon au méchant ou le pauvre au riche »*[41]. En vérité, la réglementation de la liberté de saisir vise par delà la satisfaction du créancier, la protection des intérêts du débiteur et des tiers. Il faut en effet éviter que la liberté ne devienne le prétexte d'abus de toutes sortes. Il s'agit de vérifier si l'AUVE a réussi à *« concilier les exigences de la discipline tournée vers l'efficacité de la décision de justice avec celles du temps présent contradictoires, parfois même…insaisissables »*[42]. Dans cette procédure où l'épreuve de force est sous-jacente, le législateur se doit de fixer les limites à ne pas dépasser afin que jamais la contrainte ne devienne prétexte à des voies de fait ou à des abus de droit[43]. Il faut donc que la législation soit souple pour favoriser une exécution rapide et peu coûteuse, mais en même temps ferme pour permettre la sauvegarde des intérêts légitimes du débiteur[44]. Ceci justifie que la plupart des systèmes d'exécution forcée soient à la recherche du juste

---

[40] Y. DESDEVISES, *op. cit*, p 100.
[41] *Ibid.*
[42] *Ibid.*
[43] R. PERROT, Ph. THERY, *op. cit*, p. 10.
[44] *Ibid.*

équilibre entre les intérêts contradictoires du créancier et du débiteur[45].

Ensuite, sur le plan économique, les intérêts relevés sont d'une importance capitale. Il est admis que le crédit, moteur de l'économie, repose sur la confiance, cette dernière n'étant mieux entretenue que lorsque le créancier a la certitude qu'il sera payé à l'échéance. Or, en l'absence de moyens efficaces de recouvrement et de réelle liberté dans leur mise en œuvre, les prêts ne seraient plus consentis, il s'en suivrait donc la mort du crédit, et donc de l'activité économique[46]. Ainsi, l'affirmation d'une nette liberté de saisir est un facteur de crédit, et, partant, du développement économique. On en veut pour preuve que l'OHADA est mise sur pied au moment où les Etats africains veulent favoriser les investissements.

Par ailleurs, la vie des affaires étant *« une chaîne de solidarité sans fin où tous les agents économiques sont à la fois créanciers et débiteurs »*[47], si un commerçant n'est pas payé en amont, il n'est pas certain qu'il satisfasse à son tour son créancier. L'engrenage pourrait ainsi suivre son train, paralysant au passage toute l'activité économique. S'il est donc prouvé que si l'AUVE garantit à suffisance les chances d'exécution, il permettrait aux pays de l'OHADA de prendre un envol économique considérable.

Enfin, et sur le plan social, il s'agit de mettre à la disposition du justiciable créancier, le canevas à suivre, les stratégies à mettre sur pied pour une exécution rapide, juste et efficace, tout en en précisant

---

[45] F. P. M. BATOUM, *op. cit.*

[46] . PERROT, Ph. THERY, *op. cit.*

[47] R. PERROT, Ph. THERY, *op. cit.*

les bornes justifiées par les droits du débiteur, des tiers et de l'ordre social. L'enjeu dans ce cas est colossal puisqu'il y va de la crédibilité du système judiciaire tout entier. Nul n'est censé ignorer en effet que si les décisions de justice ne sont pas exécutées, les justiciables perdent confiance en l'institution judiciaire, risquant de se faire justice à eux-mêmes ou d'utiliser des moyens peu orthodoxes pour être satisfaits[48]. Il faut reconnaître que les voies d'exécution en général et le juste aménagement de la liberté d'exécution en particulier ont une importance sociale axée sur le maintien de la paix et de l'ordre public[49]. En clair, *« autant un droit mal systématisé et stupidement appliqué est un vecteur de troubles sociaux, autant un droit bien articulé et judicieusement appliqué est un catalyseur, voire une garantie de la paix publique»*[50]. On peut en dire autant de la liberté de saisir.

Pour traiter de la question de la liberté de saisir et partant de la lecture de l'Acte uniforme sur les voies d'exécution, on constate que ce texte affirme clairement l'existence d'une liberté de saisir (TITRE I) dans l'espace OHADA, tout en prenant le soin de procéder à une limitation rigide de celle-ci (TITRE II).

---

48 R. PERROT, Ph. THERY, *op. cit.*, p 11.

49 F. P. M. BATOUM, *op. cit.*

50 F. P. M. BATOUM, *op. cit.*

TITRE I

L'AFFIRMATION DE LA LIBERTÉ DE SAISIR DANS L'ESPACE OHADA

Nul ne saurait, sauf mauvaise foi, nier que l'AUVE consacre sans ambages le principe de la liberté de saisir. Toute dénégation de cette consécration dénoterait d'une analyse superficielle et surtout d'un esprit critique exagéré.

En effet, la lecture de ce texte fait transparaître une affirmation claire d'une telle liberté. Il ne pouvait en être autrement puisque l'objectif affiché de l'OHADA de créer un environnement propice aux affaires, devait indubitablement passer par le renforcement des garanties et des voies de réalisation des droits. L'article 28 al.1 de l'AUVE qui ouvre le titre II du livre I portant sur les dispositions générales relatives aux voies d'exécution, est très évocateur et précis sur ce point. En substance, cet article reconnaît le droit à tout créancier, quelle que soit la nature de sa créance, et dans le respect des conditions prévues à cet effet, de contraindre le débiteur à s'exécuter[51].

Ce texte qui relaie les dispositions des articles 2092 et 2093[52] du Code civil montre à suffisance que le législateur accorde au créancier un droit à l'exécution. Mais le législateur se rend à l'évidence qu'une prérogative n'a de réelle existence que si son titulaire est libre dans

---

[51] Selon cet article, « *À défaut d'exécution volontaire, tout créancier peut, dans les conditions prévues par le présent Acte Uniforme, contraindre son débiteur défaillant à exécuter ses obligations à son égard ou pratiquer une mesure conservatoire pour assurer la sauvegarde de ses droits.* »

[52]Pour les dispositions de ces articles, voir supra, P.30.

l'option des moyens qu'il juge à même de le rendre effectif. On doit lui accorder une certaine latitude dans l'organisation de son action. Il reste juge de ses intérêts et de la manière la plus efficace d'obtenir satisfaction.

Dans le système OHADA, la promotion et la matérialisation du droit à l'exécution forcée passent par un aménagement de la liberté de saisir. Ainsi, le créancier dispose d'un libre choix tant du champ de son action (chapitre I) que des moyens à mettre en œuvre (chapitre II) pour aboutir à l'exécution par la force.

CHAPITRE I

LE CHOIX DU CHAMP D'ACTION

Le créancier peut-il choisir les biens à saisir ? Peut-il choisir la personne entre les mains de qui saisir les biens ? On peut encore se demander si le créancier est libre de poursuivre[53] n'importe qui ou de saisir n'importe quel bien. Lorsqu'il bénéficie d'un titre exécutoire dans un Etat donné, le créancier est-il libre d'en demander l'exécution sur l'ensemble des territoires de l'OHADA ? Ces questions posent en réalité la problématique du champ de la liberté de saisir. Ce champ est tant personnel, spatial que matériel.

Le champ personnel correspond aux personnes contre qui, ou entre les mains desquelles la saisie peut être poursuivie. Il faut rappeler que les moyens d'exécution sur la personne étant proscrits dans le souci du respect de la dignité humaine, l'action est exercée contre les personnes sur les biens qui répondent de la dette.

Quant au champ spatial, il définit le territoire sur lequel le créancier a la latitude de demander que le titre exécutoire qui lui a été accordé soit concrétisé.

Enfin, le champ matériel désigne les biens qui sont susceptibles d'être saisis.

Le choix du champ d'action ne signifie donc pas que le créancier va exercer la saisie soit sur la personne, soit sur les biens. Le créancier

agira contre une personne donnée mais sur les biens du débiteur. On laisse alors le soin au créancier d'être juge de ses intérêts.
La liberté de saisir se manifeste donc tant pour le choix des champs personnel et spatial (Section I) que des biens à saisir (Section II).

SECTION I : LE CHOIX DES CHAMPS PERSONNEL ET SPATIAL

Le créancier a la liberté de choisir les personnes à saisir (§ 1) tout autant qu'il peut décider de poursuivre leurs biens se trouvant dans n'importe quel pays de l'espace OHADA (§ 2).

§ 1 : LE CHAMP PERSONNEL DE LA LIBERTE DE SAISIR : LE CHOIX DES PERSONNES A SAISIR

Le choix du créancier ici est diversifié. Il peut décider de poursuivre seulement le débiteur, le tiers ou de pratiquer une saisie sur lui-même. Il peut aussi, sous réserve de l'abus de droit, décider de poursuivre toutes ces personnes à la fois. Une telle hypothèse est envisageable lorsqu'il peut être prouvé que les biens trouvés entre les mains d'une seule de ces personnes ne sont pas suffisants pour le règlement total de la créance. Sa liberté ne sera alors mesurée que par rapport à l'opportunité de son choix. Ce dernier doit être justifié par le souci de parvenir à une exécution totale et loyale de son droit. On sait alors que parmi les personnes qu'il est susceptible de poursuivre, il peut avoir plus d'intérêt à se diriger vers telle ou telle autre. Son choix sera dicté soit par des considérations personnelles ou alors par les chances qu'il a d'arriver à une issue favorable en raison de l'importance des biens visés. Dans tous les cas, la saisie sera exercée contre le débiteur (A) ou entre les mains du tiers ou sur soi-même (B).

A - L'OPTION DE LA MISE EN ŒUVRE DE LA SAISIE CONTRE LE DÉBITEUR

Le débiteur est celui qui est tenu personnellement ou solidairement d'une dette[54] au profit d'une autre, le créancier. Une certaine hésitation dans la détermination du sujet passif du droit à l'exécution et sa différenciation du sujet passif à la saisie peut prêter à confusion, du moins, sur un plan théorique. Selon un auteur, «*En effet, tout porte à croire que ce sujet est le débiteur. En effet, ce sont ses biens qui, en définitive vont être saisis ; c'est lui qui subit les effets de l'exercice de ce droit. Au vrai, cela ne signifie pas que c'est contre lui que s'exerce le droit [à l'exécution]. Plutôt comme on l'a relevé, lorsqu'un justiciable détenteur d'un titre exécutoire n'a pas pu obtenir satisfaction, il s'en prend à l'Etat qui a failli dans l'accompagnement auquel il avait droit du fait de la détention de ce titre. Dès lors, il apparaît que c'est cet Etat qui est le débiteur du droit à l'exécution.* [55] Il peut donc se créer un *imbroglio* quant à la différenciation entre les sujets passifs à la saisie et du droit à l'exécution.

---

[54] P.-G. POUGOUE, F. TEPPI KOLLOKO, *La saisie immobilière dans l'espace OHADA*, 2e éd., Collection *Vademecum,*, Yaoundé, PUA, 2010, p.24.

[55] J. FOMETEU, « Théorie générale des voies d'exécution OHADA » *in P.G POUGOUE (sous la direction de) Encyclopédie du droit OHADA,* Lamy, 2011, p. 2060, n° 11.

Si l'analyse ci-dessus est pertinente, il convient de scruter la question de plus près. Dans la réalité, l'Etat ne peut en dernier ressort répondre que parce qu'il n'a pas mis en œuvre de façon efficace les moyens qui sont les siens pour faciliter la réalisation de l'exécution. Sa responsabilité ne serait engagée que dans l'hypothèse où les pouvoirs publics et autres officiers ministériels auraient failli à leur obligation de faciliter l'exécution. Son premier devoir est alors d'appuyer le créancier dans la matérialisation de son droit.

L'obligation de l'Etat se limite dans un premier temps à apporter son concours pour que l'exécution engagée contre le débiteur sur ses biens permette la matérialisation du droit du créancier. Ainsi, c'est bien le débiteur qui est le sujet passif à la saisie, l'Etat n'étant que débiteur d'une obligation de facilitation. Ce dernier est donc garant du bon exercice de la liberté de saisir reconnue au créancier contre le débiteur et s'exerçant sur ses biens.

La première analyse tient alors lorsque l'on conçoit que le droit à l'exécution est à distinguer de l'action en saisie fondée sur le droit (créance) reconnu dans le titre exécutoire. Dans une telle occurrence, le sujet passif à la saisie est le débiteur (personne dont le nom ou la raison sociale est porté sur le titre exécutoire) et l'Etat est alors le sujet passif du droit à l'exécution et partant, garant de la liberté de saisir. C'est donc cet écheveau que l'auteur sus-cité a voulu démêler en écrivant que *« Au total, on comprend que le risque de confusion provient de ce que le droit à l'exécution met en jeu trois personnes : le détenteur du titre exécutoire qui est de ce fait créancier du droit à l'exécution ; le débiteur de l'obligation d'aider ce créancier à concrétiser le droit consacré par ce titre et le débiteur de ce dernier droit dont le patrimoine est l'assiette sur laquelle va, en définitive, s'exercer à la fois le droit à l'exécution et le droit consacré dans le titre.»*[56]

Pour les causes de notre analyse qui porte sur la mise en œuvre de la saisie, nous retiendrons que le débiteur en est le sujet passif. Dans le cadre précis de la saisie, il peut s'agir de la personne même du débiteur qui s'est engagé (1) ou de celle qui est tenue pour le compte de cette dernière (2). La saisie pourra donc indistinctement être dirigée contre l'une et/ou l'autre de ces personnes.

1- L'exécution contre la personne même du débiteur

C'est le principal sujet passif de la saisie. C'est la personne à l'origine de la créance pour laquelle l'exécution forcée est engagée. Le débiteur peut être une personne physique ou morale.

L'exécution forcée ici est gouvernée par le principe de la saisissabilité de tous les biens de tous les débiteurs. L'intégralité du patrimoine du débiteur rentre dans le champ matériel de la saisie[57], que les biens visés soient mobiliers ou immobiliers, corporels ou incorporels.

Pour assurer l'exécution de la créance, le débiteur devra fournir au créancier des renseignements sur l'existence de saisies antérieures ou sur la situation des biens à saisir. En plus, le débiteur devra être tenu de garder en bon père de famille les biens que le créancier aura saisis.

Le non respect de ces obligations peut donner lieu à des sanctions tant civiles que pénales. Le fait que la récalcitrance, la mauvaise foi ou

[56] *Ibid.*

[57] Article 28 AUVE, qui reprend l'article 2092 du Code civil.

tout simplement l'inexécution d'une obligation par le débiteur aient mené au recours à la saisie entraîne d'autres conséquences pour le débiteur. Il est question de ne plus infliger au créancier d'autres peines que les tracasseries que le débiteur lui aurait fait subir, et qui l'auraient conduit à recourir à l'exécution forcée.

En effet, le débiteur sera astreint au paiement des frais de la saisie. Il ne peut en être autrement que si les frais en question ont été exposés dans une procédure de saisie sans titre exécutoire ou à moins que la mauvaise foi du débiteur ne soit prouvée. De même, les frais seront laissés à la charge du créancier s'il est prouvé qu'ils ont été inutilement exposés[58]. On constate donc que le droit affirme une large volonté de prêter main forte à l'exécution des engagements par le recours à la force.

L'une des questions de fond qui se pose ici est celle de l'identité de la personne à saisir. S'il est admis que les voies d'exécution ne peuvent être entreprises que contre le débiteur, encore faudrait-il ne pas se tromper sur l'identité de ce dernier. La jurisprudence a de tout temps rappelé que la force exécutoire d'un titre ne peut servir de fondement à l'encontre d'autres personnes que celles qui sont formellement visées dans le titre portant obligation[59].

La CCJA a fort opportunément repris cette exigence à son compte. Pour la haute Cour en effet, la saisie-attribution ne saurait être pratiquée au préjudice d'une personne qui n'a pas été partie à

---

[58] Art. 47 de l'AUVE.

[59] Cass. 2e civ., 21 mars 2002 : Bull. civ. 2002, II, n° 56.

l'instance ayant donné lieu à la décision dont l'exécution est demandée[60].

Cette exigence qui peut être considérée *a priori* comme un truisme, est néanmoins susceptible poser des problèmes si elle est appréhendée à la lettre. Il a par exemple été jugé que les poursuites peuvent être engagées contre une personne qui, sous un nom différent, est en réalité la même que celle à l'encontre de laquelle le titre exécutoire a été émis[61]. Un arrêt récent[62] vient renforcer cette jurisprudence. Les faits sont fort évocateurs de la subtilité de la question. Sur le fondement d'un jugement, une mesure d'exécution avait été engagée contre la partie condamnée. Cette dernière entreprendra de contester la mesure d'exécution engagée contre elle, arguant de ce que la décision rendue condamnait « *Sathi Gahbiche* », alors qu'elle s'appelait « *Fathi Gahbiche* ». Le juge de l'exécution ne lui permettra pas de faire prospérer cette défense fallacieuse.

Cette affaire posait aussi en filigrane le problème de savoir si le juge de l'exécution avait compétence pour interpréter le jugement, et ainsi admettre que « Fathi » et « Sathi » étaient la même personne et corriger ainsi l'erreur de plume commise dans le jugement. La jurisprudence a longtemps admis une compétence optionnelle entre le juge de l'exécution et le juge de fond[63]. La présente décision admet la compétence du juge de l'exécution. Le débiteur qui brandit ce type

---

[60] Arrêt n°025/2014 du 13 mars 2014 : Aff. BICEC C/ Monsieur DEFFO.

[61] Cass. 2e civ., 9 juill. 1997: Bull. civ. 1997, II, n° 326; RTD civ. 1997, p. 998, obs. R. Perrot. Dans le même sens: Cass. 2e civ., 9 nov. 2006 : Bull.civ. 2006, II, n° 314.

[62] Cass. 2e civ., 6 nov. 2008, n° 07-18.465, F-D, Gabiche c/ Lassere: Jurisdata n° 2008-045723.

[63] Cass. 2e civ. 9 juill. 1997: Bull. civ. 1997, n° 326; RTD civ. 1997, p. 998, obs. Perrot- Cass. 2e civ., 9 nov. 2006 : Bull.civ. 2006, II, n° 314.

d'argument ne peut donc se soustraire de ses obligations. C'est que, si le principe est que le débiteur est la personne dont le nom figure sur le titre exécutoire, nul ne peut se prévaloir d'une erreur d'orthographe, qui ne remet somme toute pas en cause son identité et sa qualité, pour contester une mesure d'exécution.

Mais le principe de la saisissabilité générale des débiteurs connaît une dérogation à travers les immunités de saisie et une atténuation en ce qui concerne les délais de grâce et l'ouverture d'une procédure d'apurement du passif. Néanmoins, en dehors ou à défaut du débiteur, le créancier dispose également d'une action contre les personnes qui lui sont assimilées.

2- Les saisies contre les personnes assimilées au débiteur

En général, trois catégories de personnes peuvent être assimilées au débiteur. Il peut s'agir de son représentant légal, de son représentant conventionnel ou du conjoint du débiteur. La représentation sera le fait d'une incapacité ou du décès ou encore de la disparition du débiteur.

Lorsqu'une personne est frappée d'une incapacité générale d'exercice, la saisie peut être dirigée contre son représentant légal pour les dettes qu'elle a contractées. Il peut alors s'agir du mineur non émancipé ou de certains majeurs incapables. Ainsi, la saisie sera dirigée, selon les cas, contre l'administrateur légal, le tuteur du mineur non émancipé ou de certains majeurs incapables. En revanche, lorsque l'incapacité n'est pas générale[64], la saisie sera dirigée contre l'incapable lui-même, pour les actes pour lesquels il n'est pas frappé d'incapacité.

La saisie peut aussi être dirigée contre le représentant conventionnel du débiteur. Cette situation résulte de la manifestation de la volonté du débiteur saisi, qui dans ce cas est majeur capable. Mais dans tous les cas, la dette étant personnelle, aucune personne ne peut être contrainte pour le compte d'autrui. Dans cette hypothèse donc, seule la personne du représentant sera tenue puisqu'il est le répondant du débiteur. Il est alors clair que les biens visés par la saisie seront ceux de la personne à l'origine de la créance.

Lorsque le créancier a exigé une caution au débiteur, ses chances de recouvrement se trouvent améliorées. Le cautionnement peut être simple ou solidaire. Le cautionnement est simple lorsque la caution se réserve le bénéfice de discussion et de division. Le bénéfice de discussion c'est le droit pour la caution d'exiger que le créancier poursuive d'abord la vente des biens du débiteur principal, à charge pour elle d'avancer les frais de la poursuite et d'indiquer les biens à saisir. Quant au bénéfice de division (dans ce cas il y a plusieurs cautions), c'est le droit accordé à chacune des personnes qui se sont portées caution d'une même dette, d'exiger que le créancier réduise sa poursuite contre elle à la mesure de sa part dans la dette.

En droit OHADA, le cautionnement est réputé solidaire sauf convention contraire des parties, ou si la loi des Etats membres dispose autrement[65]. Le cautionnement est solidaire lorsque la caution renonce au bénéfice de division et de discussion. Dans ce cas, comme

---

[64] C'est dire dans ce cas qu'elle n'est spéciale qu'à certains actes.

[65] Voir Art. 20 de l'AUS.

dans l'hypothèse de la caution judiciaire, les chances de recouvrement du créancier sont accrues puisqu'il peut s'adresser à plusieurs répondants. Le législateur communautaire affiche ainsi sa volonté de garantir l'exécution rapide des obligations à travers l'efficacité des garanties reconnues au créancier. En effet, selon l'article 26[66] de l'Acte uniforme sur les sûretés, la caution solidaire est tenue de la même façon que le débiteur, comme un débiteur solidaire de droit commun. Ainsi, justifie légalement sa décision, le tribunal qui décide que la preuve de l'insolvabilité du débiteur principal n'est pas faite, que la caution solidaire entend faire jouer le bénéfice de discussion alors qu'elle ne dispose pas de ce droit, en sa qualité de caution solidaire, en application de l'article 16 de l'Acte uniforme portant organisation des sûretés, qu'il est donc tenu solidairement au paiement des sommes dues[67].

Mais l'alinéa 2 de l'article 26, qui vient en complément de l'article 23[68], de l'AUS précise que le créancier ne peut poursuivre la caution

---

[66] Selon cet article « *La caution est tenue de la même façon que le débiteur principal. La caution solidaire est tenue de l'exécution de l'obligation principale dans les mêmes conditions qu'un débiteur solidaire sous réserve des dispositions particulières du présent acte uniforme.*

« *Toutefois, le créancier ne peut poursuivre la caution simple ou solidaire qu'en appelant en cause le débiteur principal* ».

[67] Cour d'appel de Daloa, 2e Chambre civile et commerciale, arrêt n° 32 du 05 Février 2003, M…et F…c/ AFRIC-AUTO, Le juris-Ohada n° 4/2004, octobre-décembre 2004, p.36, note BROU Kouakou Mathurin, *ohada.com/ohadata J*-05-174.

[68] L'article 23 de l'AUS dispose « *La caution n'est tenue de payer la dette qu'en cas de non-paiement du débiteur principal.*

« *Le créancier ne peut entreprendre des poursuites contre la caution qu'après la mise en demeure de payer adressée au débiteur principal et restée sans effet.*

« *La prorogation du terme accordée au débiteur principal par le créancier doit être notifiée par ce dernier à la caution. Celle-ci est en droit de refuser le bénéfice de cette prorogation et de poursuivre le débiteur pour le forcer au paiement ou obtenir une garantie ou une mesure conservatoire.*

simple ou solidaire qu'en appelant en cause le débiteur principal. C'est qu'en réalité, il est normal que le débiteur soit appelé en cause en même temps que la caution, de manière à permettre à cette dernière de connaître les moyens et exceptions du débiteur et de pouvoir lui-même poursuivre en paiement le débiteur principal dans la même instance. Le créancier qui ne procède pas ainsi peut voir son action déclarée irrecevable ou subir un sursis à statuer jusqu'à la mise en cause du débiteur principal.

Il existe en droit OHADA d'autres cas de solidarité dont peut bénéficier le créancier. Il en est ainsi de l'article 270 de l'Acte uniforme du 17 avril 1997 relatif au droit des sociétés commerciales et du groupement d'intérêt économique[69], tel que révisé le 30 janvier 2014 à Ouagadougou, définissant la société en nom collectif. Il précise que les associés sont tenus indéfiniment et solidairement des dettes de la société. Il est alors évident que même après la dissolution et la liquidation de la société, ils sont tenus de manière solidaire de tous les engagements de la société. A noter toutefois que les poursuites seront en premier lieu dirigées contre la société. Si le créancier ne reçoit pas paiement à l'issue du délai légal de mise en demeure de soixante jours imparti, avec possibilité d'une prorogation de trente jours par une ordonnance du président de la juridiction statuant à bref délai, il lui est

---

« *Nonobstant toute clause contraire, la déchéance du terme accordé au débiteur principal ne s'étend pas automatiquement à la caution qui ne peut être requise de payer qu'à l'échéance fixée à l'époque où la caution a été fournie. Toutefois, la caution encourt la déchéance du terme si, après la mise en demeure, elle ne satisfait pas à ses propres obligations à l'échéance fixée.* »

[69] Souvent désigné comme AUSCGIE.

loisible de choisir d'orienter ses poursuites contre l'un quelconque des associés[70].

On garde aussi à l'esprit qu'en cas de transformation d'une société, il est acquis que les obligations contractées par l'entreprise sous son ancienne forme subsistent sous la nouvelle forme[71] puisqu'il ne s'agit nullement de la création d'une société nouvelle. De même, en cas de fusion ou de scission, les articles 189 al. 3 et 190 al. 3 de l'AUSCGIE prévoient la transmission universelle des obligations des sociétés qui disparaissent à la charge de celles qui existent ou qui sont créées.

De même, suivant l'article 873 de l'Acte uniforme du 17 avril 1997 relatif au droit des sociétés commerciales et du groupement d'intérêt économique, les membres du GIE[72] sont solidairement tenus du paiement des dettes du groupement sur leur patrimoine propre. Ils ne peuvent en réalité pas opposer au créancier l'argument selon lequel la saisie est engagée contre le groupement et non contre leur personne. Le créancier choisira alors de saisir tel ou tel membre du groupement suivant qu'ils sont plus ou moins solvables. Il faut cependant noter que le participant à un GIE ne peut être poursuivi que si le créancier du groupement établit qu'il n'a pas pu obtenir paiement du groupement malgré sa mise en demeure[73]. Le participant sera alors poursuivi pour le tout, à charge pour lui, après paiement, à exercer une action récursoire contre chacun des codébiteurs.

Dans l'hypothèse où le débiteur est décédé, le créancier exercera son droit sur les biens des ayants cause universels du défunt. Dans ce cas,

---

[70] Art. 271 de l'AUSCGIE.

[71] Article 181 al. 1 AUSCGIE.

[72] Groupement d'Intérêt Economique.

[73] Voir Art. 874 de l'AUSGIE.

l'action est dirigée non seulement contre la personne de l'héritier, mais aussi contre ses biens. En droit des successions, en cas d'acceptation pure et simple, la fiction juridique de la continuation de la personnalité du défunt par ses héritiers est totale. En conséquence, le créancier dispose d'une grande marge de manœuvre puisque le champ matériel de la saisie sera élargi. Il pourra en effet saisir tant les biens successoraux que les biens personnels des héritiers, sous la seule réserve de la signification au débiteur du titre fondant son action.
Par contre, en cas d'acceptation sous bénéfice d'inventaire ou de refus de la succession, le créancier verra son action limitée aux biens de son propre débiteur décédé. Il s'agit là d'une application de la règle de la séparation des patrimoines.
Des développements qui précèdent, il apparaît que le créancier peut mettre en œuvre la saisie contre la personne même du débiteur ou contre les personnes qui lui sont assimilées. Cet état de choses prouve bien que l'exécution forcée ne peut être dirigée que contre les biens de la personne qui s'est obligée et qui ne s'est pas exécutée volontairement. Ceci dit, rien n'interdit au poursuivant de saisir entre les mains de personnes tierces ou entre ses mains propres, l'essentiel étant de rapporter la preuve de ce que les biens appréhendés appartiennent au débiteur.

B - LA SAISIE ENTRE LES MAINS DES TIERS ET LA SAISIE SOI-MEME

Le fait que le bien du débiteur soit entre les mains d'un tiers ou du saisissant ne constitue pas un obstacle à la saisie. Le débiteur ne peut donc pas se défaire de ses obligations en remettant le bien au tiers, ou encore moins en opposant au créancier qui est en possession de ses biens, le fait qu'il ne puisse pas se saisir lui-même.

1 - La saisie entre les mains d'un tiers

Avant la réforme des voies d'exécution par l'AUVE, le tiers n'intervenait que de manière exceptionnelle à la saisie. Avec l'entrée en vigueur de ce texte, le tiers est devenu un acteur important de la saisie tant en matière immobilière qu'en cas de saisies mobilières. Ceci a pour effet d'accroître la liberté du créancier.

Dans la saisie d'immeubles, l'action peut ainsi être dirigée contre un tiers appelé tiers détenteur lorsque l'immeuble objet de la saisie est grevé d'un privilège ou d'une hypothèque. En cette matière, les créanciers hypothécaires ou privilégiés ont la possibilité de saisir l'immeuble en cause quand bien même il serait entre les mains d'une personne autre que le débiteur.

En raison du droit de suite attaché aux sûretés réelles immobilières, la saisie immobilière peut alors être pratiquée contre l'acquéreur qui aura un triple choix. Il pourra soit désintéresser le créancier pour se subroger à ses droits, soit délaisser l'immeuble au greffe du lieu de sa situation ou alors subir la procédure. La saisie peut donc être pratiquée entre les mains de la caution hypothécaire, c'est-à-dire le propriétaire d'un immeuble qui, sans s'obliger personnellement à la dette d'autrui, a cependant accepté d'hypothéquer son immeuble au payement de cette dette.

Dans les saisies mobilières, avant la réforme OHADA, le tiers était le troisième personnage de la saisie dans la saisie-arrêt devenue saisie-attribution. Il s'agissait là du débiteur du débiteur saisi, c'est-à-dire, une personne qui devait une somme d'argent au débiteur saisi. Accidentellement, une troisième personne pouvait apparaître dans les autres saisies. Ce pouvait être un tiers qui exerçait une action pour que son droit de propriété sur les biens saisis soit sauvegardé. Egalement, la saisie pouvait être dirigée contre un tiers dans le contrat de cautionnement, en cas d'inexécution par le débiteur principal de ses obligations, et la saisie était dirigée contre la caution.

Avec l'avènement de l'AUVE, ces hypothèses n'ont pas disparu, mais ce texte procède à une généralisation des cas dans lesquels la saisie peut être pratiquée entre les mains d'un tiers. En effet, selon l'article 50, les saisies peuvent être pratiquées sur les biens appartenant au débiteur alors même qu'ils seraient détenus par un tiers. Ainsi, la détention d'un bien mobilier par un tiers n'est plus un obstacle à la saisie mobilière. Il faut juste préciser que la saisie n'est nullement dirigée contre le tiers, elle l'est à l'encontre du débiteur, mais entre les mains du premier.

Lorsque la saisie est pratiquée entre les mains d'un tiers, la loi met à sa charge une double obligation négative et positive.

Le devoir d'abstention est énoncé par l'article 38 de l'AUVE qui dispose que les tiers ne peuvent faire obstacle aux procédures engagées en vue de l'exécution ou de la conservation de la créance. Que leur concours soit requis ou non, ils doivent s'abstenir de tout type de comportement pouvant ralentir ou anéantir les opérations de saisie. Sur la base de cette affirmation, la résistance du tiers saisi l'expose au payement des causes de la saisie[74]. De même, un juge a décidé à juste titre dans une affaire où l'huissier, après avoir vainement tenté de délivrer le procès-verbal de saisie-attribution au siège d'une société ainsi que l'ordonnance de référé enjoignant ladite société de recevoir l'acte sous astreinte, que ces difficultés établissent indiscutablement qu'il y a un obstacle à l'exécution et que l'article 38 est applicable[75].

Le devoir de collaboration dont le tiers saisi est débiteur recouvre l'obligation d'informer, celle de répondre sur-le-champ et celle de payer ou de restituer le bien saisi.

Selon l'article 38 en effet, les tiers doivent apporter leur concours lorsqu'ils en sont légalement requis. Tout manquement à cette obligation les expose aux dommages et intérêts et au paiement des causes de la saisie, sauf pour eux à exercer un recours contre le débiteur. La responsabilité qui pèse ainsi sur le tiers-saisi est reprise à l'article 156 de l'AUVE en ces termes : *« le tiers-saisi est tenu de déclarer au créancier l'étendue de ses obligations à l'égard du débiteur ainsi que les modalités qui pourraient les affecter et, s'il y a lieu, les cessions de créances, délégations ou saisies antérieures. Il doit communiquer copie des pièces justificatives.*

« Ces déclaration et communication doivent être faites sur le champ à l'huissier ou à l'agent d'exécution et mentionnées dans l'acte de saisie ou, au plus tard, dans les cinq jours si l'acte n'est pas signifié à personne. Toute déclaration inexacte, incomplète ou tardive expose le

---

[74] Arrêt n°026/2013 du 18 avril 2013 : Aff. Sté SAMAN Sarl c/ Sté STAR AUTO SA et SIB.

[75] *CCJA, 2e Ch.* Arrêt n°6 du 9 mars 2006, Société Indus-Chimie c/ Madame MRP et autres, *ohada.com/ohadata J*-07-13.

tiers saisi à être condamné au paiement des causes de la saisie, sans préjudice d'une condamnation aux dommages et intérêts ». En matière de saisie-attribution des créances, la notion de tiers saisi renvoie ainsi à la personne qui détient les sommes d'argent dues au saisi en vertu d'un pouvoir propre et indépendant, même si elle les détient pour le compte d'autrui.

Ainsi, il résulte de cette disposition que le tiers saisi doit obligatoirement porter à la connaissance du saisissant, le jour même de la signification de l'acte, la situation des comptes du débiteur, sauf si ce tiers saisi n'a pas personnellement reçu ledit acte, auquel cas il dispose de cinq jours pour répondre. Le tiers saisi signifié à personne est par conséquent tenu de déclarer sur le champ l'étendue de ses obligations vis-à-vis du débiteur. Sur cette base, les déclarations successives et contradictoires du tiers saisi constituent bien un obstacle à la saisie et violent les dispositions des articles 38, 156 et 161 de l'AUVE[76]. La pratique de certaines banques qui déclarent que « la réponse suivra », pour adresser une réponse plus tard au créancier est contraire aux dispositions de l'article 156 de l'AUVE[77]. Il s'ensuit également que le tiers-saisi qui a reçu signification de l'acte le 20 novembre 2009 et qui n'a fait cette déclaration que le lundi 23 novembre, soit trois jours plus tard, viole cette disposition, l'argument tiré des vérifications à effectuer étant inopérant compte tenu de l'esprit de ce texte qui impose aux opérateurs économiques d'adapter leurs services aux technologies modernes afin de pouvoir faire les

---

[76] CCJA, Arrêt n°079/2013 du 20 novembre 2013 : Aff. BICEC SA c/ Sté BITC International Sarl ; voir dans le même sens CCJA, Arrêt n°977/2013 : Aff. Sté ACCESS BANK c/ Mme KAKOU Lydie, Sté Warid Télécom CI.

[77] CCJA, Arrêt n°025/2014 du 13 mars 2014 : Aff. BICEC C/ Monsieur DEFFO.

recherches utiles et d'en déclarer le résultat sur le champ ou dans un temps très voisin[78].

Par ailleurs, il existe un usage constant « pour les banques à énoncer le nombre de chiffres du montant dont le compte objet de la saisie est créditeur ou débiteur » ; par suite, et selon la jurisprudence, le fait pour un tiers-saisi qui est une banque de donner seulement le nombre de chiffres du montant dont chacun des comptes objet de la saisie est créditeur ne constitue pas une déclaration inexacte pouvant engager sa responsabilité[79]. Cette décision, à notre avis n'est pas irréprochable. On peut se demander si le fait de donner le nombre de chiffres participe de l'obligation de parfaite information que le législateur met à la charge du tiers saisi dans l'optique de permettre au créancier d'avoir une idée très précise sur le montant disponible. L'exactitude de l'information lui permet de savoir s'il doit s'en tenir à la saisie de ce seul compte ou s'il doit pratiquer des saisies complémentaires pour rentrer totalement dans son droit. De même, cette précision permet d'avoir une idée précise de la somme qui est rendue indisponible entre les mains de banques et de pouvoir, le cas échéant engager une action en responsabilité si les dispositions liées aux sommes indisponibles venaient à être violées. Or, une indication vague est forcément à notre sens incomplète, et donc, imprécise. Une telle décision nous semble contraire à l'esprit du texte parce que ramant à contre courant de la

---

[78] CA. Abidjan, Ch. Civ et Com., arrêt n° 142 du 23 avr. 2010, Banque pour le Financement de l'Agriculture dite BFA c/ Représentation de matériels Allemands dite REMA, *le juridis ohada* n° 4/2010, oct-nov-déc.

[79] C.A Lomé, arrêt n° 163/06 du 21 déc. 2006, Ecobank-Togo c/ Nouvelle Technologie Togolaise d'Energie et des Travaux de bâtiments, *ohada.com/ohadata J*-10-170.

position récente de la CCJA[80]. Par contre, ne viole pas l'article 156, alinéa 2, la Cour d'appel qui a condamné au paiement des causes de la saisie et à des dommages et intérêts, la personne morale dont le responsable du service juridique a, lors de la signification de l'acte de saisie, non seulement porté la mention « *nous aviserons* », mais également apposé le cachet dudit service, la déclaration devant être faite sur le champ et non remise à plus tard[81]. Au même titre, s'expose au paiement des causes de la saisie l'établissement bancaire qui déclare, à l'interpellation de l'huissier pratiquant une saisie-attribution, que « *le compte de la partie saisie ne comporte pas d'actif saisissable, sauf erreur ou omissions* », par apposition d'un tampon sur le procès-verbal sans communiquer la somme comme le lui impose la loi, et sans produire les copies des pièces justificatives[82].

La jurisprudence condamne donc la déclaration inexacte ou tardive, l'absence de déclaration ou les déclarations mensongères ou erronées sans qu'il y ait nécessité de prouver de préjudice subi par le saisissant[83]. Néanmoins, pour pouvoir opposer le devoir de collaboration au tiers saisi, encore faut-il que la procédure engagée soit légale et respecte les prescriptions de l'Acte uniforme[84].

---

80 Arrêt n°072/2014 du 27 février 2014 : Aff. TANG E. C/ BICEC et CAA. Cette décision sanctionnait l'incomplétude d'une déclaration.

81 CCJA., 1ère Ch., arrêt n°159/2009 du 16 avril 2009, Commercial Bank of Tchad dite CBT c/ Al Hadj Adam ADJI, *ohada.com/ohadata J*-0-21.

82 CCJA, 1ère Ch. Arrêt n° 029/2010 du 29 avril 2010, Monsieur A c/ Banque Internationale pour le Commerce et l'Industrie dite BICI, *le juris ohada* n° 03/2010, juillet-août-septembre 2010, p.44.

83 CCJA, Arrêt n°079/2013 du 20 novembre 2013 : Aff. BICEC SA c/ Sté BITC International Sarl dans le même sens CCJA, Arrêt n°086/2013 du 20 novembre 2013 : Aff. Union Gabonaise de Banque c/ PANOURGIAS narkelis.

84 CCJA, Arrêt n°066/2013 du 31 octobre 2013 : Aff. Etat de Côte d'Ivoire c/ AKOBE Georges Armand.

On voit ainsi s'accroître les chances du créancier d'obtenir l'exécution entre les mains de tiers, soit lorsque ceux-ci coopèrent (le créancier devra alors respecter les moyens de droit prévus pour la saisie entre les mains de tiers), soit par le biais de la responsabilité lorsque ces derniers ont failli à leur obligation.

Mais l'on constate une rigueur parfois injustifiée de la jurisprudence quant à l'interprétation de l'obligation de collaboration du tiers saisi. A ce titre, une décision s'est montrée intransigeante en soutenant que lorsque le tiers ne reconnaît pas devoir des sommes, mais affirme plutôt qu'il n'a pas dans ses livres un compte au nom du saisi et que c'est par erreur qu'il avait déclaré à l'huissier qu'il détenait une somme sur un compte appartenant à ce saisi, son attitude constitue non pas un refus de paiement au sens de l'article 168, mais une déclaration inexacte qu'il faut sanctionner au titre de l'article 156[85]. Une telle position fait peser un risque énorme sur les banques et offre de ce fait des débiteurs de substitution au créancier. C'est pourquoi la CCJA dans un arrêt récent décide que la sanction du tiers saisi est subordonnée à la condition qu'il détienne effectivement un compte appartenant au débiteur dans ses livres. Elle déclare en substance que « *...attendu que suivant la jurisprudence de la Cour de céans, la qualité de tiers saisi suppose la détention par ledit tiers des sommes dues au débiteur saisi ; qu'en l'absence de ce lien, le tiers ne peut être condamné au paiement des causes de la saisie même si l'inexactitude de la déclaration est avérée ; qu'en l'occurrence, il est établi que*

[8585] Abidjan, arrêt n° 214 du 6 févr. 2004. Dame Amenan et sept autres ayants droit de Kouadio Kan c/ Ouédraogo Osseni, Alliance Africaine d'Assurances, SGBCI, *ohada.com/ohadata* J-04-500.

Dame Fatou DIALLO, Notaire, est inconnue dans les livres de la SGBCI... [86]». Ces décisions montrent à suffisance que la détermination de la qualité de tiers saisi n'est pas aisée.

En pratique, il peut arriver que la personne notifiée dans le cadre d'une procédure de saisie conteste sa qualité de tiers-saisi. A titre d'illustration, dans une affaire[87] soumise à la CCJA, une banque (CITIBANK) se voyait reprocher d'avoir émis une déclaration inexacte en tant que tiers saisi et le créancier avait entrepris une procédure en vue de la condamner au payement des causes de la saisie. Pourtant, la CITIBANK avait adressé un document au créancier (la société AFROCOM) « *aux fins de rectification de déclaration* », pour lui signifier qu'elle avait commis une erreur sur l'identité du titulaire du compte saisi ; et que Monsieur DN, le véritable débiteur, ne détenait pas de compte courant dans ses livres. Il a été décidé en appel, comme devant la CCJA que, dès lors qu'une erreur a été commise de bonne foi par le banquier sur l'identité du débiteur vis-à-vis de qui il n'a aucune obligation, il ne peut pas être condamné à garantir les causes de la saisie, parce qu'il ne peut dans ce cas avoir la qualité de tiers saisi. Le tiers saisi doit être considéré comme celui qui, au moment où la saisie est pratiquée, détient dans ses livres, un compte au profit du débiteur. Dans le cas d'espèce, la banque s'est reconnue à tort débitrice en commettant une erreur sur la personne. Les magistrats saisis de l'affaire n'ont pas voulu appliquer l'article 156 de l'AUVE à la lettre. Cette décision est à saluer car, il est à

---

[86] Arrêt n°067/2013 du 31 octobre 2013 : Aff. SGBCI c/ Mme SOMDA FOVIN

[87] Arrêt CCJA 27/01/2005, n° 9/2005, Société AFROCOM-CI c/ CITIBANK, Note Bakary DIALLO ; *jurifis info* 2e numéro-mars/avril 2009, PP.27-31.

craindre que certains créanciers cherchent à briser l'insolvabilité de leur débiteur en se trouvant à tout prix un débiteur de substitution. En fin de compte, on doit retenir que l'obligation qui pèse sur le tiers saisi n'engage la responsabilité de ce dernier que s'il est le véritable débiteur d'une obligation vis-à-vis du débiteur visé dans l'acte. De même, dans une logique de protection, le tiers saisi ne peut être condamné au paiement des causes de la saisie que si, entre autres, la saisie elle-même est valable[88]. Si ce dernier n'a pas la qualité pour remettre en question un procès verbal de saisie dans une instance en contestation de saisie, cette qualité lui est acquise dans l'instance visant sa condamnation au paiement des causes de ladite saisie[89].

A titre de droit comparé, la Cour de cassation française a décidé dans une affaire où la personne visée contestait la qualité de tiers saisi, qu'il appartient au créancier qui a fait pratiquer une saisie-attribution d'établir que le débiteur est créancier du tiers saisi[90]. Le juge OHADA peut prendre ce raisonnement à son compte pour apporter un élément supplémentaire dans la protection des tiers.

Il ressort des développements ci-dessus que le créancier dispose de larges possibilités de recouvrer entre les mains des tiers. A côté de cette faculté, la loi lui permet par ailleurs, chaque fois que les conditions de cette qualité sont réunies en sa personne, de pratiquer une saisie sur lui-même.

---

[88]CCJA, Arrêt n°046/2014 du 23 avril 2014 ; CCJA, Arrêt n°091/2013 du 20 novembre 2013 : Aff. UBA Cameroun c/ ND…

[89]CCJA, Arrêt n°091/2013 du 20 novembre 2013 : Aff. UBA Cameroun c/ ND…

[90] Cass.civ., 2e, 10 février 2011 ; *Bull.civ.*, n°2, février 2011.

2 - La saisie sur soi-même

Il s'agit ici de l'hypothèse dans laquelle celui qui envisage recourir à la saisie se prétend créancier d'un débiteur qui est également son créancier[91]. En effet, les deux personnes étant *a priori* à la fois créancières et débitrices l'une de l'autre, celle qui aura recours à la saisie sur elle-même aura par conséquent à la fois la qualité de saisissant et de tiers saisi. On imagine qu'il s'agit là d'une hypothèse dans laquelle la compensation entre les deux dettes est impossible.

Ce procédé a été considéré comme licite par la jurisprudence dans un arrêt de principe du 27 juillet 1891[92] qui sera confirmé plus tard[93]. La Cour de cassation dans un arrêt récent[94] affirme à nouveau la légalité de la saisie-attribution pratiquée sur soi-même. Pour la haute juridiction en effet, «*Mais attendu qu'un créancier muni d'un titre exécutoire constatant une créance liquide et exigible dans les termes de l'article 42 de la loi n° 91-650 du 9 juillet 1991, devenu l'article L. 211-1 du code des procédures civiles d'exécution, peut pratiquer une saisie-attribution entre ses propres mains, l'effet attributif prévu à l'article 43 de cette même loi, devenu l'article L. 211-2 du code précité, d'une telle saisie lorsqu'elle porte sur une créance à exécution successive s'étendant aux sommes échues en vertu de cette créance depuis la signification de l'acte de saisie, ce jusqu'à ce que le*

---

[91] P. JULIEN, G. TAORMINA, *Voies d'exécution et procédures de distribution*, Paris LGDJ, 2000, p.125.

[92] Req. 27 juillet 1891, *DP*. 1892. 1. 430, *S*. 1892. 1. 225, note Labre, cité par P. JULIEN, G. TAORMINA, op.cit.

[93] Civ. 2e, 22 mars 1982, *Bull.* n° 57 : 7 novembre 1988, *R.T.D. civ.* 1989. 14. Obs. R. Perrot, *ibid.*

[94] Cass.1ère civ. 13 mai 2014, 12-25.511, Bull. 2014, I, n° 84.

créancier saisissant soit rempli de ses droits et dans la limite de ce qu'il doit au débiteur en tant que tiers saisi ; que, dès lors, c'est par une exacte application de ces textes que la cour d'appel a retenu que la saisie attribution sur soi-même pratiquée au bénéfice du créancier, la société Josunion, par la SCP Cantagrill à l'encontre de la société Compagnie bordelaise de la Réunion, le 16 décembre 2004, en vertu d'une ordonnance de référé condamnant celle-ci à payer une provision à celui-là, n'était pas par principe illicite ; que le moyen n'est pas fondé ;... ». Cet arrêt est d'une grande importance d'autant que c'est la première fois depuis la réforme des procédures civiles d'exécution en France que la Cour de cassation se prononce sur la validité d'une saisie sur soi-même. Le législateur OHADA, à la différence de son homologue français des 9 juillet 1991 et 31 juillet 1992, a repris cette position jurisprudentielle en affirmant à l'article 106 al. 2 de l'AUVE que le créancier peut, en respectant la même procédure, pratiquer une saisie sur soi-même lorsqu'il détient légitimement des biens appartenant à son débiteur.

Même si cette règle n'est clairement affirmée que pour la saisie-vente, il est évident que le législateur ayant généralisé[95] les cas de saisie entre les mains des tiers, on peut conclure que la saisie sur soi-même sera possible chaque fois que le créancier réunira les qualités de créancier et de tiers saisi. Il pourra donc pratiquer une saisie sur lui-même à chaque fois que les conditions sont réunies pour saisir entre les mains d'un tiers.

[95] Cette généralisation est clairement déduite de la position de l'article 36 dans les dispositions générales liées à toutes les saisies.

Il faut cependant dire que cette mesure doit se faire dans le respect de certaines conditions. D'abord, il faut que les biens visés soient détenus de manière légitime par celui qui les saisit. Ensuite, la saisie doit se faire dans le strict respect des procédures légales puisqu'on observe que dans la majorité des cas dans lesquels la saisie est pratiquée par le créancier sur lui-même, c'est pour échapper aux voies d'exécution. Il faudra donc que l'exigence de titre exécutoire soit respectée sous réserve des exceptions admises, que la signification au saisissant tiers saisi[96]soit faite ainsi que la dénonciation de l'acte de saisie au débiteur. Bref, toutes les conditions de fond, de forme, de délai, de procédure doivent être respectées.

Rendu à ce niveau des développements, s'il est une chose à retenir, il faut dire que le créancier bénéficie d'une réelle liberté en ce qui est du champ personnel de son action. Il est admis que son action doit être dirigée contre le débiteur sur les biens qui lui appartiennent. Ainsi, sous réserve d'appartenance des biens au débiteur et de leur disponibilité entre ses mains, le créancier n'est pas limité dans l'exercice de son droit lorsque les biens en question sont détenus par un tiers ou par lui-même. Son choix portera donc sur l'un quelconque de ces acteurs ou cumulativement, à condition qu'il ne soit pas animé par une intention malveillante ou tout simplement détourné de sa finalité.

Une fois la cible choisie, il peut être question de chercher des informations sur la situation patrimoniale du débiteur et partant, de localiser les biens sur lesquels va porter la saisie. Or, il peut s'avérer que le débiteur dispose d'intérêts dans des pays différents de celui

[96] Nous empruntons cette expression à P. JULIEN et G. TAORMINA, *op.cit.*

dans lequel le titre justifiant la poursuite a été émis. On se demande alors si le créancier a la latitude de mettre en œuvre son action sur des biens qui se situeraient dans un autre pays. Une telle occurrence pose alors la question de la circulation des titres dans l'espace OHADA.

§2 : LE CHOIX DU CHAMP SPATIAL : LA QUESTION DE LA CIRCULATION DES TITRES DANS L'ESPACE OHADA

L'espace OHADA est considéré comme un espace intégré, voulu comme un îlot de sécurité juridique et judiciaire. Cette sécurité devrait notamment se manifester par la facilité que peuvent avoir les créanciers à obtenir une exécution aisée de leurs titres sur l'ensemble des territoires de l'OHADA, autrement, on pourrait considérer que l'intégration n'est pas réelle. La question toute simple qui se pose ici est de savoir si, le créancier, muni d'un titre exécutoire, peut choisir de le faire exécuter sur le territoire de n'importe quel pays membre, du moment que le débiteur y possède des biens entre ses mains propres[97] ou entre les mains de tiers.
Ici, la diversité et parfois les disparités sont de mise ; et c'est là l'un des ventres mous du processus d'exécution dans l'espace OHADA. La réponse à cette question nous conduit à constater que cette liberté de saisir est semée d'embuches en ce qui est des actes, décisions et sentences arbitrales rendues en territoire étranger[98]. En effet, les

[97] On pense dans ce cas aux sociétés qui ont des filiales dans plusieurs pays ou aux individus qui peuvent posséder des biens dans plusieurs Etats.
[98] Ce terme est utilisé ici en référence, non pas à l'espace intégré, mais au pays dans lequel l'exécution est demandée, par opposition au pays dont les autorités ont rendu la décision en cause.

décisions et actes étrangers obéissent aux règles de droit international privé établies par chaque Etat[99] en matière d'exécution des décisions et actes publics étrangers ainsi que des sentences arbitrales et aux conventions d'entraide judiciaire.

En matière d'arbitrage, on peut faire référence à la convention de New York du 10 juin 1958 pour la reconnaissance et l'exécution des sentences arbitrales étrangères[100]. Ces actes, décisions et sentences sont soumis à *exequatur* préalable qui constitue, dans le cas des pays de l'OHADA, un véritable parcours de combattant pour le créancier. Il en est de même des décisions rendues devant les juridictions des Etats membres de l'OHADA. De même, les sentences rendues dans le cadre d'arbitrages *ad hoc* ou de centres d'arbitrages implantés dans l'espace OHADA n'ont pas « *plus de droits* » en matière d'*exequatur* que celles rendues en dehors de l'espace juridique intégré[101].

L'*exequatur* est en effet une *« injonction émanant d'une autorité d'un Etat qui a pour vertu d'incorporer dans l'ordre juridique étatique qu'elle représente un élément extérieur à celui-ci ».* Il s'agit en d'autres termes de la *« décision par laquelle un tribunal rend exécutoire sur le territoire national un jugement ou un acte »* étranger. L'article 33 de l'AUVE confère la qualité de titre exécutoire aux

---

[99] Pour le Cameroun, voir Loi n° 2007/001 du 19 avril 2007 instituant le juge du contentieux de l'exécution et fixant les conditions d'exécution au Cameroun des décisions judiciaires et actes publics étrangers ainsi que les sentences arbitrales étrangères.

[100] Dix Etats de l'OHADA ont adhéré à cette convention. Il s'agit de : Bénin, Burkina-Faso, Cameroun, République Centrafricaine, Côte d'Ivoire, Guinée, Mali, Niger et Gabon.

[101] Ceci est tout à fait justifié en matière d'arbitrage si l'on s'en tient à toutes les affaires liées à la violation du devoir d'indépendance des arbitres. L'Affaire TAPIE et d'autres justifient que le juge étatique se garde le droit de contrôle de la conformité des sentences arbitrales.

décisions juridictionnelles revêtues de la formule exécutoire ainsi qu'aux sentences arbitrales déclarées exécutoires par une décision juridictionnelle non susceptible de recours suspensif d'exécution.
L'*exequatur* s'obtient au bout d'une action qui a pour finalité de conférer la force exécutoire à la décision ou l'acte, en vue de son exécution forcée dans l'ordre juridique étatique ou communautaire dans lequel elle est recherchée.
La balkanisation de l'*exequatur* dans l'espace OHADA peut se justifier par la volonté pour les Etats de maintenir leur souveraineté judiciaire. Il est simplement regrettable de constater que l'intégration dans l'espace OHADA a encore du chemin à faire en termes de circulation des titres.
Cependant, la question devient intéressante lorsque l'on prend en compte que la nomenclature institutionnelle de l'OHADA prévoit une Cour de justice commune à l'ensemble des Etats et qui est en matière de droit des affaires, l'instance juridictionnelle suprême. On sait que rien n'interdit au créancier de choisir, suivant ses intérêts, de saisir sur tel ou tel territoire. Le choix peut être dicté par l'insuffisance de biens dans tel pays ou par de simples commodités pratiques[102]. On peut alors se demander si les actes issus de la CCJA donnent la possibilité d'obtenir une exécution aisée sur l'ensemble des territoires de l'OHADA. Notre analyse portera tour à tour sur le sort de l'exécution des décisions issues de la CCJA dans sa fonction contentieuse (A) et

[102] Pour un créancier, il peut être plus pratique de saisir sur le territoire d'un pays plutôt que sur celui d'un autre. Ce choix peut être motivé par les facilités pratiques offertes par les autorités ou parce que le débiteur a plus de bien situés dans le pays choisi ou simplement que le créancier choisit d'engager les poursuites dans un pays où il a son principal établissement.

de celles rendues à l'issue des procédures arbitrales conduites sous son égide (B).

A- LA LIBRE CIRCULATION DES DÉCISIONS JUDICIAIRES DE LA CCJA : LA DISPENSE D'EXEQUATUR

Les décisions dont il s'agit ici sont celles qui sont issues de la fonction contentieuse de la Cour[103].

Selon la lettre de l'article 20 du traité OHADA, *« Les arrêts de la Cour Commune de Justice et d'Arbitrage ont l'autorité de la chose jugée et la force exécutoire. Ils reçoivent sur le territoire de chacun des Etats parties une exécution forcée dans les mêmes conditions que les décisions nationales. Dans une même affaire, aucune décision contraire à un arrêt de la Cour Commune de Justice et d'Arbitrage ne peut faire l'objet d'une exécution forcée sur le territoire d'un Etat partie ».* Cet article, suivi en cela par l'article 41 du Traité précise que, revêtues de l'autorité de la chose jugée, les arrêts de la CCJA permettent la mise en œuvre des mesures conservatoires sur tout Etat de l'OHADA[104].

L'assimilation des arrêts CCJA aux décisions rendues par les juridictions étatiques entraîne la suppression logique du contrôle du juge national et par conséquent, dispense d'*exequatur*, au sens où

[103] Voir art.14 et 15 du Traité OHADA.

[104] A. DIENG, « Panorama du droit OHADA : quels enjeux pour les avocats ? L'exequatur des décisions et sentences CCJA », Colloque OHADA de barreau pluriel, 26 novembre 2009, *ohada.com/ohadata D*-11-89

celui-ci est un mécanisme de reconnaissance[105]. Le traité OHADA évite ainsi au créancier les obstacles qui pourraient résulter de l'intervention du juge étatique en dispensant ses décisions d'*exequatur* national.

Cependant, force est de constater que le régime d'exécution des arrêts de la CCJA est à la fois soumis aux règles de droit national auxquelles le règlement de procédure renvoie et aux règles particulières que ledit règlement fixe et qui dérogent parfois aux dispositions du droit interne des Etats parties. Il convient par exemple de relever que selon l'article 46.1 du règlement CCJA, l'exécution forcée des arrêts de la CCJA se fait suivant les règles de procédure en vigueur dans l'Etat sur le territoire duquel l'exécution est entreprise. Mais cette disposition précise que le seul contrôle admis ici est celui de l'authenticité. En plus, selon l'article 46.2 du règlement CCJA, l'exécution de ses arrêts forcée ne peut faire l'objet d'une suspension qu'en vertu d'une décision de la Cour[106]. On le constate bien, la vision d'une telle disposition tend à renforcer l'efficacité et la célérité dans l'exécution des décisions rendues par la haute juridiction. Cependant, force est de constater qu'elle manque de cohérence avec l'article 49 de l'AUVE[107].

---

105 *Ibid.*

106 Cet article réserve le droit à la CCJA de d'ordonner la suspension de l'exécution des décisions rendues par elle-même. Voir ord. Du président de la CCJA n° 005/2004 du 7 juillet 2004, Dramera Mamadou c/ SOGEFIBAIL, qui refuse de suspendre l'exécution de l'arrêt de la cour n° 19/2003 du 6 nov. 2003 ; Ord. n°02/2005/CCJA du 16 fév. 2005 rejetant une demande tendant à obtenir le sursis à exécution de l'arrêt n°03/2004/CCJA du 4 nov. 2004.

107 Selon cet article, *«la juridiction compétente pour statuer sur tout litige ou toute demande relative à une mesure d'exécution forcée ou à une saisie conservatoire est le président de la juridiction statuant en matière d'urgence ou le magistrat délégué par lui. Sa décision est susceptible d'appel dans un délai de quinze jours à compter de son prononcé »*.

Elle contribue à semer le doute dans les esprits et à instituer un juge de l'exécution « au pluriel »[108]. C'est qu'elle confie à la fois la charge de l'*exequatur* et surtout des difficultés d'exécution au juge national, parfois à différents degrés, et le juge de la CCJA.

En dépit de ces contradictions qui nécessitent d'être revues[109], il faut noter que l'apposition de la formule exécutoire sur les décisions de la CCJA se limite à un simple contrôle d'authenticité par l'organe étatique compétent[110] du pays dans lequel l'exécution forcée est entreprise. Ceci se justifie par le fait que ce sont des décisions insusceptibles de voies de recours ordinaires.

Suite à la réalisation des procédures de vérification de l'authenticité, le créancier est libre de recourir à l'autorité compétente du pays dans lequel il entend exécuter son titre pour que ce dernier soit matérialisé.

---

[108] Expression de J. FOMETEU, « Le juge de l'exécution au pluriel ou la parturition au Cameroun de l'article 49 de l'Acte uniforme OHADA sur les voies d'exécution », *R.I.D.C.* 1-2008, pp. 19-44.

[109] Soit on concentre l'ensemble du contentieux de l'exécution entre les mains de l'autorité visée à l'article 49 de l'AUVE, soit on admet un assouplissement en ce qui concerne la suspension des arrêts de la CCJA en maintenant la compétence de cette dernière. Quelle que soit l'option prise, il faudra clairement préciser le choix fait.

[110] En ce qui concerne le Burkina-Faso, il s'agit du greffier en chef de la Cour de cassation en ce qui concerne les arrêts de la CCJA en vertu du décret 2003- 528 du 10 octobre 2003 portant désignation de l'autorité chargée d'apposer la formule exécutoire sur les arrêts de la CCJA et sur les sentences arbitrales rendues en application du règlement d'arbitrage de la cour et de l'acte uniforme relatif à l'arbitrage(*JOBF* du 23 octobre 2003, p.1536)

B- LE STATUT PRIVILEGIE DES SENTENCES ARBITRALES RENDUES SOUS L'ÉGIDE DE LA CCJA : LE BENEFICE DE L'EXEQUATUR COMMUNAUTAIRE

Les sentences arbitrales analysées ici sont celles dans le cadre de la fonction administrative de la CCJA. En effet, la CCJA ne tranche pas elle-même les différends. Elle se contente de nommer les arbitres, est informée du déroulement de l'instance, et examine les projets de sentence[111] rendues par le centre d'arbitrage de la CCJA.

Selon l'article 25 du traité OHADA, l'autorité de la chose jugée s'attache aux sentences arbitrales rendues sous l'égide de la CCJA au même titre que les décisions rendues par les juridictions étatiques. Cette autorité n'est en rien entamée par la possibilité qui est offerte d'engager des demandes en rectification d'erreurs matérielles ou en interprétation de la sentence.

Seule la CCJA a compétence pour statuer sur la demande d'*exequatur* des sentences arbitrales rendues sous son égide. En instaurant un *exequatur* communautaire en cette matière, le législateur OHADA dispense les sentences rendues sous l'égide de la CCJA de recours en *exequatur* devant les juridictions nationales. La partie intéressée devra saisir la CCJA par voie de requête. L'*exequatur* sera alors accordé par une ordonnance du président de la Cour ou du magistrat délégué par lui, à la suite d'une procédure non contradictoire[112]. L'*exequatur* peut

---

[111] Selon l'art. 21 al. 1 du Traité, « *La Cour Commune de Justice et d'Arbitrage ne tranche pas elle-même les différends. Elle nomme ou confirme les arbitres, est informée du déroulement de l'instance, et examine les projets de sentences, conformément à l'article 24 ci-après* ».

[112] Voir article 30.2 du Règlement d'arbitrage.

être refusé[113] ou accordé. Une fois l'*exequatur* obtenu, le créancier ou son représentant, ne devra alors se présenter devant le juge étatique que pour une simple modalité de vérification de l'authenticité de la copie de la sentence à la suite de laquelle la formule exécutoire sera apposée selon la législation nationale en vigueur. Après cet *exequatur*, les sentences en cause peuvent être exécutées sans difficultés dans tous les pays de l'OHADA.

Il faut remarquer que le fait qu'il revienne à la CCJA de fixer le contenu de l'ordre public international dans ce cas est un avantage important pour l'exécution des sentences rendues sous son égide. Il en est ainsi parce que les décisions de la CCJA ne feront plus l'objet de recours ordinaires. On constate donc que les sentences arbitrales rendues sous l'égide de la CCJA bénéficient d'une facilité d'exécution sur l'ensemble du territoire de l'OHADA. De même, les sentences arbitrales rendues sous l'égide de la CCJA bénéficient d'un avantage comparatif de taille. C'est que la présomption d'indépendance et d'impartialité dont jouit cette Cour est de nature, à la différence d'autres centres d'arbitrage, peut être de nature à rassurer les investisseurs quant aux risques de conflits d'intérêts et autres problèmes éthiques dont la justice arbitrale est de plus en plus accusée.

Mais l'on peut craindre que la formalité de vérification de l'authenticité instituée au niveau étatique mette à mal le principe de

---

[113] Suivant l'article 25 al. 3, l'exequatur peut être refusée si l'arbitre a statué sans convention d'arbitrage ou sur une convention nulle ou expirée ; si l'arbitre a statué sans se conformer à la mission qui lui a été assignée ; lorsque le principe du contradictoire n'a pas été respecté ou si la sentence est contraire à l'ordre public international.

l'abandon de souveraineté consacré dans l'espace OHADA en instituant une lourdeur dans la procédure. Un auteur critiquait déjà fort opportunément cette « *domestication injustifiée de la formule exécutoire* »[114]. A ce sujet, certains analystes pourraient rétorquer que l'efficacité de l'*exequatur* communautaire n'est pas mise à mal par cette simple vérification. Mais si l'on considère que l'un des objectifs dans l'exécution forcée et dans le monde des affaires est la recherche de la célérité, cette crainte est fondée. Cette procédure de vérification que l'on dit simple pourrait prendre plus de temps qu'on n'imagine dans nos tribunaux dont la lenteur et l'engorgement sont un secret de Polichinelle. La crainte ainsi formulée est fondée si l'on procède à une observation comparée de la question avec l'exécution des sentences rendues dans le cadre de l'arbitrage CIRDI. On sait que dans le cadre du CIRDI, certains juges, au lieu de se contenter d'une simple formalité, se sont arrogé le pouvoir de procéder à un véritable contrôle, ouvrant ainsi une autre instance en *exequatur*. Les affaires *Société Africaine des Bétons Industriels (SOABI)*[115] et *Benvenuti et Bouffant contre Etat du Congo*[116] sont illustratives de ce risque de dérive.

Pour finir, il convient de noter que malgré cette importante liberté accordée au créancier dans la circulation des titres exécutoires, si le titre obtenu doit donner lieu à exécution sur le territoire de plusieurs Etats, le créancier devra requérir autant de formules exécutoires que

[114] J.-M. TCHAKOUA, « L'exécution des sentences arbitrales dans l'espace OHADA », RASJ, Vol6, N°1, 2009, p.9.

[115] Le président de la Cour d'appel de Paris a procédé ici au contrôle d'*exequatur* d'une sentence CIRDI.

[116] Président du TGI de Paris, ord. du 23 déc. 1980.

d'Etats dans lesquels l'exécution est demandée. En effet, les formules exécutoires tout autant que les modalités d'exécution forcée restent celles des Etats requis.
Affirmée sur les champs personnel et spatial, la liberté du créancier de saisir l'est encore plus en ce qui concerne le champ matériel. Il appartient au créancier, lorsqu'il a ciblé les personnes à saisir et éventuellement identifié le territoire sur lequel il demandera l'exécution, de choisir parmi la diversité des biens, ceux dont la réalisation lui permettra de rentrer facilement dans son droit.

SECTION II : LE CHOIX DU BIEN A SAISIR

Le droit de gage dont bénéficie le créancier porte sur tous les biens du débiteur. Cette règle implique qu'en dehors de ceux des biens déclarés insaisissables, le créancier peut saisir, s'il est nécessaire, la totalité des biens du débiteur.
Dans la mise en œuvre effective de ce droit, on constate que le créancier a une large liberté de choix. On sait que le patrimoine du débiteur peut être constitué d'une gamme variée de biens, ce qui va favoriser la satisfaction du créancier. Il choisira alors des biens de telle ou telle nature parmi ceux disponibles. Il pourra aussi, parmi les biens de telle nature, opter pour certains biens pris dans leur unicité. Le créancier choisira par exemple de saisir un frigo plutôt qu'un téléviseur ou alors un téléviseur de marque « *Sharp* » plutôt que celui de marque « Sony ». Il peut aussi décider, et si cela est justifié, de saisir à la fois, des biens de diverses natures sous réserve du respect des conditions liées à la nature du bien, à la subsidiarité de l'exécution

sur les biens immobiliers et de l'abus de droit. La liberté du créancier est donc réelle puisque son choix portera sur des biens diversifiés (§ 1) appartenant au débiteur (§ 2).

§ 1 : UN CHOIX PORTANT SUR UNE DIVERSITE DE BIENS

Le principe de la liberté de saisir confère au saisissant le droit de choisir, dans le cadre d'une même saisie, le bien qu'il va appréhender[117]. Suivant la répartition des biens établie par l'art. 516 du code civil, son choix portera soit sur les biens meubles (A) soit immeubles (B) sous réserve du principe de la subsidiarité de la saisie immobilière.

A- L'OPTION DES BIENS MOBILIERS

Il ressort de l'article 56 de l'AUVE que la saisie conservatoire peut porter sur tous les biens mobiliers, corporels ou incorporels appartenant au débiteur. Les dispositions de cet article peuvent également être étendues aux saisies exécutoires. Suivant la classification de ce texte, on peut ainsi distinguer les meubles corporels et les meubles incorporels entrant dans le domaine de la saisie. On peut aussi décider de distinguer les biens meubles par nature, par détermination de la loi et par anticipation[118].

---

[117] V. R. Perrot, Ph. Terry, op.cit., P.135.
[118] Voir article 527 C.civ.

1-Les biens mobiliers par nature

Selon l'article 528 du Code civil, sont meubles par leur nature les animaux et les corps qui peuvent se transporter d'un lieu à un autre, soit qu'ils se meuvent par eux-mêmes, soit qu'ils ne puissent changer de place que par l'effet d'une force étrangère.

L'exécution forcée sur ces biens qui sont tous corporels, relève des règles de la saisie-vente. Mais la nature particulière de certains d'entre eux fait que les procédés de saisie connaissent quelques aménagements par rapport au droit commun de cette saisie. C'est par exemple le cas de la saisie des véhicules terrestres à moteur[119]. C'est aussi le cas en ce qui concerne la saisie des navires et bateaux qui sortent complètement du système OHADA des voies d'exécution[120].

2-Les biens mobiliers par détermination de la loi

Sont meubles par la détermination de la loi[121], les obligations et actions qui ont pour objet des sommes exigibles ou des effets mobiliers, les actions ou intérêts dans les compagnies de finance, de commerce ou d'industrie, encore que des immeubles dépendant de ces entreprises appartiennent aux compagnies. Ces actions ou intérêts sont réputés meubles à l'égard de chaque associé seulement, tant que dure

---

119 Voir l'article 103, al. 3 de l'AUVE, « *Si, parmi les biens saisis se trouve un véhicule terrestre à moteur, la juridiction compétente peut, après avoir entendu les parties ou celles-ci dûment appelées, ordonner son immobilisation jusqu'à son enlèvement en vue de la vente par tout moyen n'entraînant aucune détérioration du véhicule.* ». Les règles particulières de vente des véhicules terrestres à moteurs devront également être respectées.

120 Ils sont régis dans l'espace CEMAC par le code de la marine marchande.

121 Dispositions prévues par l'art. 529 C.civ.

la société. Sont aussi meubles par la détermination de la loi, les rentes perpétuelles ou viagères, soit sur l'Etat, soit sur des particuliers. C'est aussi la catégorie résiduelle des biens, où rentrent tous les biens non classés par le droit.

Les biens incorporels sont des meubles, s'ils portent sur un bien meuble. Sont ainsi meubles les créances, parts sociales, droits de propriété intellectuelle…

L'exemple du fonds de commerce est aussi intéressant. C'est en effet un bien meuble incorporel, composé de différents éléments, comme le nom commercial, l'enseigne et surtout la clientèle. Il faut donc absolument le distinguer de l'immeuble, local où est installé le commerce. Le propriétaire du fonds peut être différent du propriétaire de l'immeuble, il louera alors l'immeuble.

Très souvent, ces biens sont incorporels et obéissent donc au régime des saisies mobilières particulières. Pour les salaires, il s'agira de la saisie et cession des rémunérations, pour les créances entre les mains de tiers, saisie-attribution des créances.

Les droits d'associés et valeurs mobilières font l'objet d'un nouveau procédé d'exécution qui porte le même nom[122]. Les droits d'associés sont des titres sociaux émis par la société en contrepartie des apports faits par les associés. Ces titres sont dénommés actions dans les sociétés par actions (S.A, SAS) et parts sociales dans les autres sociétés (SARL ou sociétés civiles).

[122] Voir les articles 85 et suivants de l'AUVE.

Quant aux valeurs mobilières[123], ce sont les actions et obligations émises par les seules sociétés anonymes et revêtant la forme soit des titres au porteur, soit celle des titres nominatifs.

3-Les meubles par anticipation

Les meubles par anticipation peuvent faire l'objet d'une saisie-vente. Les arbres, les récoltes et matériaux liés au sol ont la nature d'immeubles ; mais puisqu'ils sont destinés à être séparés du sol, les dispositions du Code civil permettent de les considérer comme des meubles par anticipation. Les matériaux provenant de la démolition d'un édifice ont la nature de meubles jusqu'à ce qu'ils soient utilisés par l'ouvrier dans une construction. Suivant la Cour de cassation, les pierres constituant un bâtiment dont la démolition a été judiciairement ordonnée ne peuvent faire l'objet de saisie-exécution tant que le bâtiment n'a pas été effectivement démoli[124].

Mais il faut dire que certains de ces biens ne rentrent pas forcément dans le régime commun de la saisie-vente. Ils font, de par leur nature particulière, l'objet de saisies spécialement aménagées. C'est le cas de la saisie des récoltes sur pied régie par les articles 147 à 152 de l'AUVE et qui vise les fruits et récoltes proches de la maturité.

Au vu de la diversité des biens du débiteur pris tant dans leur nature que dans leur unicité, on remarque que le choix du créancier est assez diversifié, ce qui facilite le recouvrement forcé de sa créance.

---

[123] Voir les articles 822 et suivants de l'AUSCGIE.

[124] Cass. 3e civ., 10 juin 1981, Bull. civ. III, n° 119, RTD. civ. 1982. 164, obs. Giverdon.

Mais, il peut arriver que le débiteur ne dispose pas d'assez de biens pour le paiement total du créancier. Ainsi, en cas d'insuffisance du produit de la vente des biens meubles pour la satisfaction du créancier, son choix portera alors sur les immeubles de son débiteur.

B- L'OPTION DES BIENS IMMEUBLES

Même s'il est admis que les biens immobiliers font l'objet d'une restriction rigide en ce qui concerne leur saisie et que la saisie immobilière est subsidiaire, il n'en reste pas moins que la liberté du créancier reste le principe. En réalité, tous les créanciers peuvent, s'ils justifient d'une créance certaine, liquide et exigible, saisir les biens immeubles de leur débiteur. Le caractère chirographaire d'une créance n'enlève pas à son titulaire le droit de pratiquer une saisie sur les immeubles du débiteur. Si le créancier chirographaire rapporte la preuve de l'insuffisance du produit de la vente de biens meubles disponibles, il pourra alors saisir les immeubles[125]. Il reste néanmoins que le créancier hypothécaire peut immédiatement engager la saisie de l'immeuble et qu'il est privilégié au moment de la distribution du prix. Tout créancier pourra donc saisir tant les immeubles par nature, par destination que les immeubles par l'objet auquel ils s'appliquent.

[125] Voir article 28 al. 2 de l'AUVE.

1-Les immeubles par nature

Il s'agit des terrains, bâtiments, et constructions diverses, les forêts, les arbres qui y sont plantés, les vergers et fruits (non encore détachés de l'arbre). Il s'agit aussi des récoltes non coupées (sous réserve de la saisie des récoltes sur pied si leur maturité est imminente) tant qu'il n'y a pas séparation matérielle par la cueillette.

Le sol étant le bien immeuble par excellence, il est le principal bien visé par la saisie immobilière et celui qui lui donne son caractère spécifique et rigide. Les autres immeubles par nature ne sont soumis à cette saisie que parce qu'ils prennent attache au sol. Leur importance justifie la particularité de leur réglementation qui a elle-même évolué dans le temps.

En effet à l'époque féodale, les biens meubles étaient jugés de peu d'importance. La propriété des sols était liée à la hiérarchie sociale et la saisie immobilière était exclue. Elle n'est apparue qu'au XIIIe siècle et a été strictement réglementée à la faveur du débiteur. Si au départ de cette réglementation, seuls les immeubles par nature étaient concernés, on remarque que l'évolution du droit a permis de prendre en compte les immeubles par destination et les immeubles par l'objet auquel ils s'appliquent.

2-Les immeubles par destination

Ce sont les objets que le propriétaire de l'immeuble y a placés pour le service et l'exploitation de ce fonds. Ils sont en réalité physiquement des meubles, mais par fiction juridique, le droit les considère comme des immeubles. L'immobilisation peut résulter du placement d'un meuble pour le service ou l'exploitation d'un fonds ou de l'attachement à un fonds à perpétuelle demeure[126]. Il peut s'agir du cheptel, du lapin de garenne et des ruches à miel, des semences, pailles et engrais, du matériel d'exploitation…

Ces biens ne peuvent être saisis qu'avec l'immeuble auquel ils ont été affectés. Il ne peut en être autrement que pour le paiement leur prix. C'est alors que la saisie-vente de ces biens n'est ouverte qu'au vendeur impayé. Le fabricant du bien qui n'a pas reçu son dû doit être assimilé au vendeur et bénéficie de la faculté de saisie-vente.

Dès lors que cesse l'immobilisation soit par la volonté du propriétaire du fonds ou de fait, la saisie-vente redevient possible. Ainsi, un immeuble par destination détaché du fonds auquel il avait été affecté peut faire l'objet d'une saisie mobilière. Il a été décidé dans une espèce que, des fresques, immeubles par destination deviennent des meubles du fait de leur arrachement au bâtiment qu'elles décoraient[127] même si elles avaient été enlevées contre le gré du propriétaire de l'immeuble du fait de sa dégradation.

3-Les immeubles par l'objet auquel ils s'appliquent

Les droits réels sont de nature immobilière, lorsqu'ils ne sont pas affectés à leur titulaire à titre personnel. Sont donc susceptibles de

---

[126] Voir art. 524 du C.civ.

[127] Cass., Ass. Pl. 15 avril 1988, *D.*, 1988, p.325, concl. Avoc. Gén. Cabannes, notes Jean Maury ; *JCP*, 1988, II, 21066, rapport de M. Grégoire et note de M. Jean-François Barbieri.

saisie immobilière, l'usufruit, l'emphytéose, le bail à construction, les concessions de mines, d'engins hydrauliques.

Il s'agit des droits réels démembrés ou accessoires qui portent sur un immeuble. L'effet d'indisponibilité qui frappe l'immeuble par nature a donc aussi un effet sur ses fruits et autres revenus qui en proviennent. Ainsi, selon l'article 263 al. 1 de l'AUVE, les fruits naturels ou industriels, les loyers et fermages recueillis postérieurement au dépôt du commandement ou le prix qui en provient sont, sauf l'effet d'une saisie antérieure, immobilisés pour être distribués avec le prix de l'immeuble. Ils sont déposés, soit à la caisse des dépôts et consignations, soit entre les mains d'un séquestre désigné par le président de la juridiction compétente. De même, aux termes de l'article 265 de l'AUVE, si le débiteur justifie que le revenu net et libre de ses immeubles pendant deux années suffit pour le paiement de la dette en principal, frais et intérêts, et s'il en offre délégation au créancier, la poursuite peut être suspendue.

Sont cependant exclus, soit des droits qui sont attachés à la personne de leur bénéficiaire, tels que les droits d'usage ou d'habitation, soit les droits réels qui ne peuvent être dissociés ou séparés d'un immeuble qui en bénéficie.

S'il est admis que le choix du créancier peut porter sur des biens variés, qu'ils soient entre les mains du débiteur ou des tiers, c'est à la condition que ces biens soient ceux du débiteur.

§ 2 : UN CHOIX S'EXERÇANT SUR LES BIENS DU DEBITEUR

Le créancier doit être informé sur l'appartenance des biens tant par le débiteur que par le tiers saisi dans l'optique de faciliter la réalisation de sa liberté de saisir.

Le principe est fort longtemps acquis selon lequel, l'ensemble des biens du débiteur garantit l'exécution par lui des obligations dont il est tenu[128]. Cette affirmation tire son fondement de l'art.50 al.1 de l'AUVE. Cependant, s'il est ainsi admis que le patrimoine du débiteur constitue le gage général de ses créanciers et qu'en conséquence, tous les biens le composant rentrent dans le champ de la saisie, on ne pourrait limiter l'analyse de ce principe à ce niveau.

Il ne fait en effet pas de doute que certains biens sont insaisissables[129]. Cette remarque mise de côté, il faut admettre que ce qui est important, c'est l'aspect négatif de ce principe[130]. Il en ressort que, pour être valable, une saisie ne peut porter que sur un bien appartenant au débiteur (A). Une fois cette exigence satisfaite, il faudra encore se rassurer que ledit bien est disponible entre ses mains (B).

---

[128] S. S. KUATE TAMEGHE, « Les mystères des art. 50 al.1 et 51 de l'Acte Uniforme OHADA portant Organisation des Procédures Simplifiées de Recouvrement et des Voies d'Exécution », *Afrilex* n°5, P177.

[129] Voir P. 186 et s. pour l'étude des insaisissabilités.

[130] V. R.PERROT, Ph SIMLER, *Les Procédures Civiles d'Exécution*, Paris, *Dalloz* 2000, P148, n°133.

A- LES BIENS APPARTENANT AU DÉBITEUR

Si le sens de l'exigence d'appartenance des biens saisis au débiteur paraît clair au vu de la logique juridique, sa mise en œuvre n'est pas sans difficultés. Il est en effet des cas où la détermination de l'appartenance ou non des biens visés au débiteur n'est pas aisée. Cet état de fait accorde de l'intérêt aux questions des biens indivis et de ceux du conjoint du débiteur.

1-Le sens de l'exigence d'appartenance des biens au débiteur

Il n'est pas superflu de rappeler que ce n'est plus sur la personne du débiteur, mais sur l'ensemble de ses biens que va être orientée la saisie. L'exécution sur les biens est devenue la règle[131]. Ainsi, tous les biens du débiteur au jour de la saisie, même s'ils ont été acquis ultérieurement à la naissance de la dette sont saisissables[132]. Il n'y a pas à distinguer ici selon qu'il s'agit de biens meubles, immeubles, corporels ou incorporels. Mais il faut d'emblée dire que l'exécution ne

---

[131] Il est intéressant de rappeler que l'exécution sur les biens, même si elle n'est pas une innovation des temps modernes, n'a pas toujours existé. En effet, le débiteur pouvait à une époque que l'on situe en l'an 118 A.V J-C, faire l'objet d'une vente ou d'une mise en esclavage pour dette. Même après l'admission de l'exécution sur les biens, celle-ci porta sur la vente en bloc des biens du débiteur et uniquement sur les meubles .Par la suite la saisie devait s'étendre sur tous les biens immobiliers tout en se limitant seulement à certains d'entre eux. C'est ainsi que petit à petit, on s'est acheminé au droit de l'exécution forcée tel qu'on le vit aujourd'hui. Il faut néanmoins dire qu'il subsiste de nos jours des formes d'exécution sur la personne tels que la contrainte par corps, le déguerpissement et l'expulsion qui ne rentrent pas dans le champ de notre étude.

[132] R.PERROT, Ph. SIMLER, op.cit, P125.

devrait porter que sur les biens sur lesquels le débiteur justifie d'un droit de propriété au jour de la saisie[133].

L'analyse de cette exigence portera sur sa justification, sur le cas des fonds affectés et sur l'incidence du prétexte de l'appartenance des biens à saisir à un tiers.

L'exigence d'appartenance des biens au débiteur est chargée de sens. Il s'agit d'abord de satisfaire au principe bien connu selon lequel chacun doit personnellement répondre de ses engagements et cela sur ses propres biens.

On voit ensuite se profiler derrière cette exigence, le souci de protection des biens des tiers qui ne doivent pas subir le préjudice d'une saisie résultant d'une obligation contractée par le débiteur. Il ne fait donc pas de doute que toute saisie portant sur un bien n'appartenant pas au débiteur, comme la vente de la chose d'autrui, serait entachée de nullité sans préjudice pour celui qui subit la mesure de demander des dommages et intérêts. A cet effet, le tiers dont le bien a été appréhendé n'est pas désarmé ; il dispose d'une action en distraction lui permettant de reprendre possession de son bien[134]. Même lorsque la vente a été opérée, ce dernier peut toujours, même si l'action en distraction n'est plus admise[135], agir en revendication contre l'adjudicataire dans les conditions de droit commun et en portant sa demande devant les juridictions habituelles[136].

---

[133]S.S.KUATE TAMEGHE, op.cit, P179.

[134] R .PERROT, Ph SIMLER, *op. cit.,* P48; pour une analyse plus détaillée de l'action des tiers, Voir infra, P.325 et s.

[135] Ceci se justifie par le fait que la saisie, après la vente des biens, a épuisé tous ses effets.

[136] R.PERROT, Ph SIMLER, *op.cit.,* P546. Voir p.326 pour l'étude de l'action en distraction.

Cette exigence d'appartenance des biens saisis au débiteur fait l'objet d'une application rigoureuse par les tribunaux. Une situation classique peut en effet l'illustrer. Une Société à Responsabilité indéfinie étant redevable de sommes d'argent, le créancier a voulu poursuivre le recouvrement contre l'un des associés sans mise en demeure préalable de l'entreprise de payer. Les juges ont ainsi eu l'occasion de relever la violation de l'art.2092 Code civil. Pour eux, aucune confusion n'étant possible entre le patrimoine du gérant et celui de la société dont il assure la gestion, les biens de celui-ci ne peuvent être appréhendés pour le désintéressement des créanciers sociaux, à moins d'avoir vainement exercé des poursuites contre la société[137]. Allant dans le même sillage, une décision de la CCJA tranchera que le créancier d'une société commerciale ne saurait poursuivre le recouvrement de ce qui lui est dû à l'encontre d'une personne tierce au motif que « *les deux sociétés appartiendraient à la même personne* »[138]. D'autres arrêts ont admis que l'acquéreur d'un fonds de commerce ne saurait être poursuivi par les créanciers du cédant pour les dettes contractées par ce dernier et n'ayant aucun rapport avec le fonds cédé[139] ; que la dette personnelle de l'employé ne saurait justifier une saisie au préjudice de l'employeur quel que soit son montant[140].

---

[137] C.A du Centre, Société de Recouvrement des Créances du Cameroun contre Abbé Narcisse, Arrêt n°240 /civ du 04 Avril 1997, *R.C.D.A*, n°5, Oct-Déc.2000, P139 et S. ; TPI Dschang, n°14/civ du 29 Mars 2001, Fogue Augustin contre Me Ngueguim André, *Juridis Périodique* n°48, Oct-Nov-Déc.2001, P.65, note TIMTCHUENG, cité par S.S.KUATE TAMEGHE, op.cit.

[138] CCJA, arrêt n°012 du 08 avril 2002, Affaire Société Elf-Oil Côte d'Ivoire devenue TOTAL FINAELF contre Société COTRACOM, *www.credau.org*.

[139] TPI Bafoussam, n°56 du 16 mars 2001, Librairie Papeterie du Secours contre Ketchang Pegny Jean, inédit, cité par S.S. KUATE TAMEGHE, op.cit., P.185.

[140] TPI Bafoussam, n°102/civ.du 21 Sept.2001, SOH contre Dame Dassié Yvette Fogang Michel, inédit, Ibid.

La question se pose aussi en ce qui concerne les sommes dites affectées. Il s'agit par exemple des fonds qu'un avocat reçoit pour les remettre à son client[141]ou des sommes qu'un liquidateur détient en qualité d'organe de la faillite[142]. Dans toutes ces hypothèses, on peut dire que les sommes déposées par un débiteur sur son propre compte lui appartiennent et peuvent donc être saisies alors que celles inscrites à un compte ouvert par le débiteur pour ne recevoir que les sommes versées par un tiers n'entrent pas dans son patrimoine et ne peuvent être saisies par ses créanciers[143].
Il peut parfois aussi arriver que le débiteur saisi cherche à soustraire certains biens de la saisie en excipant leur appartenance à un tiers ou leur insaisissabilité. En de tels cas, la loi, pour éviter des manœuvres frauduleuses, ne fait pas de ces prétentions des obstacles à la saisie, mais plutôt des cas de suspension de la mesure entreprise sur les seuls biens en cause. En réalité, l'huissier de justice peut pratiquer la saisie, mais il devra arrêter les opérations de saisie sur lesdits biens, jusqu'à ce que la contestation soit tranchée[144].
L'analyse ci-dessus montre à suffisance qu'une saisie ne peut être efficace que si le bien visé est celui du débiteur, mais le prétexte de l'appartenance au tiers ne fait pas obstacle à la saisie. Ceci étant admis, toute difficulté dans la détermination des biens à saisir n'est pas totalement levée. Il reste que les problèmes de la saisissabilité des

[141] Civ. 19 févr. 1985.*D.*1985. IR. 319.
[142] Com.3 févr. 1998. *Bull.civ.* IV, n° 51.*D.* 1998. IR.62, cité par R. PERROT, Ph SIMLER, op.cit., P158.
[143] *Ibid.*
[144] V.art.139 AUVE selon lequel « *Les demandes relatives à la propriété ou à la saisissabilité ne font pas obstacle à la saisie mais suspendent la procédure pour les biens saisis qui en sont l'objet* ».

biens du conjoint du débiteur tout autant que des biens indivis restent de véritables difficultés auxquelles le créancier doit encore faire face.

2- La question des biens indivis et de ceux du conjoint du débiteur

Même dans les cas où l'appartenance des biens n'est pas claire, le créancier préserve une certaine liberté de saisir. Si le principe est que les biens indivis et ceux du conjoint du débiteur ne sont pas saisissables, la loi privilégie parfois les intérêts du créancier en apportant des assouplissements à cette règle.

a- La question des biens indivis

Les biens indivis sont définis comme « *des biens introuvables, car ils sont à la fois un peu à chacun et pas vraiment à tous* »[145]. Une telle situation peut naître dans plusieurs hypothèses que nous analyserons. C'est de cette analyse que nous déboucherons sur la conduite du créancier face à des biens réputés indivis.

Il peut arriver qu'un bien intéressant le créancier n'appartienne pas au seul débiteur alors même qu'il se trouve entre les mains de ce dernier. Il peut en être ainsi en droit des successions lorsque plusieurs personnes acceptent un héritage sans que le partage ait été opéré entre héritiers ou légataires, lorsque la dévolution successorale s'est opérée partiellement en vertu d'un testament. C'est aussi le cas en droit des

---

145 C. HENRI et D. FABIANI, « L'exécution sur les biens indivis », *Les Petites Affiches*, 12 Janvier 2000, n°8, P.5.

libéralités lorsque plusieurs personnes bénéficient conjointement d'une donation dont l'objet est confié à l'une d'entre elles. En droit des sociétés, pour ce qui est des structures dépourvues de la personnalité juridique, les biens mis à leur disposition au moment de la constitution sont la propriété commune des associés en cours de vie sociale lorsque lesdits biens ont été acquis au moyen de deniers communs. On peut aussi évoquer l'hypothèse en droit des contrats, de la coacquisition d'une ou de plusieurs choses, ou encore en droit des biens, de l'hypothèse des « *indivisions forcées perpétuelles* » s'appliquant aux choses qui excluent l'éventualité d'un partage même provisoire[146].

S'il est de règle que la liberté de saisir dont dispose le créancier ne s'applique pas aux biens indivis, il est des cas où la loi privilégie les intérêts du créancier en prévoyant des aménagements à cette règle.

En parcourant l'AUVE, on constate qu'une seule disposition traite de la question. En effet, selon l'art. 249, « *la part indivise d'un immeuble ne peut être mise en vente avant le partage ou la liquidation que peuvent provoquer les créanciers d'un indivisaire* ». Ainsi posée, cette disposition trouve une bonne justification. En réalité, jusqu'au partage, on ignore le montant de l'émolument qui reviendra au débiteur en indivision, tout autant que les biens qui seront placés dans son lot[147]. Dans une telle situation, en tenant compte de l'effet

---

146 Il s'agit là d'une « *excroissance monstrueuse du régime de l'indivision* » à laquelle le législateur napoléonien n'a pas songé et qui embarrasse la jurisprudence, selon T. GUINOT, in « La poursuite des biens mobiliers indivis », *Droits et Procédures* n°3, Mai-Juin 2005, P.134.

147 R. PERROT, Ph TERRY, op. cit, P149.

déclaratif du partage[148], si une saisie devait être pratiquée sur les biens frappés d'indivision, on pourrait alors saisir les biens n'ayant jamais été la propriété du débiteur.

Cette règle s'applique à tous les créanciers personnels du débiteur dont les biens sont en indivision. Mais il nous est donné de constater que l'AUVE a oublié d'énoncer en la matière une règle directrice d'ordre général[149]. Il ne traite d'indivision qu'en matière immobilière. La question peut être posée sur la justification de cette option et sur sa portée.

Sur la justification de cette disposition, s'il en existe, on peut concéder au législateur OHADA de s'être conformé à l'article 2205 du Code civil[150] même si le reproche lui est tout de suite fait au regard de multiples critiques formulées et des évolutions observées en droit comparé[151].

Quant à la portée de cette disposition, elle génère plus d'une question. D'abord, l'on pourrait se demander si cet article s'applique à toutes les formes d'indivision. La question prend du sens si la position du législateur communautaire se fonde sur l'article 2205 sus évoqué. En effet, cet article limitait l'application de la règle à l'indivision successorale. Ensuite, l'on peut se poser la question de savoir si contrairement à cet article, le législateur OHADA admet une application extensive de l'AUVE en son article 249.

Pour tenter d'y répondre, nous pensons qu'il est de l'intérêt du droit OHADA, et cela en droite ligne de la liberté de saisir qu'il veut

---

[148] Art 883, C.Civ.

[149] A.M. ASSI-ESSO, N. DIOUF, *op.cit.*, P57, n°96.

[150] Selon sa rédaction de 1804.

[151] Voir notamment l'art.816-17 al.2 C.civ français.

clairement poser, de généraliser la règle. Bien que le législateur soit resté silencieux, il est de bon ton que toutes les formes d'indivision soient appréhendées par l'interprète et que les biens de toute nature soient inclus. A la vérité, il serait absurde de différencier dans ce cas les meubles des immeubles[152].

Malgré l'affirmation de cette règle, il faut dire que deux catégories de créanciers conservent leur liberté de saisir les biens indivis.

Il s'agit d'abord des créanciers qui auraient pu agir sur les biens indivis avant cette situation. Ce sont les créanciers du défunt ou créanciers héréditaires ou encore les créanciers des époux qui auraient pu saisir les biens de la communauté avant sa dissolution[153]. La jurisprudence a eu à se prononcer sur les cas d'indivision successorale. Pour elle, s'il est vrai que la part indivise d'un immeuble ne peut être saisie avant le partage ou la liquidation, il faut retenir que dans le cadre d'une saisie immobilière dirigée contre les ayants-droit du débiteur décédé, doit être considéré comme inopérant le moyen fondé sur ce que l'immeuble qui fait l'objet de la saisie est un bien indivis, donc insaisissable, dès lors que d'une part, les poursuites ne sont pas engagées contre un ou quelques indivisaires sur une partie de l'immeuble représentant la part indivise d'un ayant droit, mais contre tous les héritiers et sur l'intégralité de l'immeuble, d'autre part,

[152] A.M. ASSI-ESSO, N. DIOUF, op.cit. P57, n°96.

[153] Civ., 1er mars 1985, *Bull.Civ.*CivI, n°53 cité par R. PERROT et Ph TERRY, op.cit., P150. Cet état de choses s'explique par le fait qu'il serait injuste de priver des créanciers qui auraient pu agir avant l'indivision, de leur droit de poursuite.

l'immeuble avait fait l'objet d'une hypothèque et que les héritiers répondent du passif successoral pour avoir accepté la succession[154]. Ensuite, il est admis que les créanciers dont la créance résulte de la conservation ou de la gestion des biens indivis ne sont pas concernés par cette limitation[155]. Il est ainsi reconnu des droits préférentiels à certains créanciers pour agir sur la masse des biens indivis[156].

Ce principe étant posé, il serait hâtif de conclure que les créanciers personnels de l'indivisaire n'ont aucune liberté de le poursuivre. Il est admis que ces derniers puissent prendre une sûreté judiciaire sur la part indivise du débiteur. Par ailleurs, ils peuvent demander le partage du bien en cause. Même si elle est « *anodine d'apparence, cette prérogative est exorbitante en pratique* »[157]surtout dans l'espace OHADA. En France, l'action des créanciers du débiteur en indivision est faite de manière indirecte par voie oblique et s'explique par l'inaction de ce dernier. On sait qu'une telle solution a toujours été critiquée. On lui reproche d'abord de méconnaître le fait qu'en demandant le partage, le créancier ne fait que subir un détour nécessaire dans l'exercice de son droit propre à discuter les éléments de son gage général[158]. Elle contrevient ensuite à la position jurisprudentielle admettant que c'est en vertu d'un droit propre que les créanciers peuvent demander le partage sur la base de l'article 882[159].

---

[154] C.A. Bobo Dioulasso, arrêt n° 006/2008, du 21 janvier 2008, Ayants droit de Feu OUEDRAOGO Ousmane c/ DERRA Brahima, *ohada.com/ohadata J*-10-118.

[155] Il serait injuste en ce qui concerne par exemple l'administrateur désigné pour gérer l'indivision de se voir opposer une prohibition de saisie sur les biens dont par ses soins, il a assuré la conservation.

[156] C. HENRY et D. FABIANI, *op. cit.,* p.6.

[157]S.S. KUATE TAMEGHE, op.cit., P182.

[158] D. MARTIN, op.cit., P224.

[159] Req.23 juillet 1866, D.1966.1, P497 cité par D. MARTIN, *ibid.*

Enfin, le reproche peut lui être formulé de susciter de « *scandaleuses immunités patrimoniales* »[160]que les indivisaires malveillants peuvent exploiter.

Par contre, l'interprétation de l'article 249 de l'AUVE laisse apparaître que cette l'action reconnue au créancier de provoquer le partage a des allures d'une action directe[161]. L'OHADA aurait donc pris note des critiques adressées au droit français. Ceci est donc un aspect non négligeable des prérogatives attribuées aux créanciers, et donc du souci d'optimiser l'efficacité du titre exécutoire dans l'AUVE. On reconnaît donc plus de liberté au créancier, en droit OHADA face à une situation d'indivision, qu'en droit français.

La question de l'indivision étant réglée, celle de la détermination de l'appartenance d'un bien au débiteur n'est pas épuisée ; il faut encore analyser le cas non moins complexe de la saisissabilité des biens du conjoint du débiteur.

b- Le problème des biens du conjoint du débiteur

Lorsque le débiteur est marié, il est important, en saisissant ses biens, d'épargner ceux de son conjoint. Dans une telle hypothèse, la détermination du régime matrimonial existant entre eux prend toute son importance, si ce n'est lorsque les deux conjoints sont tenus solidairement de la dette, auquel cas la saisie peut indifféremment porter sur les biens de l'un ou de l'autre[162]. C'est qu'en effet, l'état du

---

[160] *Ibid.*

[161] *Idem.*

[162] R. PERROT et Ph. SIMLER, op.cit., P153.

patrimoine d'un époux est déterminé par le statut matrimonial qui lui est applicable[163].

Lorsque les époux sont mariés sous le régime de la communauté, ne peuvent être saisis que ceux des biens qui répondent du passif du conjoint ayant contracté[164]. Durant le mariage en effet, tous les biens conjugaux propres ou communs peuvent servir à la satisfaction des droits des créanciers[165]. Il ne surgira de difficultés que dans la détermination de la catégorie dans laquelle le bien à saisir doit rentrer[166]. En revanche, en cas de crise dans le ménage, les créanciers peuvent avoir du mal à rentrer dans leurs droits.

En cas de divorce des époux, il est à noter que les effets liés à la fin du mariage ne sont pas immédiats. Souvent, et pour le cas particulier de la communauté des biens, le régime matrimonial cède la place à une indivision post communautaire. Cette indivision se prolonge jusqu'à la liquidation et au partage de la masse commune. Pendant cette période d'indivision, il peut survenir des difficultés quant à la saisissabilité de tel ou tel bien, du fait d'une dette contractée par un conjoint. Les magistrats décident en une telle occurrence que les biens immeubles, même titrés sous le nom d'un seul conjoint, sont présumés communs, la preuve contraire incombant à celui qui conteste cet état de fait[167]. Les hauts magistrats interdisent alors au créancier de pouvoir saisir de

---

[163] M. STORCK, « L'exécution sur les biens des époux », *Petites Affiches*, 12 janvier 2000, n°8, P.12.

[164] Paris, 6 novembre, 1998, *Juris-Data*, n°023615, cité par R. PERROT et Ph SIMLER, *op.cit.*

[165] Ceci dépendra du degré d'entente qu'il ya entre les époux.

[166] Bien propre ou bien commun. Voir à cet effet les ouvrages de Régimes Matrimoniaux.

[167] CCJA, arrêt n° 025/2008, 30 avril 2008, Société Générale de Banque en Côte d'Ivoire dite SGBCI c/ Dame Konan Marie Aimée et sieur Konan Kouadio Camille, GD-CCJA, p. 405, obs. Akomdja Avom Vinceline.

tels biens tant qu'il ne rapporte pas la preuve de leur propriété exclusive au conjoint débiteur ayant contracté de son chef. Il lui reste la possibilité de provoquer le partage[168].

La question devient plus complexe lorsque les époux sont mariés sous un régime séparatiste auquel cas les dettes du ménage sont considérées comme solidaires[169]. Par contre, s'il est admis que chacun des époux répond de ses dettes sur ses biens propres, la détermination de ce qui appartient au débiteur devient difficile. Ceci est d'autant plus vrai lorsque d'un commun accord, les époux décident *« de brouiller les pistes »*[170].

Lorsque dans un contrat de mariage de type séparatiste, figurent des clauses de présomption de propriété stipulant que telle ou telle catégorie de biens sera réputée la propriété du mari ou de la femme, de telles clauses peuvent être opposables aux tiers[171]. Mais il ne s'agit là que de présomptions simples dont la preuve contraire peut être administrée par tous moyens par le créancier [172].

Même en l'absence de telles clauses, il peut être difficile de déterminer lequel des époux est le propriétaire exclusif de tel ou de tel bien. Dans un tel cas, la jurisprudence, partant de l'idée de copossession des époux, en déduit que le créancier d'un conjoint peut saisir tous les biens possédés en commun, sauf à celui qui se prétend propriétaire exclusif de l'un d'entre eux d'en rapporter la preuve[173].

---

[168] Article 249 de l'AUVE.
[169] Voir art.220 C.civ.
[170] R. PERROT, Ph. SIMLER, op.cit.
[171] Art.1538 C.civ.
[172] Civ., 29 janvier 1974.D. 1974. 345. Note R. SAVATIER.
[173] Civ. 13 janv.1951. S. 1. 192.

Cette solution admise autrefois[174] en droit français est très protectrice des intérêts du créancier et lui reconnaît ainsi une grande liberté. Pourtant, le nouvel article 1538 al.3 du Code civil applicable en France dispose que dans une telle hypothèse, les biens sont présumés appartenir indivisément à chacun des époux pour moitié. Cette position regrettable est approuvée par la jurisprudence[175]suivant laquelle cette présomption n'est applicable qu'en l'absence de toute preuve exclusive de la propriété des biens[176]ainsi qu'une bonne partie de la doctrine[177]. Une telle position est à éviter en droit OHADA, car elle se dresserait clairement contre l'objectif affiché de recouvrement libre des créances.

Une autre difficulté peut survenir lorsqu'il existe un compte-joint entre les époux[178]communs en biens sur lequel l'un d'eux verse des gains et salaires. Il peut être difficile dans une telle situation de déterminer la part du débiteur, tout autant que de répondre à la question de la saisissabilité de cette part. Le constat est d'autant plus pertinent que l'article 52 de l'AUVE, pour protéger les gains et

---

[174] Il faut noter que la thèse de son abandon par la réforme des régimes matrimoniaux de 1965 en droit français est aujourd'hui controversée au sein de la doctrine. Voir à cet effet Rémy, Les présomptions légales dans les régimes matrimoniaux, Thèse Poitiers 1971, P.476 ; R. PERROT, obs. *RTD civ* ; 1996.990. Rap. TGI Paris, 30 avril 1974, *D.* 1975. 14, note R. SAVATIER.

[175] Civ. 21 juin 1983. JCP 1983. IV. P 278 (compte bancaire ouvert au nom du mari mais alimenté par les revenus propres des deux époux séparés de biens) ; Civ., 2e, 10 juillet 1996, *Juris-Data*, n° 003166 ; *RTD.civ* ,1996. 990, obs. R. PERROT (compte joint), cité par R. PERROT, Ph. SIMLER, op.cit., P 154.

[176] Civ.10 mars 1993, *Bull.Civ.* I. n° 107, *Défrenois*, 1993. 1083. obs. CHAMPENOIS adde *JCP* 1993. I. 3656, n°13, obs. STORCK, Ibid.

[177] V. CORNU, *Les Régimes Matrimoniaux*, P.537, MARTY et RAYMOND, *Droit Civil ; Les Régimes Matrimoniaux*, n°446.

[178] Ceci ne devrait pas faire croire qu'il ne puisse pas exister de compte-joint entre des personnes non mariées. Par exemple, Civ., 24 avril 1985, *Bull. Civ.*II, n°87(compte- joint entre deux associés). Dans un tel cas, la difficulté sera résolue de la même manière.

salaires du débiteur, dispose que « *les créances insaisissables dont le montant est versé sur un compte demeurent insaisissables* ». Mais il faut tout de suite remarquer que « *la loi corrige les travers du passé* »[179]à l'article 53. Selon cet article, lorsqu'un compte même joint, alimenté par les gains et salaires d'un époux commun en biens fait l'objet d'une mesure d'exécution pour le payement ou la garantie née du chef de celui-ci , le poursuivant doit laisser à la disposition de l'autre conjoint une somme équivalent, à son choix, au montant des gains et salaires versés au cours du dernier mois précédant la saisie ou au montant moyen des gains et salaires versés dans les douze mois qui la précèdent.

Cette disposition est très profitable au créancier qui ne pourra se voir opposer les manœuvres des époux. Il lui est ainsi donné la chance d'avoir des sommes importantes pouvant lui permettre de recouvrer entièrement sa créance. Cette largesse de l'art.53 ne peut être amoindrie que si le compte n'est pas suffisamment fourni auquel cas l'assiette de la saisie serait négligeable.

La question de la détermination des biens du conjoint du débiteur peut aussi se poser dans les couples en union libre[180]. Dans ce cas, le créancier a fort à faire dans la détermination de ce qui est à saisir. En l'absence de régime matrimonial, les biens du couple sont souvent confondus et dans ce cas, le débiteur peut prétendre que les biens visés ne lui appartiennent pas, mais plutôt à son compagnon. En de telles circonstances, il semble logique de considérer qu'il y a copossession.

---

[179] S.S. KUATE TAMEGHE, op.cit., p.190.

[180] Le problème acquiert une importance accrue dans le contexte africain puisque l'union libre est de plus en plus fréquente dans nos sociétés.

Dès lors, pour les besoins de la saisie, tous les biens garnissant les locaux où demeure le débiteur sont réputés lui appartenir. Il reviendra donc à celui qui conteste ou réclame la propriété de tels biens d'en rapporter la preuve[181]. Il ne restera plus au saisissant qu'à se rassurer que les biens qu'il saisit sont disponibles.

B- LES BIENS DISPONIBLES ENTRE LES MAINS DU DEBITEUR

Pour qu'un bien puisse être librement saisi par le créancier, il est nécessaire que le débiteur lui-même puisse en disposer librement par cession ou aliénation.

Un bien indisponible ne peut donc pas faire l'objet de saisie. Certains cas dits d'indisponibilité totale confèrent en réalité une véritable insaisissabilité au bien en cause et ne seront pas ici étudiés[182]. D'autres situations d'indisponibilités dites relatives existent et n'interdisent pas aux créanciers d'exercer des poursuites contre les biens ainsi protégés[183]. Mais leur action est admise sous réserve de certaines conditions. C'est le cas lorsqu'un bien est affecté à l'usage ou à l'exploitation d'un autre, il n'échappe pas à la saisie, mais dans la mesure où il entrave sa libre disposition, il n'est pas possible de le saisir isolément entre les mains du débiteur. On ne pourrait par exemple pas saisir une servitude foncière entre les mains du débiteur.

---

[181] R. PERROT, Ph. THERY, *op.cit.* P. 156.

[182] Il faut, pour leur étude se reporter aux insaisissabilités, P. 186.

[183] R. PERROT, Ph. THERY, *op.cit.* P163.

Ces hypothèses mises de côté, d'autres questions attirent particulièrement l'attention.
La question de l'appartenance des biens peut avoir une influence plus ou moins forte sur le choix du bien à saisir. Il est donc important, pour une action plus libre, que le créancier soit informé sur des saisies antérieures ou sur l'existence de procédures collectives.

1-Le sens de l'adage « saisie sur saisie ne vaut »

Il ne se pose plus la question de nos jours de savoir si les biens du créancier peuvent faire l'objet d'une pluralité de saisies. L'adage « saisie sur saisie ne vaut » pourrait donner à penser qu'un bien déjà saisi ne peut plus l'être à nouveau à cause de son indisponibilité. Une telle lecture doit être nuancée.
La vérité de l'analyse à la lettre de cet adage ne fait pas de doute en cas de saisie-attribution. Cela s'explique puisque la saisie-attribution produit un effet attributif immédiat et dès lors, la créance saisie ne figure virtuellement plus dans le patrimoine du débiteur[184]. C'est aussi le cas d'une saisie conservatoire sur une somme d'argent, puisqu'elle emporte de plein droit consignation avec affectation spéciale entre les mains du tiers saisi. Dans ce dernier cas, seuls les créanciers de rang meilleur peuvent pratiquer une saisie sur ces biens.
Ces hypothèses élucidées, il est clair que tout bien saisi demeure dans le patrimoine du débiteur et reste donc soumis au gage commun de ses créanciers jusqu'à sa mise en vente. Au vrai, lorsque la saisie porte sur les biens qui doivent être vendus, le moment où le créancier acquiert

---

[184] V. art. 154 AUVE.

un droit exclusif sur leur prix est retardé jusqu'à la vente. Rien ne s'oppose donc à ce que ces biens soient à nouveau saisis. Il faut toutefois relever que la saisie conservatoire est exclue, car, le nouveau créancier ne pouvant pas réclamer le prix de vente, une telle mesure serait sans effet sur un bien ayant fait l'objet d'une saisie-vente par exemple.

Il faut donc définitivement dire que cet adage ne signifie pas qu'un bien rendu indisponible par une saisie antérieure ne fait plus partie du gage des créanciers. L'adage signifie simplement que ce bien ne peut plus faire l'objet d'une procédure distincte de la première et que les créanciers subséquents qui voudront le saisir, devront joindre leurs poursuites à celles du premier saisissant au moyen d'une opposition. Il s'agira tout simplement de respecter les modalités de cette opposition.

L'AUVE dans le souci de préserver les chances de recouvrement s'inscrit dans cette logique. La possibilité de faire opposition est reconnue dans la saisie conservatoire des biens meubles corporels,[185] dans la saisie-vente[186], la saisie des rémunérations[187], pour n'évoquer que celles-ci. De même, le créancier est libre de pratiquer une saisie complémentaire.

Cette analyse peut nous amener à faire un rapprochement avec les procédures collectives qui rendent certes indisponibles les biens du débiteur, mais pas vis-à-vis de tous les créanciers.

---

185 V. art.74 AUVE.
186 V. art.130.
187 Cf. art. 190.

2 - L'influence des procédures collectives

Un créancier peut-il saisir les biens de son débiteur à la suite d'une procédure collective dirigée contre celui-ci ?

Qu'il s'agisse du redressement judiciaire ou de la liquidation des biens, l'effet suspensif des poursuites contre le débiteur est le même[188]. Selon l'article 75 de l'Acte uniforme sur les Procédures Collectives d'apurement du Passif, « *la décision d'ouverture suspend ou interdit toutes les poursuites individuelles tendant à faire connaître des droits et des créances ainsi que toutes voies d'exécution tendant à obtenir le paiement, exercées par les créanciers composant la masse sur les meubles et immeubles du débiteur. La suspension des poursuites individuelles s'applique également aux créanciers dont les créances sont garanties par un privilège général ou une sûreté réelle spéciale telle que, notamment, un privilège mobilier spécial, un gage, un nantissement ou une hypothèque sous réserve des dispositions des articles 134 al. 4, 149 et 150 al. 3 et 4 ci- dessous …* »

En cas de redressement judiciaire, tous les créanciers qu'ils soient chirographaires ou munis de sûretés sont soumis au principe d'égalité. Ils subissent la suspension de leurs poursuites individuelles jusqu'à la résolution ou l'annulation du concordat[189].

Dans la liquidation des biens, l'apurement du passif est obtenu à l'issue des opérations de liquidation de l'actif. Le droit individuel de poursuite des créanciers gagistes, nantis et hypothécaires est suspendu

---

[188] A-M. ASSI-ESSO, NDIAW DIOUF, *op.cit.*, p.46.

[189] Art. 76 et S de l'Acte uniforme portant organisation des procédures collectives d'apurement du passif.

jusqu'à l'expiration d'un délai de trois mois suivant le jugement prononçant la liquidation des biens. Après ce délai, si le syndic n'a pas réalisé les biens concernés, les créanciers peuvent reprendre l'exercice de leurs droits[190]. La condition de la suspension des poursuites individuelles est donc l'antériorité de la mesure.

La Cour d'appel d'Abidjan[191]se fondant sur les dispositions de l'article 154 de l'AUVE a ainsi décidé qu'une procédure collective prononcée après une saisie-attribution ne pouvait pas l'affecter. La solution semble ne pas être différente pour les dettes à exécution successive. La Cour de cassation saisie dans le cadre d'une procédure d'avis par le TGI de Lyon, en date du 16 décembre 1994, a admis que la saisie-attribution pratiquée doit prévaloir sur les procédures collectives[192]. La Chambre Mixte de la Cour de cassation décidera que la saisie-attribution portant sur une créance à exécution successive continue de produire ses effets malgré l'ouverture d'une procédure collective[193].

Les créanciers postérieurs ne verront pas leur action suspendue, ils disposent des voies d'exécution de droit commun. Toutefois, ce droit de poursuite individuelle n'est reconnu qu'aux créanciers dont la créance est née régulièrement après le jugement d'ouverture. La date de naissance de la créance est donc importante.

Toutefois, le problème s'est posé de savoir ce qui devait se passer lorsqu'une voie d'exécution, spécialement la saisie-attribution, est

---

[190] Art. 149 et 150 du même Acte Uniforme.

[191] Abidjan, arrêt n° 134 du 7 janvier 2003, www.ohada.com.

[192] Dans le même sens, Aix-en –Provence, 20 juillet 1994, JCPG, 1995, II, 22408, note PUTMAN et Rennes, 26 mai 1995, *JCP G*, 1995, II, 22508.

[193] Rejet, *Bull civ* n° 7, Rép. Def. N° 24/03, P.1621, n°37850.

effectuée le jour même du prononcé du jugement d'ouverture. Une telle hypothèse n'est pas anecdotique. La Cour d'appel de Caen a en effet statué sur un tel cas en date du 10 octobre 1995. En l'espèce, une saisie-attribution avait été pratiquée sur le compte bancaire du débiteur en date du 11 mars 1993 à 10 heures. Le même jour dans l'après-midi, une procédure collective a été ouverte. La banque, tiers saisie soutenait que la saisie fut nulle puisqu'effectuée en cours de procédure, l'effet du jugement d'ouverture devant être reporté au jour du prononcé à 00H00. Le juge a décidé compte tenu de l'attribution immédiate opérée par la saisie-attribution, que le jugement d'ouverture ne frappait pas la saisie. Même si elle promeut la liberté de saisir, cette décision a été critiquée par la doctrine qui souligne que la saisie-attribution doit être exercée au plus tard la veille du jugement d'ouverture.

En bref, l'ouverture des procédures collectives suspend les actions commencées sans affecter celles qui naissent après sa survenance.

En conclusion, il faut dire que le champ d'intervention du créancier est très large. Sur le plan personnel, il a la possibilité de porter son action contre le débiteur entre ses mains propres ou entre les mains de ceux qui lui sont assimilés. Egalement, il peut exercer son action entre les mains des tiers détenteurs et entre ses mains propres au cas où il détiendrait les biens du débiteur de façon légale. Le choix du créancier portera donc sur l'un quelconque de ces acteurs ou sur plusieurs d'entre eux à la fois, si cette option est nécessaire.

Sur le plan spatial, la dispense d'*exequatur* des arrêts de la CCJA est un avantage comparatif de l'exécution forcée dans l'espace OHADA. Il en est de même pour ce qui est de l'*exequatur* communautaire dévolu aux sentences arbitrales rendues dans le cadre du centre d'arbitrage de la CCJA. Mais il reste que le sort des décisions de justice étatique, les actes publics étrangers et les sentences arbitrales rendues dans le cadre de l'arbitrage *ad hoc*, n'est pas des plus enviables. Des barrières à la circulation entre les pays des titres exécutoires des pays membres sont encore prégnantes et constituent un frein à l'efficacité du droit OHADA.

Sur le plan matériel le choix du créancier repose sur une multitude de biens tant mobiliers qu'immobiliers. La diversité de ces biens dans leur nature et leur individualité laisse un certain choix au poursuivant qui sera dicté soit par la nature de la procédure à mettre en œuvre, soit par la valeur du bien. Il peut aussi décider de saisir plusieurs biens à la fois sous réserve du respect des prescriptions légales et d'abus de sa part. Son choix doit alors être motivé par le seul motif de parvenir à une exécution de qualité.

Si le choix du créancier peut d'abord porter sur les biens à saisir et par conséquent se soumettre aux procédés d'exécution qui s'imposent, il est aussi admis que le choix des biens soit dicté par l'option préalable de tel ou tel procédé d'exécution.

CHAPITRE II

LE CHOIX DES PROCÉDÉS DE SAISIE

L'interrogation majeure ici est de savoir si le créancier a le choix de la saisie à mettre en œuvre pour obtenir le paiement. Même s'il n'est pas clairement posé en droit OHADA, le principe du libre choix des procédés d'exécution par le poursuivant ne fait pas de doute.

En attribuant au créancier la faculté de saisir et en réglementant différentes saisies sans fixer l'ordre dans lequel elles doivent être menées (sous réserve de subsidiarité de la saisie immobilière), le législateur OHADA a sans doute aussi voulu lui donner la possibilité de mettre en œuvre l'une quelconque de ces mesures. Un auteur affirme d'ailleurs que « *par rapport aux procédures qui lui sont offertes, il [le créancier] a le libre choix de la mesure d'exécution à exercer ; il peut, en cas de besoin, exercer successivement plusieurs mesures ou les cumuler.* »[194]

A la différence de son homologue africain (qu'il a par ailleurs inspiré), le législateur français de 1991 affirme clairement ce principe à l'article 22 al.1. Selon ce texte, « *le créancier a le choix des mesures propres à assurer l'exécution ou la conservation de sa créance* ».

[194] J. FOMETEU, « Théorie générale des voies d'exécution », in P.-G. POUGOUE (sous la direction de), *Encyclopédie du droit OHADA,* éd. Lamy, 2011, p. 2063.

Egalement, la doctrine admet sans ambages que le créancier est *« libre de choisir la voie d'exécution qu'il emprunte, car il n'existe en principe aucune hiérarchie en ce domaine»*[195].

Théoriquement, ce principe implique au moins deux choses. D'abord, le créancier a le choix de la mesure qui lui paraît la plus appropriée à la satisfaction de ses intérêts. Il peut donc commencer par la mesure qu'il désire. La jurisprudence française rappelle d'ailleurs que le créancier a le choix des mesures propres à assurer l'exécution de sa créance et ne saurait donc se voir reprocher, sauf abus de droit, d'avoir fait pratiquer une saisie-vente[196].

Ensuite, il peut signifier que le créancier a le droit de pratiquer l'une des mesures prévues quelque modique que soit sa créance. Ainsi, le créancier devra choisir entre les différentes mesures conservatoires ou entre les saisies exécutoires. La seule contrainte ici sera donc, en fonction de la nature du bien, le respect des conditions du type de saisie qui s'impose. Il peut même pratiquer plusieurs saisies à la fois. La jurisprudence le confirme d'ailleurs en décidant que le fait de pratiquer plusieurs saisies simultanément ne rend pas automatiquement nulle l'une ou l'autre des saisies. La seule existence de deux saisies ne suffit pas pour en déduire le caractère surabondant des biens saisis. Il appartient alors au débiteur saisi qui estime subir un préjudice du fait de la pluralité des saisies de la part du même créancier, de démontrer que la valeur de l'ensemble des biens mis sous main de justice par son créancier est largement supérieure au

---

[195] L. CADIET et P. Le TOURNEAU, « Abus de droit », *Rep.Civ.Dalloz*, avril 2008, p.33.

[196] TGI Lyon, 19 mai 1993 : *Gaz. Pal. 1994*. 1. Somm. 356.

montant de la créance poursuivie et de demander le cantonnement ou la mainlevée de la saisie qu'il estime surabondante ou inutile[197]. Cependant, même si le choix du bien conditionne la mesure à mettre en œuvre, on peut aussi admettre l'inverse. Le créancier pourra par exemple s'interroger sur les différents procédés pour apprécier lequel répond le mieux à ses besoins et ainsi saisir les biens qui correspondent.

Il s'est aussi posé la question de savoir si le créancier, muni d'un titre exécutoire, lui donnant droit à une exécution définitive peut néanmoins recourir à une exécution provisoire. A notre sens, l'évidence ne fait pas de doute. Dans ce cas, non seulement, l'usage qui est fait de sa liberté par le créancier n'est pas proscrit, mais encore et surtout, on ne devrait pas refuser qu'un titre qui peut le plus, soit utilisé dans un simple but de sécurisation du droit du créancier sur les biens du débiteur. On peut aussi soutenir cet argument *a fortiori* lorsqu'on sait que le créancier peut décider de ne pas poursuivre l'exécution forcée malgré la réunion de toutes les conditions à cet effet.

Mais il convient de noter que la loi limite parfois la liberté du créancier en lui imposant une certaine hiérarchie dans la mise en œuvre des saisies. En France, la hiérarchie de droit des saisies est plus poussée et la liberté de choix du créancier est limitée.

L'une des limites a pour but la protection de l'entreprise individuelle. En effet, selon la loi n° 94-126 du 11 février 1994 (qui a ajouté un

---

[197] Cour d'appel d'Abidjan, Chambre Civile et Commerciale, Arrêt n° 354 du 20 novembre 2010, Affaire : SOCIETE FINAMARK contre Mme A. et Autres., *Le Juris-Ohada* n° 3/ 2011, Juillet – Septembre 2011, p. 12. *Ohadata J*-12- 153.

article 22-1), le créancier d'un entrepreneur individuel dont la créance a sa cause dans l'activité professionnelle du débiteur, peut être contraint d'exercer ses poursuites en priorité sur les biens nécessaires à l'exploitation de l'entreprise, et seulement ensuite sur les biens personnels de l'entrepreneur. Mais il convient de relever que cette hiérarchisation se limite au recouvrement des seules créances qui ont leur cause dans l'activité du débiteur. Cette limitation ne va pas de soi. Pour en bénéficier, le débiteur doit en faire la demande et rapporter la preuve que les biens nécessaires à l'exploitation de l'entreprise ont une valeur suffisante pour couvrir le paiement de la créance. Le créancier peut de son côté s'y opposer en démontrant la valeur insuffisante desdits biens ou en rapportant que même si ces derniers ont une valeur suffisante, cette option mettrait en péril le recouvrement de sa créance[198].

Une autre limite à la liberté de choix du créancier des mesures d'exécution et des biens à saisir en France réside dans la subsidiarité de la saisie-vente pour les petites créances et par voie de conséquence la primauté de la saisie-attribution ou de la saisie des rémunérations de travail en la matière[199]. L'objectif ici est de protéger le logement du débiteur en lui évitant le traumatisme personnel ou familial lié au *modus operandi* de la saisie-vente pour des créances dont le montant

---

[198] R. PERROT Ph. THERY, *op.cit.*, p.136.

[199] Selon l'article 51, alinéa 1, de la loi du 9 juillet 1991 portant sur les voies d'exécution, « *La saisie-vente dans un local servant à l'habitation, lorsqu'elle tend au recouvrement d'une créance autre qu'alimentaire, inférieure à un montant fixé par décret, ne peut être pratiquée, sauf autorisation du juge de l'exécution donnée sur requête, que si ce recouvrement n'est pas possible par voie de saisie d'un compte de dépôt ou des rémunérations de travail* ».

n'excède pas 3. 500 francs[200]. Le créancier est ainsi obligé dans une telle occurrence de commencer par des saisies moins coûteuses et moins spectaculaires.

Pour terminer sur ce registre et pour ce qui concerne les mesures conservatoires, la loi française[201]accorde la possibilité au juge de contrôler le choix du créancier. Il est ici question d'éviter des mesures qui, par la gêne qu'elles entraînent, pourraient devenir un moyen de pression excessif entre les mains d'un créancier qui ne dispose pas d'un titre exécutoire[202].

Cette hiérarchisation protectrice ne se résume par contre dans l'espace OHADA qu'à la subsidiarité de la saisie des immeubles. Pour les autres biens, la liberté du choix des mesures à engager et des biens à saisir reste intacte, sous réserve du respect des conditions liées aux saisies et aux mesures d'exécution à appliquer en fonction de la nature des biens à saisir. On constate donc qu'en comparaison du droit français, le droit OHADA offre une plus large liberté de choix au créancier quant aux saisies à mettre en œuvre.

La liberté du créancier est donc devenue plus accrue avec l'AUVE. En effet, en prenant en compte l'évolution du patrimoine du débiteur et en rajeunissant les procédures, ce texte diversifie les procédés de saisie dont peut bénéficier le créancier.

---

[200] Somme fixée par l'article 82 du décret du 31 juillet 1992.

[201] Voir l'article L. 69, al. 2 de la Loi n° 91- 650 du 9 juillet 1991(modifié par la Loi n°92-644 du 13 juillet 1992- art. 3 JORF 14 juillet 1992, abrogé par l'Ordonnance n° 2011- 1895 du 19 décembre 2011 – art.4), selon lequel « *le juge précise l'objet de la mesure autorisée* ». De même, selon l'article L. 72 al. 2 de la même loi, à la demande du débiteur, le juge peut « *substituer à la mesure conservatoire initialement prise toute autre mesure propre à sauvegarder les intérêts des parties* ».

[202] R. PERROT Ph. THERY, *op.cit.,* p.137.

Diverses mesures sont alors mises en place, qui permettent à ce dernier de procéder à l'exécution définitive (SII), mais, il peut aussi choisir de commencer par une exécution provisoire (SI).

SECTION I : LA FACULTE DE PRATIQUER UNE EXECUTION PROVISOIRE

L'exécution provisoire est une dérogation à l'effet suspensif des voies de recours. Elle permet au gagnant d'un procès d'exécuter la décision à ses risques et périls dès lors que celle-ci a été signifiée même si la partie condamnée relève appel[203]. Par ce moyen, le créancier peut déjouer les manœuvres dilatoires du perdant qui peut parfois exercer des voies de recours ordinaires dans le seul but de retarder le moment où son adversaire pourra obtenir satisfaction. Elle ne supprime donc pas l'effet suspensif de la voie de recours ouverte, mais la neutralise dans le cas considéré[204]. Il est donc clair qu'une décision exécutoire par provision ne saurait passer en force de chose jugée de ce seul fait.

La question de l'attribution de l'exécution provisoire a toujours fait l'objet de controverses doctrinales. Pour certains, c'est un droit, pour d'autres, c'est une faveur accordée au créancier par le législateur ou laissée à la discrétion du juge.

Dans tous les cas, cette mesure est importante lorsque l'on sait que l'effet suspensif des voies de recours constitue un obstacle dirimant à l'efficacité des institutions judiciaires qui est mise à mal dans l'espace

---

[203] F. ONANA ETOUNDI, *Droit OHADA et exécution provisoire*, collection pratique et contentieux de droit OHADA, Yaoundé, 1ère Ed, Octobre 2006, P.6.

[204] P. HOONAKKER, "L'exécution provisoire", *in Répertoire de procédure civile, Encyclopédie Dalloz,* juin 2001, P.2.

OHADA. C'est donc un palliatif « *qui donne à la décision son efficacité ; c'est par elle que sera renforcée la crédibilité de la justice* »[205].

La question de l'exécution provisoire paraît au cœur de la liberté de saisir. En effet, non seulement le créancier s'offre plus de chance d'éviter les manœuvres du débiteur, mais encore, il lui est donné un large pouvoir d'appréciation. Il devra choisir d'y recourir ou d'attendre qu'un titre exécutoire lui soit reconnu. Ce choix est d'autant plus plausible qu'on lui présente bien les risques qui sont les siens s'il décide d'opter pour ce mode d'exécution. La question occupe une place importante dans l'arsenal normatif de OHADA puisqu'elle est évoquée tant dans l'Acte Uniforme sur le droit de l'arbitrage[206], l'Acte Uniforme sur les Procédures Collectives d'Apurement du Passif[207]que dans les articles 32, 49 et 172 de l'AUVE.

On peut dire grâce à cette mesure que la situation du créancier est très enviable puisque l'exécution provisoire lui est octroyée dans presque tous les cas aujourd'hui[208]. Ainsi, l'octroi de l'exécution provisoire (§ 1) produit des effets (§ 2) qui sont la conséquence de la liberté qui est accordée au créancier qui entend en bénéficier.

---

[205] P. BERTIN, « La nouvelle procédure d'exécution provisoire par le premier président (ses limites- portée pratique de l'arrêt de l'Assemblée Plénière du 2 nov. 1990) », *JCP* 1992.I.3606, cité par P. HOONAKKER, *op.cit.*, P.2

[206] Voir notamment les articles 24 et 28 dudit Acte uniforme.

[207] En ses articles 23 al.1 et 217.

[208] P. HOONAKKER, *op.cit.*, p.3.

§ 1 : L'OCTROI DE L'EXECUTION PROVISOIRE

Deux techniques permettent de neutraliser l'effet suspensif des voies de recours : l'exécution provisoire de droit (A) et l'exécution provisoire judiciaire (B).

A- L'EXÉCUTION PROVISOIRE DE DROIT

Elle est automatiquement attachée à la décision judiciaire par le seul effet de la loi. Elle prive le juge de tout pouvoir d'appréciation. Cette automaticité est une garantie pour le créancier même si elle constitue aussi son inconvénient majeur[209]. Elle peut être totale dans certains cas et partielle dans d'autres.

L'exécution provisoire peut être totale en toute matière ou propre à certaines matières. L'exécution provisoire est totale en toute matière en ce qui concerne les ordonnances de référé et les ordonnances sur requête. On dit qu'elle est prononcée en raison de la juridiction saisie peu important que la décision soit contradictoire, réputée contradictoire ou par défaut. C'est généralement le cas des décisions présidentielles.

En ce qui concerne les ordonnances de référé, elles sont toujours assorties de l'exécution provisoire[210]de par leur nature sans considération de la juridiction compétente ou des pouvoirs exercés.

---

[209] C.Loyer-Lahrer, note sous C.A. Rennes, 7 juil. 1997, Gaz. Pal. 1978.1.149.

[210] V. art.185 CPCC du Cameroun, art.442 de l'Ord. n°1/77/PR du 2 février 1977 portant Code de procédure civile gabonais et art.227 Code de procédure civile, commerciale et administrative ivoirien (Loi n°72-0833 du 21 déc. 1994 modifiée plusieurs fois.

Le juge peut toutefois subordonner l'exécution provisoire à la constitution d'une garantie. En cas de nécessité, le juge peut ordonner que l'exécution ait lieu au seul vu de la minute.

L'exécution provisoire est ici justifiée par l'urgence et le caractère provisoire de ces ordonnances qui ne préjudicient pas au principal, pas plus qu'elles n'ont autorité de la chose jugée au fond. Mais l'on sait qu'elles ne peuvent être modifiées ou rapportées en référé qu'en cas de circonstances nouvelles. Il faut ici excepter les fausses ordonnances de référé c'est-à-dire celles rendues par un juge statuant « comme en matière de référé » qui ne bénéficient de l'exécution provisoire que si la loi le prévoit expressément[211]. Pour ce qui est des ordonnances sur requête, il s'agit de celles exécutoires au seul vu de la minute même si l'on peut dire qu'il s'agit en réalité dans ce cas de l'exécution définitive puisque de telles décisions ne sont pas susceptibles de voies de recours suspensives. Ce sont celles prises non contradictoirement par le juge dans le silence de son cabinet. A titre d'exemple, on peut évoquer les ordonnances sur requête par lesquelles la juridiction compétente autorise la mise en œuvre d'une procédure, à l'exemple des ordonnances autorisant la saisie conservatoire[212], ou les ordonnances constatant la non-conciliation et autorisant les époux à assigner en divorce[213].

On peut aussi citer au nombre des décisions bénéficiant de l'exécution provisoire totale, celles par lesquelles le juge statue sur la production forcée des pièces détenues par un tiers ou encore les décisions du juge

---

211 P. HOONAKKER, op.cit., p.4.

212 V. art.54 AUVE.

213 Cf. art.238 C.civ camerounais.

de l'exécution[214]. En ce qui concerne ces dernières, on constate que, suivant la doctrine, le législateur OHADA a étendu le domaine de l'exécution provisoire.

L'exécution provisoire peut aussi être totale en certaines matières commerciales, civiles et sociales.

En matière commerciale par exemple, les règlements et ordonnances rendus au cours de procédures collectives sont exécutoires de plein droit à titre provisoire[215] à l'exception de la substitution judiciaire de garantie et de l'autorisation du juge-commissaire de procéder à la vente d'un bien gagé ainsi que ceux qui prononcent la liquidation ou l'interdiction d'exercer.

En matière civile, on peut citer la décision du juge se prononçant sur la modification accessoire après le divorce ou sur la contribution aux charges du ménage.

Quant à l'exécution provisoire de droit partielle, elle aussi peut l'être en toute matière ou à certaines matières seulement. En toute matière, il s'agit des décisions qui prescrivent des mesures provisoires pour le cours de l'instance[216] et celles qui ordonnent des mesures conservatoires ; des ordonnances du juge accordant une provision au créancier. Mais l'exécution provisoire peut aussi être circonscrite à certaines matières spécifiques surtout au droit du travail.

---

[214] Article 49 al.3 AUVE « (…) *Le délai d'appel comme l'exercice de cette voie de recours n'ont pas un caractère suspensif, sauf décision contraire spécialement motivée de la juridiction compétente.* »

[215] Voir art.23 de cet acte uniforme « *Les décisions de la juridiction compétente relatives au règlement préventif sont exécutoires par provision (...)* »

[216] Voir art.530 Code de procédure civile, commerciale et sociale du Mali ; art.238 du C.P.C.C du Cameroun et l'Ord. n° 81 du 2 juin 1981 sur l'état civil et l'état des personnes physiques ; art. 389 du C.P.C gabonais.

Il faut dire que le fait que l'exécution provisoire soit accordée de droit ayant pour conséquence de limiter le pouvoir d'appréciation du juge, le créancier n'est pas pour autant désarmé parce que limité par ces seules hypothèses. Il peut espérer, hors les cas prévus par la loi, bénéficier d'une exécution provisoire prononcée par le juge.

B- L'EXÉCUTION PROVISOIRE JUDICIAIRE

Elle est facultative et ne profite au créancier que si le juge la prononce dans les conditions prévues par la loi. Sous réserve des conditions fixées à cet effet, le juge dispose, il faut le reconnaître d'une totale liberté pour décider de l'étendue de l'exécution provisoire qui peut être partielle ou totale. L'analyse de cette hypothèse passe par la détermination de la juridiction compétente et des conditions à respecter pour l'octroyer.

En ce qui concerne la détermination du juge compétent, l'attribution de l'exécution provisoire appartient à titre principal à l'auteur de la décision en cause et accessoirement au juge d'appel.

Pour ce qui est de l'auteur de la décision, il est admis que tout auteur d'une décision puisse ordonner l'exécution provisoire soit à la demande d'une partie, soit d'office. Le juge peut alors ordonner l'exécution provisoire non seulement lorsqu'elle n'est pas demandée, mais aussi en cas de demande irrégulière ou tardive[217]. La compétence du juge est cependant limitée par la règle de la contemporanéité qui veut que l'exécution provisoire ne soit prononcée que par la décision qu'elle est destinée à rendre exécutoire. Cette règle est fondée sur le

---

[217] P. HOONAKKER, *op.cit.*, p.7.

principe du dessaisissement qui interdit à un juge d'ordonner l'exécution provisoire postérieurement au prononcé de la décision.

Quant au juge d'appel, il est compétent si l'exécution provisoire a été omise ou refusée en première instance. Il s'agit dans ces hypothèses pour le juge de réparer l'*infra petita* lorsque l'omission est le fait du premier juge. L'omission peut aussi être le fait d'une partie, et dans ce cas, le juge peut d'office la prononcer pour éviter toute difficulté compte tenu de la prohibition des demandes nouvelles en appel[218]. Il convient cependant de dire que l'octroi de l'exécution provisoire dans ce cas doit se faire dans le respect des conditions établies à cet effet.

Le respect des conditions d'octroi de l'exécution provisoire est une prescription importante d'autant plus que le pouvoir reconnu au juge en la matière, s'il est important, peut vite se muer en une arme redoutable contre les intérêts du débiteur.

Pour essayer de classifier les conditions d'octroi de l'exécution provisoire par le juge, on prendra en compte le fait que certaines sont structurelles puisque relevant de l'essence de l'exécution provisoire[219]et d'autres conjoncturelles puisqu'elles impriment à l'institution l'étendue voulue en fonction des objectifs recherchés.

En ce qui concerne d'un côté les conditions structurelles, il faut signaler que le juge peut ordonner l'exécution provisoire si celle-ci n'est pas interdite et sa décision ne doit pas être incompatible avec la nature de l'affaire.

Pour ce qui est de la première condition, il est à relever que, comme pour l'exécution provisoire de droit, l'interdiction peut être totale dans

---

[218] *Idem.*
[219] P. HOONAKKER, *op.cit.,* p.7.

certains cas, c'est-à-dire qu'elle vise toutes les décisions de justice sans distinction de leurs chefs de condamnation. C'est le cas en matière de publicité foncière, de l'ordonnance par laquelle le président du tribunal de grande instance statue, comme en matière de référé, sur les recours introduits à l'encontre d'une décision de rejet des formalités de publicité.

Quant aux interdictions partielles, citons les condamnations aux dépens auxquelles on assimile les frais irrépétibles[220]. C'est aussi le cas en matière d'inscription de faux, des prescriptions de publicité ordonnées par un jugement déclarant le faux et la prestation compensatoire fixée par la décision qui prononce le divorce.

Parlant de la seconde condition, la décision ne doit pas être incompatible avec la nature de l'affaire. Est incompatible avec la nature de l'affaire, l'exécution provisoire susceptible d'engendrer un dommage irrémédiable ou une solution irréversible[221]ou difficilement réparable.

Ce risque est apprécié *in abstracto* c'est-à-dire en considération de la seule nature de l'affaire et non des circonstances de l'espèce. Le risque dont il est question doit être certain et non pas seulement probable[222].

De l'autre côté, et en ce qui est des conditions conjoncturelles, il s'agit accessoirement de l'urgence et principalement de la nécessité.

---

[220] Il s'agit des frais non compris dans les dépens et comme tels, insusceptibles d'être recouvrés par le gagnant, sauf au juge à condamner l'autre partie à une indemnité au titre de l'équité.

[221] C-LOYER-LAHRER, *op.cit.*,152

[222] P. HOONAKKER, *op.cit.*, P.8

Parlant de l'urgence qui était autrefois largement admise, il s'agit par exemple du risque d'insolvabilité du débiteur et la situation du créancier qui se trouve dans un état de détresse. Mais dans l'optique d'ouvrir plus largement les cas d'octroi de l'exécution provisoire, la nécessité sera la condition suffisante.

La nécessité est appréciée au regard des intérêts du bénéficiaire de l'exécution provisoire. Il s'agit là d'une notion large et qui est de surcroît laissée à l'appréciation du juge. Elle peut donc être déduite des risques de manœuvres dilatoires, l'ancienneté de la créance ou le grand âge du créancier.

L'exécution provisoire est possible tant en matière mobilière qu'en matière immobilière. Cependant, dans ce dernier cas, l'adjudication ne pourra avoir lieu que sur la base d'un titre définitif[223] et ne produit donc pas les mêmes effets dans les deux cas.

§ 2 : LES EFFETS DE L'EXECUTION PROVISOIRE

La question des effets de l'exécution provisoire n'a d'intérêt que si la voie de recours suspensive ouverte au profit du débiteur est formée. A défaut, la décision passe en force de chose jugée et l'exécution provisoire devient sans objet. Ce n'est donc principalement que pendant l'instance en appel ou en opposition que l'exécution provisoire est susceptible de jouer pleinement son rôle même si certaines conséquences sont aussi perceptibles à l'issue d'une telle

[223] Voir art. 247 al.2 de l'AUVE.

instance. L'exécution provisoire produit ainsi des effets pendant l'instance d'appel ou d'opposition (A) et après cette instance (B).

A- PENDANT L'INSTANCE D'APPEL OU D'OPPOSITION

Il faut distinguer ici selon que le paiement est ou non effectué.
En cas de paiement, la créance est éteinte. Le créancier n'aura donc pas à déclarer sa créance si le débiteur devait postérieurement faire l'objet d'une liquidation ou d'un redressement judiciaire alors que l'instance intentée est encore en cours.
Par contre, en cas de non paiement, l'exécution forcée est possible parce que l'exécution provisoire confère un caractère exécutoire au jugement qui en bénéficie. Lorsqu'elle est soumise à une garantie, le jugement ne deviendra exécutoire que lorsque la garantie aura été fournie[224].
Le débiteur peut tout aussi éviter l'exécution forcée en procédant volontairement à l'exécution de la décision exécutoire par provision. Mais il devra dans ce cas veiller à n'exécuter que les chefs de condamnation assortis de l'exécution provisoire. On peut alors constater que cette mesure est bénéfique au créancier puisqu'elle met une pression importante sur le débiteur pouvant ainsi briser sa résistance. On voit aussi transparaître la marque de la liberté reconnue au créancier puisque l'exécution provisoire est laissée à sa discrétion et qu'il n'est pas tenu d'en user[225].

---

[224] Cass. 2è civ., 19 mai 1999, *Bull.civ*. II, n°95.
[225] Ass. Req., 27 avr. 1864, *DP* 1864. 1. 303.

Lorsque le créancier décide d'en bénéficier, il faut alors relever que l'exécution provisoire ne peut faire échec à l'effet dévolutif de l'appel. C'est ainsi qu'il pourra recourir à tous les procédés d'exécution civile tant conservatoires qu'exécutoires jusqu'à leur terme sous réserve de certaines limites.

Ainsi, en matière de saisie immobilière, l'adjudication ne peut avoir lieu que si le jugement dont se prévaut le créancier est définitif en dernier ressort, ou passé en force de chose jugée. Un tel titre peut permettre d'engager la saisie immobilière, mais non l'exécution définitive.

En toutes hypothèses, le créancier qui bénéficie d'un titre exécutoire par provision poursuit l'exécution à ses risques et périls, et devra, à l'issue de l'instance d'appel ou d'opposition, en cas d'infirmation de sa décision, être tenu à la réparation de l'entier préjudice que la seule exécution forcée, en l'absence de toute faute, aura causé au débiteur.

B- A L'ISSUE DE L'INSTANCE D'APPEL OU D'OPPOSITION

Les effets de l'exécution provisoire diffèrent suivant que le jugement qui en est assorti est confirmé ou au contraire est modifié suite à la réformation ou à la rétractation.

En cas de confirmation de la décision en cause, l'exécution définitive se substitue à l'exécution provisoire. Dans ce cas, le créancier conserve le bénéfice de l'exécution initialement poursuivie et les garanties qu'il avait, le cas échéant, dû fournir seront levées faute d'objet.

Mais si le créancier a subi un préjudice ou exposé des frais pour les garanties fournies, il ne pourra s'en prendre qu'à lui seul puisqu'il les aura librement engagés afin de poursuivre l'exécution provisoire à ses risques et périls[226].

Cependant, en cas d'infirmation ou de rétractation, les risques que le créancier a accepté courir se réalisent. Il devra alors restituer ce qu'il a obtenu du débiteur, mais aussi réparer l'entier préjudice subi.

Les restitutions peuvent être ordonnées par la décision de réformation ou de rétractation. En cas de silence sur les restitutions, la décision sus évoquée vaut titre exécutoire permettant alors de poursuivre directement les restitutions[227].

Par ailleurs, le créancier sera tenu à la réparation du préjudice résultant du seul fait de l'exécution provisoire sans qu'il y ait besoin de prouver de faute[228] de sa part. Le préjudice à réparer peut résulter de l'impossibilité de procéder aux restitutions ou alors lorsque celles-ci sont sans objet tel qu'en matière d'obligation de ne pas faire.

Hormis ces cas de restitution, le débiteur peut aussi avoir subi un préjudice supplémentaire dont il pourra obtenir réparation ; c'est le cas de la réparation pour la privation de la jouissance d'un bien. Mais ces réparations, contrairement aux restitutions, nécessitent l'intervention d'une autre décision de justice pour fixer le montant du préjudice ou alors pour déterminer le point de départ des intérêts de retard en cas de contestation.

---

[226] Cass. Req., 20 avr. 1868, *DP* 1869. 1. 38 ; CA Pris, 18 févr. 1890, *DP*1890. 2. 308.

[227] Cass. Soc., 6 avr. 1951, *RTD civ.* 1951. 436, obs. P. Raynaud; 27 févr. 1991, *Gaz.Pal.*1991. 2. Panor.220; CA Colmar, 9 oct. 1991, *Rev. Jur. Est.* 1991. 120.

[228] Cass. 3è civ., 2 juill. 1974, *Bull.civ.*III, n°281; Cass, 1ère civ., 6 juin 1990, ibid. I. n° 140.

La mise des risques à la charge du créancier constitue l'une des mesures de protection du débiteur à l'exécution provisoire, l'autre étant les défenses à exécution provisoire. Mais qu'à cela ne tienne, il faut dire que l'exécution provisoire constitue une mesure forte permettant l'exécution facile de la créance.

L'exécution provisoire est une preuve éloquente de la liberté du créancier dans l'aménagement de la procédure de saisie. Le choix ici est clair. Le créancier choisit de mettre en œuvre l'exécution provisoire et de courir les risques liés à la remise en cause de la décision non définitive. Cette action lui permet alors de raccourcir les délais et d'obtenir une exécution rapide ou alors d'éviter les manœuvres dilatoires du débiteur. Le créancier est aussi libre d'attendre que les délais de recours expirent ou que les voies de recours contre la décision en cause soient épuisées. Dans ce cas, il opte pour les procédés d'exécution définitive.

SECTION II : L'OPTION DES PROCEDES D'EXECUTION DEFINITIVE

L'exécution définitive est celle qui permet au créancier de recourir soit à une saisie conservatoire ou à une saisie à fin d'exécution. Dans tous les cas, le créancier est libre dans le choix de la mesure qui lui semble appropriée pour le recouvrement de sa créance. Il pourra alors recourir soit aux mesures classiques (§ 1), soit aux nouveaux procédés d'exécution (§ 2).

§ 1 : LES MESURES CLASSIQUES D'EXECUTION

L'action du créancier porte en priorité sur les meubles qui donnent lieu aux saisies mobilières (A) et ce n'est qu'en cas d'insuffisance de ces derniers à moins que les immeubles lui soient hypothéqués qu'il saisira les immeubles (B).

A- LES SAISIES MOBILIÈRES

La liberté du créancier ici se manifeste tant dans la multitude de procédés qui existent que dans les facilités qui lui sont accordées. Les procédés de saisie sont simplifiés et améliorés pour rendre l'action plus rapide, efficace et peu coûteuse. En effet, le droit OHADA des voies d'exécution a procédé à un toilettage des anciens textes, ce qui a débouché sur une multiplication des saisies conservatoires, doublée d'une rénovation des saisies à fin d'exécution.

1-La démultiplication des saisies conservatoires

Il faut signaler d'entrée de jeu qu'en plus des saisies conservatoires spéciales que constituaient la saisie-gagerie et la saisie foraine[229], le Code de procédure civile et commerciale ne régissait en matière de saisies de meubles corporels que la saisie conservatoire commerciale[230] et la saisie revendication[231]. En matière de créances, la

[229] Art. 377 à 383 C.P.C.C.
[230] Art. 317 C.P.C.C.
[231] Régie par les art. 384- 389 C.P.C.C.

saisie arrêt[232] avait, dans sa première phase de mise en œuvre, une nature conservatoire. On peut alors constater que le domaine des saisies conservatoires OHADA est vaste. Une telle déclaration se justifie par le fait qu'à côté des saisies conservatoires particulières qu'elle consacre, la nouvelle législation crée des saisies conservatoires de droit commun. L'élargissement de ce domaine est important pour le créancier lorsque l'on sait que de telles mesures lui permettent de se donner plus de chances de recouvrer sa créance qui est menacée en attendant qu'il soit en possession d'un titre exécutoire.

Selon l'article 54 de l'AUVE en effet, « *toute personne dont la créance paraît fondée en son principe peut, par requête, solliciter de la juridiction compétente du domicile ou du lieu où demeure le débiteur, l'autorisation de pratiquer une mesure conservatoire sur tous les biens mobiliers corporels du débiteur, sans commandement préalable, si elle justifie de circonstances de nature à en menacer le recouvrement.* ». On peut donc remarquer que la gravité de ces saisies requiert une autorisation préalable de la juridiction compétence, sauf dans les cas où le créancier justifie d'un titre exécutoire. Il en est de même en cas de défaut de payement, dûment établi, d'une lettre de change acceptée, d'un chèque, d'un billet à ordre ou d'un loyer impayé après commandement et fondé sur un bail écrit[233].

Le saisissant qui opte pour une saisie conservatoire est soumis aux dispositions de l'article 54 de l'AUVE qui pose deux conditions majeures qui ont fait l'objet de précisions jurisprudentielles : il faut que la créance paraisse fondée en son principe et que le créancier fasse

---

[232] Art. 295- 316 CPCC.
[233] Art. 55 de l'AUVE.

la preuve de l'existence de circonstances de nature à mettre à mal le recouvrement forcé.

Les magistrats veillent dans les contentieux liés à la mise en œuvre des saisies conservatoires, que l'exigence de « *créance paraissant fondée en son principe* » soit sans équivoque. Selon la Cour d'appel d'Abidjan, l'expression « *fondée en son principe* » signifie tout aussi bien l'existence incontestée de la créance que la détermination précise de son quantum. Ainsi, si l'incertitude d'une créance conduit celui qui s'en prévaut à saisir la juridiction du fond, tant que celle-ci n'a pas rendu sa décision, cette créance qui n'est pas définitivement arrêtée n'est pas fondée en son principe[234]. De même, il n'y a pas de créance paraissant fondée en son principe, et la mainlevée de la saisie conservatoire doit, en conséquence être ordonnée, lorsque le saisissant se contente d'invoquer une commission qui lui reviendrait suite à un mandat qui lui a été donné de vendre un immeuble du saisi, sans prouver qu'il a exécuté ce mandat et que la vente dudit immeuble a été effectuée par ses soins[235].

La jurisprudence s'assure également que le recours à une saisie conservatoire soit justifié par une menace réelle planant sur le recouvrement de la créance faute de quoi l'autorisation du juge est refusée. Sur ces entrefaites, si les débitrices sont des sociétés d'assurance qui, par le jeu de la réassurance bénéficient de disponibilités auxquelles elles peuvent faire appel en cas de nécessité,

[234] CA d'Abidjan, Ch.civ .et com., arrêt n°111 du 09 avr. 2010, Société ROTOCI c/ 1) Société GNA Assurance, 2) Société MACACI, *le juris ohada* n°4/2010, oct-nov-déc. 2010, p.41.

[235]Abidjan, Ch.Civ.et Com., Arrêt n°458 du 19 avr. 2005, Cabinet Immobilier et Juridique Précis c/ Mme BLOT Nicole.

de simples saisies infructueuses ne peuvent à elles seules suffire à justifier l'insolvabilité de celles-ci et le péril de la créance[236].

Il revient donc au créancier d'être convainquant quant à la preuve des situations menaçant la réalisation de son droit. La requête adressée au juge doit alors contenir des éléments suffisants pour prouver l'existence d'un péril réel du droit en cause. Par conséquent, ce dernier ne peut se borner à affirmer qu'il est créancier sans apporter la preuve du péril ou de la menace pesant sur le recouvrement de la créance[237].

Cependant, la CCJA semble se refuser le droit de contrôler la bonne application faite par les juges du fond, des deux conditions ci-dessus étayées. Pour elle, l'admission de ces conditions dépend des éléments de pur fait dont l'appréciation revient aux juridictions de fond[238]. Cette décision rompt avec la position antérieure de ces hauts magistrats qui ont eu par le passé à censurer pour violation de l'article 54, une Cour d'appel qui avait infirmé une ordonnance sur requête qui autorisait une saisie conservatoire. Cette censure était motivée par le fait que rien dans l'affaire ne permettait de dire que le recouvrement de la créance était menacé[239].

En plus de remplir ces conditions, le créancier devra requérir une autorisation de la juridiction compétente. Mais il existe des hypothèses où sa liberté est plus grande puisqu'il n'aura pas besoin de recourir à

---

[236] C.A Abidjan, Ch.civ. et com., Arrêt n°111 du 09 avr. 2010, Soc. ROTOCI, *op.cit.*

[237] Port-Gentil, 28 avr. 1999, Penant 1999, p.114, *ohada.com/ohadata J*-02-44.

[238] CCJA, arrêt n° 014/2007 du 27 mars 2007, Société Internationale de Commerce de Produits Tropicaux dite CICPRO c/ Gestion Ivoirienne de Transport Maritime et Aérien, GITMA devenue GETMA, GD-CCJA, p.451, obs. Pierre-Etienne KENFACK.

[239] CCJA, arrêt n° 06/2002 du 22 mars 2002, Michel NGMAKO c/ Guy DEUMANY MBOUWOUA, GD-CCJA, p.452, obs. Pierre-Etienne KANFACK.

une autorisation de la juridiction susvisée dont on imagine que ce soit le juge de l'article 49 de l'AUVE. Il en sera ainsi dispensé lorsqu'il est titulaire d'un titre exécutoire[240] ou en cas de défaut de paiement, dûment établi, d'une lettre de change acceptée, d'un billet à ordre, d'un chèque, ou d'un loyer resté impayé après un commandement, dès lors que celui-ci est dû en vertu d'un contrat de bail d'immeuble écrit[241].

Les saisies conservatoires de droit commun concernent tant les biens meubles corporels qu'incorporels. Le créancier aura alors l'option d'opérer une saisie conservatoire de biens meubles corporels ou alors de biens meubles incorporels. Il peut aussi pratiquer les deux mesures en même temps, si l'étendue de la créance dont il se prévaut le lui permet.

La saisie conservatoire des biens meubles corporels est régie par les articles 64 à 72 de l'AUVE. Elle peut être pratiquée sur tous les biens meubles corporels du débiteur détenus par lui-même ou par un tiers. En sont exclus, les meubles spéciaux comme les navires, les aéronefs qui font l'objet d'autres réglementations[242].

---

[240] Le fait pour le législateur de permettre au créancier à l'article 55 de l'AUVE de pratiquer une saisie conservatoire est une manifestation de la volonté de la liberté qui lui est accordée d'organiser sa stratégie de recouvrement forcé comme il l'entend. Muni d'un titre qui lui permet de recourir à une saisie à fin d'exécution, il peut décider d'en retarder le moment et donc de commencer par des moyens de pression.

[241] Art. 55 de l'AUVE.

[242] Voir art. 109 et s. du code de la marine marchande de l'UDEAC en ce qui concerne les navires et art. 24 et s. de la Loi n° 98/ 023 du 24 décembre 1998 portant régime de l'aviation civile pour la saisie des aéronefs.

La mesure à entreprendre devra aussi tenir compte des règles de l'immobilisation par destination ou par attache à perpétuelle demeure[243].

La saisie conservatoire des créances quant à elle est réglementée par les articles 74 à 84. Il faut dire que la saisie-arrêt du CPCC était de nature hybride puisqu'elle avait une phase conservatoire et une phase exécutoire. Cette dernière intervenait après une action en validité. A la suite de la réforme OHADA, cette mesure a éclaté donnant lieu à deux saisies : d'une part la saisie-attribution des créances qui a une nature exécutoire et la saisie conservatoire des créances dont le nom révèle la nature.

Le législateur ne s'est pas limité à cet éclatement. Soucieux de prendre en compte les intérêts du débiteur, il se démarque de l'ancienne législation en ce qui concerne la portée de l'indisponibilité dont les biens saisis sont frappés. Alors que la saisie-arrêt opérait un blocage intégral des sommes trouvées entre les mains du tiers sans considération des causes de la saisie, la nouvelle saisie est soumise à la règle du cantonnement automatique qui limite l'indisponibilité aux causes de la saisie en principal, frais et intérêts. Elle peut être pratiquée sur toutes les créances de sommes d'argent à l'exception des créances de salaires[244].

---

[243] A. NDZUENKEU, op.cit.

[244] L'art. 175 exclut les gains de travail du champ de la saisie conservatoire ; *adde* TPI de Yaoundé, Référé, Ord. N° 113/C du 29 sept. 2000, Affaire Bouolo Badoana c/ Fon Georges (mainlevée d'une saisie conservatoire des créances pratiquée sur le salaire).

En dehors des saisies conservatoires de droit commun, il a aussi été mis en place des saisies particulières. Au nombre de ces saisies, on peut citer la saisie foraine et la saisie-revendication alors que la saisie conservatoire des droits d'associés et des valeurs mobilières apparaît comme la nouvelle venue.

Jadis réglementée par les articles 38 et suivants du CPCC, la saisie foraine est reprise à l'article 73 de l'AUVE qui renvoie aux règles communes des saisies conservatoires. Elle permet au créancier de pratiquer une saisie conservatoire sur les meubles qu'un débiteur de passage emporte avec lui.

Quant à la saisie-revendication qui était prévue par les articles 384 à 389 du CPCC, elle est reprise aux articles 227 à 235 de l'AUVE. Elle était autrefois destinée à remédier à des déplacements irréguliers des biens meubles corporels. Cependant, dans l'optique d'assurer une exécution directe en nature de *facere* en mettant à la disposition des créanciers d'une obligation de délivrance ou de restitution, une mesure propre à faciliter la conservation de leur droit, en attendant que puisse intervenir l'appréhension forcée des biens revendiqués a été pensée.

En dehors de ces mesures, la saisie conservatoire des droits d'associés et des valeurs mobilières[245] est nouvelle. Cette mesure prouve, s'il en était encore besoin, la volonté du législateur de prendre en compte l'apparition de nouveaux biens dans le patrimoine. Il est évident que les titres émis par les sociétés de capitaux et les parts sociales des sociétés civiles, sociétés de personnes et SARL représentent aujourd'hui des valeurs pécuniaires importantes dont l'ignorance ne

[245] Elle est régie par les articles 236 à 245 de l'AUVE.

serait pas justifiée dans la définition du champ matériel de la liberté de saisir.

Cette mesure est pratiquée entre les mains de la personne émettrice des titres ou entre celles du mandataire chargé de gérer les titres en question. Seuls les droits pécuniaires[246] attachés aux titres saisis sont frappés d'indisponibilité à l'exclusion des droits extrapatrimoniaux[247]. Cette démultiplication doublée d'une couche de rénovation des mesures conservatoires élargit le champ de la saisie tout en donnant plus de chance au créancier. Ce constat est encore plus vrai en ce qui concerne la rénovation dont les saisies à fin d'exécution ont été l'objet.

2-La rénovation des saisies à fin d'exécution

La rénovation des saisies à fin d'exécution donne une large marge de manœuvre au créancier. Elle donne lieu à un champ d'action plus vaste et à des procédures plus claires et permettant une exécution plus facile.

Les saisies à fin d'exécution sont celles qui sont prévues à l'usage exclusif des créanciers titulaires d'un titre exécutoire. Le mouvement de réforme des anciennes saisies a porté sur la saisie-vente et la saisie-attribution des créances.

La première s'est substituée à l'ancienne saisie-exécution même si elle s'en éloigne à certains égards. La saisie-vente est une saisie destinée à permettre au créancier muni d'un titre exécutoire de placer sous main

[246] Droit aux dividendes, les actions, intérêts des obligations, boni de liquidation…
[247] Droit de participer aux assemblées, au vote, de critiquer, de regard…

de justice les biens meubles corporels du débiteur et de les vendre en vue de se faire payer sur le prix de vente. Son fondement légal est l'article 91 de l'AUVE[248]qui donne la liberté au créancier de mettre en œuvre son droit à l'exécution soit à titre principal ou de se joindre à une mesure engagée par un autre créancier du même débiteur. Il y a alors violation de cet article et par suite, nullité de la saisie lorsque l'ordonnance d'injonction de payer sur la base de laquelle la saisie a été pratiquée n'est pas revêtue de la formule exécutoire[249].

En ce qui concerne son champ, on constate que le domaine de la saisie-vente[250] est plus vaste. En effet, celle-ci s'applique tant aux biens détenus par le débiteur lui-même que par ceux détenus par un tiers ou même le créancier pour le compte du débiteur. L'élargissement du champ de cette saisie ne fait pas de doute si l'on se souvient que sous le CPCC, seule la saisie-arrêt et non la saisie exécution donnait lieu à exécution entre les mains des tiers. En plus, la saisie des récoltes sur pied qui était jusque là une saisie autonome n'est plus qu'une modalité de la saisie-vente[251].

Ensuite, et contrairement à la procédure antérieure, l'AUVE admet la vente amiable diligentée par le débiteur sous l'œil vigilant du créancier et de l'huissier instrumentaire[252].

---

[248] « *Tout créancier muni d'un titre exécutoire constatant une créance liquide et exigible peut, après signification d'un commandement, faire procéder à la saisie et à la vente des biens meubles corporels appartenant à son débiteur , qu'ils soient ou non détenus par ce dernier, afin de se payer sur le prix.*

« *Tout créancier remplissant les mêmes conditions peut se joindre aux opérations de saisie par voie d'opposition* ».

[249] Daloa, 1ère Ch. civ.et com., arrêt n° 49 du 18 févr. 2004, Kouassi Kouamé c/ Kouadio N'gueman ; *juriscope.org.*

[250] Régie par les dispositions des articles 91 à 152 de l'AUVE.

[251] A. NDZUENKEU, op.cit.

[252] Cette possibilité est régie par les articles 115 à 119.

Enfin, la saisie-vente n'emporte pas enlèvement des biens saisis. En effet, la personne saisie en conserve la garde et l'usage sauf faculté pour le tiers saisi d'en être dégagé ou alors la possibilité pour le créancier d'obtenir la mise des biens sous séquestre ou le changement de garde[253].

Quant à la seconde (la saisie-attribution des créances), elle est prévue aux articles 153[254] à 172 de l'AUVE et remplace la saisie-arrêt. Mais à la différence de celle-ci, elle n'est ouverte qu'aux seuls créanciers titulaires d'un titre exécutoire sur les seules créances de sommes d'argent. L'Acte uniforme a alors dissocié la saisie-attribution de droit commun des saisies spéciales. Ainsi, selon la CCJA, les conditions formelles de validité de la saisie-attribution visées aux articles 157 et 160 ne peuvent être mises en œuvre que lorsque les conditions de fond déterminées par l'article 153 sont réunies, à savoir l'existence d'un titre exécutoire constatant une créance certaine, liquide et exigible ; il s'ensuit que lorsque la saisie n'est pas conforme aux conditions de l'article 153, elle doit être déclarée nulle sans qu'il soit besoin de statuer sur sa régularité formelle. Tel est le cas d'une saisie pratiquée sur un compte bancaire appartenant à un syndic pour une dette pesant sur une société déclarée en liquidation des biens[255]. Il faut ainsi que le créancier, par la liberté qui lui est reconnue de procéder à l'exécution ou d'y renoncer, n'ait pas opté pour cette dernière possibilité.

---

[253] Art. 36, 112 et 113 de l'AUVE.

[254] Selon cet article, « *Tout créancier muni d'un titre exécutoire constatant une créance liquide et exigible, peut, pour en obtenir le paiement, saisir entre les mains d'un tiers les créances de son débiteur portant sur une somme d'argent, sous réserve des dispositions particulières à la saisie des rémunérations* ».

[255] CCJA, arrêt n°020/2009 du 19 avril 2009, TIEMELE BONI Antoine et 57 autres c/ Société MRL Liquidation et Monsieur YAO KOFFI Noel, Rec. CCJA n° 13, janv-juin 2009, p.70, *ohada.com/ohadata J*-10-68.

Dès lors, s'il ressort d'un protocole d'accord conclu avec le saisi que le créancier est déclaré rempli de ses droits, d'autre part qu'il a renoncé à toute réclamation ultérieure susceptible de naître du litige, mettant ainsi fin au litige et à toutes les procédures subséquentes, la saisie attribution pratiquée par ledit créancier n'est pas fondée[256].

On peut aussi remarquer que la saisie-attribution de droit commun est devenue plus simple, plus rapide et peu formaliste. Elle devient aussi efficace car, désormais, la seule signification de l'exploit de saisie emporte attribution immédiate des sommes saisies au profit du créancier[257]. L'attribution immédiate que l'acte de saisie entraîne, crée ainsi un véritable privilège au profit du saisissant[258]. Aucun autre créancier du saisi, même privilégié, qui se manifeste après la saisie ne peut inquiéter le saisissant. Suivant l'article 155 de l'AUVE, il ne peut y avoir de concours que si les actes de saisie ont été signifiés simultanément.

La CCJA a eu l'occasion de préciser la portée de l'article 154 pour assurer l'équilibre entre les parties. Pour elle, le créancier peut pratiquer plusieurs saisies ou des saisies complémentaires qui lui

---

[256] CCJA, 2e Chambre, arrêt n° 022 du 08 avr. 2010, Crédit Lyonnais Cameroun c/ Société Franschfoof Cameroun (FRECOFAM), le Juris OHADA, n° 003-juillet-août-septembre 2010, p.16.

[257] Selon l'article 154, « *L'acte de saisie emporte, à concurrence des sommes pour lesquelles elle est pratiquée ainsi que tous les accessoires, mais pour ce montant seulement, attribution immédiate au profit du saisissant de la créance saisie, disponible entre les mains du tiers.*
« *Les sommes saisies sont rendues indisponibles par l'acte de saisie.*
« *Cet acte rend le tiers personnellement débiteur des causes de la saisie dans la limite de son obligation* ».

[258] N. DIOUF, « Acte uniforme du 10 avril 1998 portant organisation des procédures simplifiées de recouvrement et des voies d'exécution », in J. Issa Sayegh, P-G Pougoué et F.M SAWADOGO (sous la dir. de), *OHADA-Traité des actes uniformes commentés et annotés*, 4e édition, *Juriscope*, 2012, p.1060.

permettent d'obtenir satisfaction intégrale. Ainsi, s'il est constant que l'article 154 dispose que la saisie-attribution emporte, à concurrence des sommes pour lesquelles elle est pratiquée, ainsi que tous ses accessoires, attribution immédiate au créancier, il n'en demeure pas moins que « *le transfert de propriété n'est parfait qu'en cas de paiement effectif par le tiers saisi ; il s'ensuit que si les saisies conservatoires converties en saisies-attribution n'ont jamais donné lieu à un paiement en raison d'autres saisies pratiquées et de procédures pendantes dont certains sont en cours, le créancier qui y a procédé est en droit de procéder à de nouvelles saisies ; dans ces conditions, c'est à tort que le juge estime que les saisies pratiquées couvrent les créances dont l'exécution est entreprise, de sorte qu'il n'est plus possible de procéder à de nouvelles saisies* »[259]. De même, pour renforcer le privilège accordé au créancier, la haute Cour refuse au juge de l'exécution le droit de suspendre les effets de la saisie-attribution en accordant des délais de paiement[260]. Cependant, lorsque le créancier a déjà pratiqué plusieurs saisies-attributions entre les mains de tiers, lesquels ont déclaré devoir des sommes couvrant largement le montant des sommes dont le recouvrement est recherché, il ne peut pratiquer d'autres saisies à l'encontre de son débiteur, sauf à

---

[259] C.A Abidjan, Ch.Civ.et Com., arrêt n°96 du 26 mars 2010, la Société CSAM Holding c/ CI Télécom, BICICI, Société Green, Société COMIUM, *ohada.com/ohadata J*-10-295, obs. Issa Sayegh.

[260] CCJA, arrêt n° 035/2005 du 2 juin 2005, Madame Khouri Marie c/ Société Générale de Banque en Côte d'Ivoire dite SGBCI, GD-CCJA, p.569, obs. Sylvain Sorel KUATE TAMEGHE.

démontrer qu'il n'a pas pu se faire payer par les tiers saisis pour quelque raison[261].

En ce qui est des saisies-attributions spéciales, il s'agit de la saisie des rémunérations et de la procédure simplifiée pour les créances d'aliments. La première ne peut être pratiquée que par le titulaire d'un titre exécutoire sur la portion saisissable des rémunérations du travail dues par un employeur à son débiteur[262]. Elle est soumise à une procédure particulière compte tenu du caractère alimentaire des sommes visées[263]. Quant à la procédure simplifiée sur les créances d'aliments, elle est prévue par les articles 213 à 217 et se substitue à l'article 462 du CPCC qui organisait une saisie-arrêt spéciale entre époux pour sanctionner l'inexécution par un conjoint, de son obligation de contribuer aux charges du ménage. Elle bénéficie dans son nouveau cadre aux créanciers d'aliments titulaires d'un titre exécutoire qui pourront facilement rentrer dans leurs droits.

Le choix du créancier peut porter sur les saisies conservatoires ou sur celles à fin d'exécution. La loi lui permet aussi d'opter soit pour des mesures portant sur des biens meubles corporels soit sur des biens incorporels. La liberté trouve son prolongement dans la saisie immobilière si la valeur des meubles disponibles se révèle insuffisante pour satisfaire la totalité de la créance.

---

[261] CCJA, arrêt n° 28/2004 du 2 juil. 2004, Mobil Oil Côte d'Ivoire c/ Les Centaures Routiers, Caisse Autonome de Règlement Pécuniaire des Avocats dite CERAP, Maître Adou Yacinthe, GD-CCJA, p.658, obs. Robert NEMEDEU.

[262] Voir Art. 173 de l'AUVE.

[263] Pour l'étude du caractère atypique de cette saisie, voir p.182.

B- LA SAISIE IMMOBILIÈRE

Le législateur OHADA érige la saisie immobilière en une mesure subsidiaire. Elle n'est donc possible au créancier chirographaire qu'en cas d'insuffisance avérée de biens meubles. Ce dernier n'aura donc pas à choisir entre les meubles et les immeubles. Seuls peuvent donc librement commencer par les immeubles, les créanciers pouvant se prévaloir d'une hypothèque sur les biens en question.

La liberté du créancier en matière de saisie immobilière se manifeste donc tant en ce qui concerne le titre ou la créance sur laquelle il peut fonder son droit que sur le bien à appréhender. Elle apparaît dans le choix de la créance et du titre en vertu desquels l'exécution est mise en œuvre ou encore du bien immeuble à saisir. La liberté en cette matière est d'ailleurs plus accrue puisque le créancier peut, en anticipant sa stratégie de recouvrement, opter soit pour l'attribution judiciaire de l'immeuble, doit pour le pacte commissoire ou alors recourir la saisie immobilière.

1-Liberté quant à la nature de la créance et du titre justifiant la saisie

Le créancier, sous l'ancienne législation ne pouvait engager la saisie immobilière que sur la base d'un titre définitif. Avec l'article 247 de l'AUVE, il a désormais la possibilité de poursuivre la saisie d'immeubles sur la base d'une créance en espèces non liquidées. Cette prérogative est une avancée considérable puisqu'elle met entre les mains du créancier un moyen de pression considérable sur le débiteur.

Cependant, vu la nature exécutoire de la saisie immobilière, les créances donnant lieu à cette mesure conservatoire doivent être liquidées avant l'adjudication.
Egalement, selon le même article 247, la poursuite peut avoir lieu en vertu d'un titre exécutoire par provision. Le législateur donne ainsi un recours important au créancier pour les cas de péril en la demeure. Il faut cependant noter qu'en considération de la gravité de la saisie immobilière, l'adjudication ne peut avoir lieu que sur la base d'un titre définitif ou d'une créance liquidée.

2-Le choix de l'immeuble à saisir

Relativement au bien, le créancier est libre de choisir l'immeuble à saisir lorsqu'il n'a pas pris une sûreté. En effet, le créancier qui a pris une sûreté ou une hypothèque sur les immeubles est obligé de commencer l'exécution sur lesdits biens. Il ne peut prétendre à d'autres immeubles que si le fruit de ceux hypothéqués se révèle insuffisant[264]. Le créancier chirographaire dispose donc, en ce qui le concerne, de la liberté de commencer par saisir l'un quelconque des immeubles de son débiteur. De même, il lui est reconnu de pouvoir poursuivre simultanément les biens immeubles du même ressort territorial ainsi que les biens non nantis d'un certificat d'inscription hypothécaire en cas d'insuffisance des biens hypothéqués.
Sous l'empire de l'ancienne législation, aucune poursuite ne pouvait être dirigée simultanément sur plus d'un immeuble, que ceux-ci soient situés sur le même ressort ou dans des ressorts différents à moins

---

[264] Art. 251 de l'AUVE.

qu'ils n'aient fait, ensemble, l'objet d'un nantissement de la créance. Le créancier devait alors, préalablement au dépôt du cahier des charges, obtenir une autorisation judiciaire dans laquelle étaient précisés les immeubles à saisir. Même si cette autorisation demeure à l'article 252 de l'AUVE, on observe quelques réaménagements. Désormais, les immeubles situés dans le même ressort peuvent faire l'objet d'une exécution simultanée à condition d'appartenir à une seule et même exploitation[265]. Cette possibilité n'est prévue que si un seul de ces biens ne peut suffire à satisfaire le créancier.

Par ailleurs, sous l'empire du CPCC, la poursuite des immeubles se limitait à ceux qui étaient grevés d'hypothèque, ce qui pouvait porter atteinte aux intérêts du créancier. En effet, il pouvait s'avérer que le produit de la vente soit insuffisant. Il semblait alors illogique à cette époque de continuer l'exécution sur les immeubles non grevés. Désormais, l'article 251 de l'AUVE permet la poursuite concomitante sur les immeubles nantis faisant partie d'une même exploitation et à défaut, de manière successive, sans aucune autorisation, si les immeubles préalablement vendus n'ont pas suffi à couvrir en principal, intérêts et frais, le montant de la créance.

Cette liberté est d'autant plus affirmée avec la possibilité offerte au créancier d'anticiper la survenance de l'inexécution de sa créance. Il pourra alors choisir le mode de réalisation des immeubles du débiteur.

[265] Art. 252 de l'AUVE.

3-Le libre choix des modes de réalisation de l'immeuble

Avant l'entrée en vigueur en 2011 de l'AUS révisé en 2010, la saisie immobilière était le seul mode de réalisation de l'immeuble. C'est que l'article 246 de l'AUVE interdisait la clause de voie parée[266] et cette interdiction était bien suivie par la CCJA[267]. Pour cette juridiction « *en effet, autoriser le créancier à vendre de gré à gré l'immeuble de son débiteur au mépris des conditions obligatoires prescrites par l'AUPSRVE et les lois nationales, reviendrait non seulement à mettre à néant la portée de ces dispositions d'ordre public et la protection légale du débiteur et des autres créanciers, surtout les titulaires de privilèges de rang supérieur à celui du créancier-vendeur* ». L'on s'est vite rendu compte que la situation du créancier s'aggravait par la longueur, la complexité, le coût et l'inefficacité de la saisie immobilière[268].

A la faveur de la réforme de l'AUS du 15 décembre2010 entrée en vigueur le 15 mai 2011, le législateur OHADA, s'inspirant de son homologue français[269], consacre de nouveaux modes de réalisation de l'hypothèque.

---

[266] Nous reviendrons sur l'interdiction désormais limitée de la clause de voie parée et du pacte commissoire en tant que mesures de protection des intérêts du débiteur et des autres créanciers.

[267] CCJA, 2e ch, arrêt n° 007 du 26 février 2009, aff. BINCI c/ B., *Juris OHADA*, n° 2/2009, avr.-juin, p.10 ; CCJA, 2e ch., arrêt n° 009/2012 du 08 mars 2012 : Aff. Abdoulaye Baby bouya c/ Banque Islamique du Niger pour l'Investissement (BINCI)

[268] C. YOUEGO, « La réalisation de l'hypothèque en droit OHADA : Etude de l'AUS à la lumière du droit français », *Revue de l'ERSUMA*, n° 3 septembre 2013, pp. 156.

[269] Voir l'Ordonnance n° 2006-461 du 21 avril 2006 réformant la saisie immobilière et le Décret n° 2006-936 du 27 juillet 2006, entrés en vigueur le 1er janvier 2007.

Désormais, l'article 198 de l'AUS dispose que « *le créancier hypothécaire impayé peut demander en justice que l'immeuble lui demeure en paiement* ». De plus, aux termes de l'article 199 du même texte, « *il peut être convenu dans la convention d'hypothèque que le créancier deviendra propriétaire de l'immeuble hypothéqué* ». Le législateur consacre donc, à côté de la saisie immobilière prévue aux articles 246 à 334 de l'AUVE, deux nouveaux modes de réalisation de l'hypothèque à savoir l'attribution judiciaire et l'attribution conventionnelle ou pacte commissoire.

La lecture de ces dispositions laisse entrevoir la liberté pour le créancier, lorsqu'il remplit les conditions, de choisir soit l'attribution judiciaire, soit l'attribution conventionnelle ou alors d'attendre mettre en œuvre la procédure de saisie immobilière[270]. Cette liberté ne fait pas de doute d'autant que l'article 198 fait expressément référence à la « faculté » du créancier de demander l'attribution judiciaire. Cette faculté s'étend aussi au pacte commissoire explicitement prévu à l'article 199. Le choix du créancier est alors discrétionnaire, car, « *quand la loi accorde une option, elle s'en remet à l'intéressé, lequel décide souverainement* »[271]. Par conséquent, « *le créancier hypothécaire impose son choix au constituant et au juge dont le rôle se limite à la vérification des conditions de la voie choisie* »[272].

---

[270] C. YOUEGO, « La réalisation de l'hypothèque en droit OHADA : Etude de l'AUS à la lumière du droit français », Revue de l'ERSUMA, n° 3 septembre 2013, pp. 157.

[271] J. DABIN, *Droit subjectif et prérogatives juridiques, Examen des thèses de M. Paul Roubier,* 1960, p. 46, cité par C. YOUEGO, « La réalisation de l'hypothèque en droit OHADA : Etude de l'AUS à la lumière du droit français », *Revue de l'ERSUMA*, n° 3 septembre 2013, p. 169.

[272] C. YOUEGO, op. cit., p. 170.

Si les nouveaux modes de réalisation de l'immeuble rentrent dans le champ du droit des sûretés, leur étude est importante ici puisque l'objectif visé est la satisfaction du créancier avec l'extinction de sa créance. Selon un auteur, ces mesures offrent aux investisseurs une vision d'ensemble sur les mécanismes de sécurisation dont ils pourraient bénéficier[273]. Le contrat devient alors un moyen d'anticipation de la défaillance du débiteur et même d'évitement des voies d'exécution par les parties qui peuvent organiser à leur guise l'attribution du bien[274].

Le choix du créancier entre les modes de réalisation subsiste tant que la créance n'est pas intégralement réglée. Le créancier peut donc abandonner une voie au profit d'une autre[275]. Une voie autorisée[276] plaide d'ailleurs pour l'ouverture du choix entre la saisie immobilière et l'attribution judiciaire jusqu'à l'intervention d'un jugement d'attribution passé en force de chose jugée ou d'un jugement d'adjudication. Le choix entre pacte commissoire et voies judicaires (attribution et/ou saisie immobilière) est également ouvert au créancier tant que l'un des jugements précités n'est pas intervenu[277]. Par corrélation, la jurisprudence admet que le créancier peut aussi choisir de renoncer à la faculté d'option qui lui est reconnue[278]. Mais dans tous les cas, une telle renonciation ne se présume pas, elle ne peut résulter que d'actes la manifestant sans équivoque.

---

[273] C. YOUEGO, op. cit., p. 169.
[274] C. YOUEGO, op. cit., p. 163.
[275] Ibid.
[276] Ph. DELEBECQUE, « Le régime des hypothèques », *JCP E* 2006, 8., cité par C. YOUEGO, op. cit.
[277] C. YOUEGO, op. cit.
[278] Cass. com., 21 avr. 1977, n° 75-14171 ; *Bull. civ.*, IV, n° 101 ; 3 juin 1997, n° 93-21322 ; *Bull. civ.*, IV, n° 168.

En somme, le créancier hypothécaire dispose d'une liberté de choix qui lui permet de mieux affiner la stratégie de réalisation de ses droits, surtout lorsqu'il est face à des concurrents. Malgré cette large liberté, quelques limites méritent cependant d'être posées.

Sur un point de vue du droit transitoire, il convient de relever que l'article 227 al. 2 de l'AUS précise que l'attribution judiciaire et le pacte commissoire ne peuvent bénéficier qu'aux sûretés consenties ou constituées après l'entrée en vigueur de la réforme de 2010, soit le 15 mai 2011. Les créanciers inscrits sous le régime de 1997 ne disposent par voie de conséquence que de la saisie immobilière comme mode de réalisation de leur hypothèque.

Concernant le bien visé, le choix du créancier ne peut porter sur la résidence principale du débiteur, encore moins sur un immeuble à usage d'habitation. Cependant, le juge prendra en compte la date de la demande de l'attribution judiciaire du bien par le créancier pour apprécier l'affectation de l'immeuble hypothéqué. C'est que des risques de fraude de la part du constituant, qui peut changer l'affectation de l'immeuble, sont envisageables.

Sur le plan personnel, le libre choix du créancier est limité aux immeubles appartenant aux professionnels[279]. Mais il faut noter que les biens exclus de l'attribution judiciaire ou conventionnelle, restent saisissables.

Par ailleurs, même si le législateur OHADA n'a pas repris l'exigence de publicité concernant le pacte commissoire, il convient de se référer à l'article 195 de l'AUS qui précise que *« tout acte conventionnel ou*

---

[279] Pour une analyse de ces limites, voir les développements consacrés à l'encadrement du pacte commissoire, p. 274.

judiciaire constitutif d'hypothèque doit être inscrit conformément aux règles de publicité édictées par l'Etat Partie où se situe le bien grevé et prévues à cet effet ». Il nous semble alors logique, pour être opposable, que la publicité du pacte commissoire intervienne selon les dispositions du droit interne des Etats membres.

Il faut par ailleurs souligner qu'en la matière, le juge doit pleinement jouer son rôle de gardiens des libertés. Il doit d'abord vérifier que les conditions des modes de réalisation de l'hypothèque sont remplies (notamment si le pacte ne porte pas sur la résidence principale du créancier ou un immeuble à usage d'habitation). Il s'agit de vérifier si le créancier bénéficiait bien du droit d'option, si les conditions d'exercice de ce choix ont été respectées (défaillance et mise en demeure), faute de quoi, un abus pourrait lui être imputé. De même, parce que la réalisation judiciaire et conventionnelle expose le débiteur au risque de spoliation par le créancier hypothécaire, le bien hypothéqué devra être évalué[280].

S'il faut à première vue admettre que la situation du créancier a été améliorée, son choix ne portera en définitive que sur les immeubles à usage professionnel. Pour les autres immeubles, il ne pourra procéder qu'à la saisie immobilière. De même, on constate que l'obligation faite à l'article 200 de l'AUS, de désigner un expert pour évaluer l'immeuble, même si elle protège le débiteur, cette évaluation peut au demeurant se révéler coûteuse et complexe. On peut alors se poser la

---

[280] Pour une analyse de l'ensemble des conditions de mise en œuvre de l'attribution judiciaire, voir les développements consacrés à l'encadrement du pacte commissoire, p. 274.

question de l'efficacité des nouveaux modes de réalisation de l'hypothèque ou d'évitement de la saisie immobilière.

En effet, il convient de déterminer le mécanisme d'attribution du bien hypothéqué et le règlement d'éventuels conflits entre le créancier attributaire et les autres créanciers.

Pour ce qui est de l'attribution du bien hypothéqué, il convient de noter que les questions de la date et des mécanismes d'attribution ne sont pas si aisées, ce qui peut complexifier la satisfaction du créancier. Le législateur OHADA est resté silencieux en ce qui concerne la date d'attribution et la doctrine quant à elle propose diverses solutions. Pour certains auteurs[281], le transfert a lieu à la conclusion du pacte commissoire, sous la condition de défaillance du débiteur ou à l'échéance dans les deux cas d'attribution. Cette modalité est intéressante pour le créancier qui obtiendrait facilement la matérialisation de son droit. Par contre, si l'on se tourne du côté du constituant, la solution avantageuse serait que le transfert soit admis à l'expiration du délai de mise en demeure[282], ou au moment de la notification du choix du créancier au constituant[283] ou enfin à la date d'estimation du bien.

Pour ce qui est de la formalité à accomplir pour constater le transfert, l'article 199 de l'AUS renvoie aux droits nationaux. Les codes

---

[281] L. AYNES, P. CROCQ et P. DELEBECQUE (dir.), *Lamy Droit des sûretés,* n° 231-65, cités par C. YOUEGO, op. cit, p. 177.

[282] Ph. MALAURIE, L. AYNES, P. CROCQ, *Les sûretés, La publicité foncière,* Defrénois, 4e éd., 2011, n° 515, cités par C. YOUEGO, op. cit.

[283] C. JACOMIN et B. LACOURTE, « De l'intérêt du pacte commissoire dans les sûretés réelles », *RLDC* n° 99, déc. 2012, p. 25 ; S. Herbert, « Le pacte commissoire après l'ordonnance du 23 mars 2006, D. 2007, p. 2052 ; R. DAMMAN et D. LE BEUZE, « Réforme des sûretés et des procédures collectives : quelles sûretés choisir ? », *Cahier de droit de l'entreprise* n° 2, mars 2007, dossier 9, cités par C. YOUEGO, op. cit.

fonciers des pays de l'OHADA, disposent que le transfert est constaté par acte authentique ou sous seing privé déposé au rang des minutes du notaire[284] ou d'un greffier-notaire[285]. La forme authentique exigée ici ne sert qu'à la publicité du transfert, mais n'est pas une condition de validité du transfert. Son défaut ne peut donc faire obstacle qu'à la publicité[286] et la conséquence en est l'inopposabilité aux tiers de l'acte qui n'en demeure pas moins valable entre les parties[287].

La grande difficulté réside cependant dans la disparité des droits nationaux en la matière. Cet état de fait pourra instaurer une incohérence en matière d'actes nécessaires au transfert conventionnel du bien hypothéqué. A titre d'exemple, et concernant la fonction de l'acte notarié, l'ordonnance camerounaise n° 74-1 du 6 juillet 1974 fixant le régime foncier au Cameroun se démarque des autres textes nationaux. En effet, le texte camerounais déclare nuls les actes translatifs de droits réels non établis en la forme notariée[288], faisant ainsi de cet acte une condition de validité du transfert pendant que les autres textes n'en font qu'une formalité de publicité.

---

[284] Ordonnance n° 00-27/P-RM du 22 mars 2000 portant Code domanial et foncier du Mali, art. 174 ; Loi n° 2013-01, 14 janvier 2013 portant code foncier du Bénin, art. 157, alinéa 1, cités par C. YOUEGO, op. cit, p.178.

[285] Loi n° L/99/013/AN (sans date), portant Code foncier et domanial de la République de Guinée, art. 201 ; Loi n° 17-2000 du 30 décembre 2000 portant régime de la propriété foncière au Congo, art. 60 ; Loi n° 15/63 du 8 mai 1963 fixant régime de la propriété foncière au Gabon, art. 48, cités par C. YOUEGO, op. cit, p.178.

[286] Cass. civ. 1re, 14 mars 2000, n° 97-21692.

[287] Cass. civ. 3e, 11 déc. 1969, *Bull.* civ., III, n° 833.

[288] Selon l'article 8 de cette ordonnance, « *les actes constitutifs, translatifs ou extinctifs de droits réels immobiliers doivent à peine de nullité, être établis en la forme notariée* ».

S'il est admis que le choix du créancier ne portera pas soit sur les meubles, soit sur les immeubles, la réalité du choix des procédés d'exécution n'en reste pas moins évidente.
Dans la saisie immobilière, la liberté du créancier s'exprime tant à travers la créance qui fonde le droit du créancier que sur la possibilité de commencer la saisie des immeubles sur la base d'un titre provisoire ou encore de choisir le mode de réalisation des immeubles. Elle s'exprime en matière mobilière par la multitude de saisies classiques tant conservatoires qu'à fin d'exécution qui existe à côté de nouveaux moyens d'exécution.

§ 2 : LES NOUVEAUX MOYENS D'EXECUTION

La réforme des mesures d'exécution définitive dans l'Acte uniforme fait ressortir deux nouvelles saisies à savoir la saisie-appréhension et la saisie des droits d'associés et des valeurs mobilières.

A- LA SAISIE-APPRÉHENSION

Elle est prévue aux articles 218 à 226 de l'AUVE. C'est une saisie qui permet de faire appréhender, par ministère d'huissier, un meuble corporel entre les mains de celui qui est tenu d'une obligation de restituer ou de délivrer. Elle peut être utilisée par l'acquéreur d'un bien meuble corporel qui n'a pas été livré ou lorsque le dépositaire ne restitue pas la chose déposée.
Saisie à fin d'exécution, la saisie-appréhension n'est pratiquée que soit en vertu d'un titre exécutoire constitué ou sur une injonction du juge

devenue exécutoire. La procédure est distincte suivant que le bien est appréhendé entre les mains du débiteur ou entre les mains d'un tiers.
Lorsqu'elle est pratiquée entre les mains du débiteur, un commandement de délivrer ou de restituer lui est signifié dans certains cas.
Le commandement s'avère nécessaire lorsque le débiteur saisi n'est pas trouvé sur place et lorsque, présent, il s'engage à ce que le bien appréhendé soit transporté à ses frais au lieu indiqué. Les mentions que doit contenir le commandement sont prescrites à l'article 219, al. 1er de l'AUVE.
Le bien peut aussi être appréhendé immédiatement sans commandement préalable et sur la seule présentation du titre exécutoire si le débiteur refuse l'appréhension du bien objet de la saisie[289]. Dans ce cas, l'acte d'appréhension rappelle que les contestations sont formulées à la juridiction du domicile ou du lieu où demeure celui auquel le bien est retiré[290]. Il est dressé un exploit qui constate soit la remise volontaire du bien, soit son appréhension et qui fait un état détaillé du bien.
Si le bien a été appréhendé pour être remis à son propriétaire, une copie de l'acte d'appréhension est notifiée à la personne tenue de délivrer ou de restituer le bien, par lettre recommandée avec avis de réception ou par tout moyen laissant trace écrite. Si par contre le bien a été appréhendé pour être remis à un gagiste, l'acte de remise ou

[289] V.art. 220 de l'AUVE.
[290] Art. 220 al.2. de l'AUVE.

d'appréhension vaut saisie sous la garde du créancier et il est procédé à la vente selon les modalités de la saisie vente[291].

Lorsque le bien est détenu par un tiers, une sommation de remettre ce bien lui est directement signifiée. Cette sommation doit être dénoncée par acte extrajudiciaire à la personne tenue de la livraison ou de la restitution. Elle contient quatre mentions prévues à l'article 224 al. 2.

Si le tiers défère à la sommation de remettre le bien, la saisie appréhension prend fin et un acte de remise volontaire est établi. En cas de défaut de remise volontaire, une intervention du juge de l'exécution est prévue[292]. Cette intervention peut aussi être justifiée par le refus du débiteur ou par une contestation introduite par le tiers qui a des raisons de s'opposer à la remise du bien. Cette juridiction est saisie dans le mois qui suit la remise de la sommation à peine de caducité. Si le juge de l'exécution ordonne l'appréhension, l'huissier ou l'agent de l'exécution peut procéder à l'appréhension sur la seule présentation de la décision judiciaire[293]. Cette procédure par sa simplicité et sa rapidité renforce à n'en point douter la liberté de saisir. De même, la prise en compte de la particularité et de la haute importance de certains biens à travers la réglementation de la saisie des droits d'associés va dans le même sens.

---

[291] Art. 223 de l'AUVE.
[292] Art. 225 de l'AUVE.
[293] Art. 226 de l'AUVE.

B- LA SAISIE DES DROITS D'ASSOCIÉS ET DES VALEURS MOBILIÈRES

Il s'agit là aussi d'une innovation de l'AUVE. A l'exception de la législation malienne[294], cette mesure n'était pas connue dans les Etats parties à l'OHADA. L'on se heurtait alors à des difficultés dans le choix de la saisie à leur appliquer. Ni la saisie-arrêt, ni la saisie-exécution ne donnaient satisfaction puisqu'on assimilait les droits et valeurs visés tantôt aux meubles corporels, tantôt aux créances qui, par définition devaient avoir des procédures différentes. Ces difficultés ont disparu avec l'AUVE, laissant place à une réglementation précise.

Cette évolution favorise la liberté du créancier et ses chances d'obtenir satisfaction, ce d'autant plus qu'il s'agit là d'énormes fortunes. Cette saisie a une variante conservatoire et une autre exécutoire.

1-La saisie conservatoire des droits d'associés et des valeurs mobilières

Ses conditions sont les mêmes que pour toutes les saisies conservatoires. La saisie est pratiquée soit entre les mains de la personne morale émettrice, soit entre les mains de mandataires chargés de conserver ou de gérer les titres[295]. Lorsqu'elle est pratiquée entre les mains du débiteur, la saisie ne comporte que l'acte de saisie

[294] V. art. 747 et 748 du décret malien n°94-226/P-RM du 28 juin 1994 portant Code de procédure civile, commerciale et sociale.
[295] Art. 236 de l'AUVE.

dont les mentions sont prévues à l'article 237 auquel renvoie l'article 85 de l'AUVE.

Si par contre la saisie est pratiquée entre les mains d'un tiers, un acte de dénonciation dont les mentions figurent à l'article 86 al. 1er, doit être adressé au débiteur dans les huit jours de la saisie.

Si le débiteur ne s'exécute pas, le créancier muni d'un titre exécutoire, procèdera à la conversion de la saisie conservatoire en saisie-vente des droits d'associés et des valeurs mobilières.

2-La saisie-vente des droits d'associés et des valeurs mobilières

Elle se déroule entre le créancier, le débiteur saisi et le tiers détenteur des droits d'associés et des valeurs mobilières. Elle comporte quatre phases : le commandement de payer, la saisie proprement dite, la dénonciation au débiteur et la vente des droits d'associés et des valeurs mobilières.

Un commandement de payer est signifié au débiteur et suivi, dans les huit jours par un acte de saisie qui contient six mentions énumérées à l'article 237 de l'Acte uniforme. Cette saisie s'effectue entre les mains du détenteur qui peut être soit la société ou la personne morale émettrice, soit le mandataire chargé de conserver ou de gérer les titres[296]. Une distinction est cependant faite suivant que les droits sont constatés par des valeurs mobilières nominatives ou non. Si les droits sont constatés par des valeurs mobilières nominatives, l'acte de saisie doit être signifié au mandataire qui tient les comptes. Si par contre les droits visés sont incorporés dans un titre au porteur, les valeurs

[296] Art. 236 de l'AUVE.

mobilières seront saisies auprès de l'intermédiaire habilité chez qui l'inscription a été faite. S'il s'agit des droits d'associés, la saisie sera opérée auprès de la société émettrice.

Il faut noter que si cet acte rend indisponible les droits pécuniaires attachés à l'intégralité des parts ou des valeurs mobilières, la saisie n'opère pas un transfert immédiat de ces droits au créancier [297].

Dans les huit jours de la saisie pratiquée entre les mains du tiers, la saisie est portée à la connaissance du débiteur par un exploit de dénonciation. Cet exploit contient à peine de nullité six mentions prévues à l'article 238.

Si le débiteur ne soulève aucune objection, l'on procède à la vente des droits d'associés après le respect de certains préalables. La vente est en effet précédée de la publicité qui se fait par voie de presse[298] ou d'affichages dans le mois et la quinzaine au moins avant la date fixée pour la vente forcée[299]. La société, s'il y a lieu, et les créanciers opposants doivent être informés de la date de la vente par voie de notification.

Une autre formalité importante est la rédaction du cahier des charges. Il doit contenir les statuts de la société, tous documents nécessaires à l'appréciation de la consistance et de la valeur des droits mis en vente ainsi que les conventions instituant un agrément ou créant un droit de préférence au profit des associés sous peine d'inopposabilité.

Sommation est également faite aux créanciers opposants de prendre connaissance du cahier des charges chez le commissaire-priseur ou chez tout autre auxiliaire de justice chargé de la vente[300].

---

[297] V.A-M. ASSI ESSO, N. DIOUF, *op.cit*, p.148.
[298] Art. 243, al. 1er.
[299] *Idem.*
[300] Article 242, al. 2.

Tout intéressé peut formuler des observations sur le cahier des charges dans un délai de deux mois courant à compter de la notification faite à la société de la copie du cahier des charges[301].

Quant à la vente, comme en matière de saisie-vente, le débiteur peut opter, soit pour la vente amiable ou pour la vente forcée de ses droits d'associés et de ses valeurs mobilières suivant les dispositions de l'article 240 de l'AUVE.

Les incidents de cette saisie comportent quelques particularités par rapport à la saisie-vente classique. Ainsi, la mainlevée judiciaire est expressément conditionnée par la consignation d'une somme suffisante pour désintéresser le saisissant[302].

En cas de concours de saisies, une particularité s'observe lorsqu'une saisie conservatoire a été pratiquée avant la saisie-vente des mêmes droits d'associés et des valeurs mobilières. Si le premier saisissant a pratiqué la saisie conservatoire sans titre exécutoire, il ne pourra participer à la distribution des deniers de la vente que s'il obtient, par la suite, un titre exécutoire, même si c'est après la vente. En attendant l'obtention de ce titre exécutoire, les sommes qui reviennent à ce premier saisissant seront consignées[303].

Au terme de ce chapitre, il convient de mentionner que la liberté du créancier se manifeste bien dans le choix de la procédure à mettre en œuvre. En effet, le créancier optera soit pour une exécution provisoire,

---

[301] Art. 242, al. 3.
[302] Voir l'art. 239 de l'AUVE.
[303] Art. 245.

lorsque cela lui est possible ou alors, il attendra tout simplement, après obtention d'un titre exécutoire, de mettre en œuvre l'un quelconque des multiples procédés d'exécution définitive.

En ce qui concerne l'exécution provisoire, la liberté trouve sa manifestation dans le choix du créancier d'accepter les risques inhérents à cette procédure ou d'attendre un titre définitif. Il est aussi clair que ce procédé constitue un bon moyen de pression entre les mains du créancier qui lui permet d'éviter les manœuvres dilatoires du débiteur en augmentant ainsi ses chances d'exécution.

En ce qui est de l'exécution définitive, le choix entre les saisies conservatoires et les saisies exécutoires est certain. De plus, la multiplication des premières et la rénovation des secondes donnent de nombreuses possibilités d'option au créancier qui pourra alors mettre en œuvre les procédés qui s'appliquent aux biens corporels ou incorporels. Par-dessus tout, la réforme des sûretés intervenue en 2010 offre la possibilité au créancier d'anticiper sur l'inexécution de sa créance en choisissant soit l'ultime moment pour engager une saisie mobilière ou immobilière ou alors de détourner cette procédure par voie contractuelle ou judiciaire. Sa situation est aussi améliorée par l'élargissement du domaine de l'exécution avec l'apparition de nouveaux procédés d'exécution.

Il faut enfin dire que l'imposition d'obligations à la charge de la personne entre les mains de qui la saisie est pratiquée et aux facilitateurs de la saisie donne plus de possibilité au créancier de mettre en œuvre sa liberté et accroit par conséquent ses possibilités d'obtenir satisfaction.

CONCLUSION DE LA PREMIERE PARTIE

L'étude de l'étendue de la liberté de saisir montre à n'en point douter la réalité de son affirmation.

En effet, il est reconnu au créancier la possibilité de choisir son champ d'action tout autant que les procédés d'exécution à mettre en œuvre. La liberté du créancier dans la mise en œuvre de son droit à l'exécution se manifeste tant sur le plan spatial et matériel que sur le plan personnel.

Il convient ici de rappeler sur le plan spatial que les décisions de la CCJA peuvent s'appliquer sur les territoires des Etats parties sans exigence d'exequatur. Ceci permet au créancier de choisir s'il y a lieu, le territoire sur lequel pratiquer la saisie contre les biens du débiteur.

Sur le plan personnel, en dehors de la saisie entre les mains du débiteur, le créancier peut poursuivre les personnes qui lui sont assimilées. On constate aussi que l'AUVE procède à une généralisation des hypothèses de saisie entre les mains des tiers et sur soi-même. Il est même possible, sous réserve d'abus, de poursuivre plusieurs de ces personnes à la fois.

Sur le plan matériel, il faut relever que le créancier dispose d'une gamme très variée de biens sur lesquels peut porter son choix. Le législateur prend ainsi en compte l'évolution du patrimoine du débiteur puisqu'il institue de nouvelles saisies à côté de celles dites classiques. Il a également multiplié et modernisé en les simplifiant, les procédés d'exécution dits classiques. Seulement, cette modernisation doit être relayée au niveau des législations nationales. De même, le législateur instaure des mesures de facilitation telles que l'obligation de collaboration et de loyauté dans la saisie ainsi que des sanctions en cas de non respect desdites obligations, qui viennent rehausser les chances du créancier d'être payé.

Malgré cette volonté d'asseoir définitivement la libre saisie dans l'espace OHADA, il a fallu que le législateur prenne le soin d'encadrer cette liberté pour que son évolution ne soit pas en réalité incontrôlée et donc liberticide. C'est que, comme l'affirme une plume autorisée, la mission primordiale de la liberté est d'équilibrer les antagonismes en préservant la sphère de chacun[304], d'où la nécessité d'encadrer et de limiter les prérogatives reconnues par les textes.

---

[304] F. TERRE, « Sur la notion de droits et libertés fondamentaux », in Rémy Cabrillac/Marie-Anne Frison-Roche/Thierry Revet (sous la direction de), *Libertés et droits fondamentaux,* 6e éd. Paris, *Dalloz* 2000, p.5.

TITRE II
LA LIMITATION DE LA LIBERTE DE SAISIR

Il n'existe pas de liberté totale. Si une liberté absolue était admise, on ne parlerait même plus de liberté. Il est donc nécessaire, pour que la liberté se mette en œuvre de façon rationnelle, de l'encadrer. A côté du permis, la loi se préoccupe aussi d'édicter le proscrit. Les limitations d'une liberté peuvent clairement être posées ou alors déduites *a contrario* du permis.

Mais il faut aussi dire que l'Homme, jaloux de sa liberté, s'accommode mal de ce que celle-ci, quelle qu'elle soit, reste enfermée dans un champ très réduit, parce qu'en réalité, on aboutirait à une absence de liberté. C'est la raison pour laquelle toute limitation de la liberté doit être justifiée et être interprétée de manière restrictive.

Ceci dit, l'on est alors en droit de se demander, en ce qui concerne l'AUVE, pourquoi le législateur a-t-il choisi de limiter la liberté de saisir ? S'étant ainsi résolu à la limiter, par quels moyens le fait-il ? Ces questions nous permettrons donc d'appréhender dans sa plénitude, la restriction de la liberté de saisir.

A l'observation, Il est clair qu'il a été pris en compte la réalité selon laquelle « *la liberté et la sécurité sont garantis à chaque individu dans le respect des droits d'autrui et de l'intérêt supérieur de l'Etat* »[305] (Chapitre II). De même, la saisie allant se modernisant, la protection du débiteur (Chapitre I) est au cœur de la limitation de la liberté de saisir.

[305] Préambule de la constitution camerounaise du 18 janvier 1996.

CHAPITRE I

LA PRISE EN COMPTE DE L'INTERET DU DEBITEUR

Les mesures de protection du débiteur sont perceptibles pendant les opérations de la saisie (SI), lui permettant de contrer toutes les mesures de nature à méconnaître ses droits tant patrimoniaux qu'extrapatrimoniaux. Mais lorsque les opérations se sont déroulées et que le débiteur n'a pu mettre en œuvre les moyens qui lui sont reconnus ou s'ils n'ont pas prospéré, ce dernier n'est pas désarmé. Le législateur lui accorde des moyens qui permettent de réparer les injustices qu'il a subies ou de rétablir ses droits après la saisie (SII). Il s'agit d'un côté de mesures préventives et de l'autre des mesures curatives.

SECTION I : LA PROTECTION DU DEBITEUR PENDANT LES OPERATIONS DE SAISIE

Pendant les opérations de saisie, la protection dont bénéficie le débiteur repose d'abord sur le respect des conditions prescrites dans le processus de mise de ses biens sous main de justice (§ 1). Ensuite, il faut dire que le législateur permet la prise en compte de la situation personnelle du débiteur (§ 2) pour décider ou non d'appréhender ses biens ou d'en différer l'exécution.

§ 1 : LE RESPECT DES CONDITIONS LIEES A LA SAISIE

Le créancier ne peut pas choisir de respecter ou de ne pas respecter les procédures. En effet, la mesure choisie ne peut être mise en œuvre que selon des règles générales et particulières strictement définies.

La mise en œuvre des opérations de saisie passe sans doute par le respect des conditions générales et des conditions particulières qui relèvent essentiellement de la forme. Cependant, le respect de ces conditions ne garantit pas forcément la satisfaction du créancier puisqu'il faudra aussi qu'au fond, ce dernier s'assure que les biens qu'il convoite ne sont pas, pour cause d'insaisissabilité, soustraits de la saisie.

A-L'OBSERVATION DES CONDITIONS GÉNÉRALES ET PARTICULIÈRES AUX SAISIES

Les voies d'exécutions sont très formalistes. Il s'agit là d'une mesure d'encadrement de ces procédés dans l'optique de protéger les intérêts du débiteur. Nombre de ces conditions irriguent toutes les saisies alors que d'autres marquent la spécificité de certaines mesures d'exécution.

1- La nécessité du respect des conditions générales à toutes les saisies

L'exécution forcée est conditionnée par la présentation d'un titre exécutoire. Très peu de saisies peuvent être pratiquées sans titre exécutoire. De même, pour lui permettre de préparer sa défense, le débiteur doit être systématiquement informé des mesures d'exécution entreprises.

a- L'exigence d'un titre exécutoire comme préalable à la saisie

Il ne peut être procédé à aucune exécution forcée sans titre exécutoire et pour une chose liquide et certaine[306]. C'est en fait l'un des éléments de la protection du débiteur à l'exécution forcée[307]. Il faut donc un titre donnant à la créance ses caractères de certitude, de liquidité et d'exigibilité. Les saisies de curiosité ou celles motivées par le seul dessein de nuire sont ainsi proscrites à travers l'exigence de présentation d'un titre exécutoire[308].

La notion de titre exécutoire n'est pas définie par l'Acte uniforme. Il se contente à l'article 33, d'une simple énumération des différents titres exécutoires. Néanmoins, on peut dire qu'il s'agit des « *titres ou actes permettant à leurs bénéficiaires de recourir à l'exécution forcée : ainsi, les titres exécutoires revêtus de la formule exécutoire (actes notariés, jugements, accords de conciliation), les contrats administratifs et les contraintes* »[309]. Il s'agit en d'autres termes de l'acte qui permet d'engager une procédure d'exécution forcée. Ainsi, selon l'article 285 CPCC, « *nul jugement ni acte ne pourront être mis à exécution s'ils ne portent le même intitulé que les lois et ne sont terminés par un mandement aux officiers de justice ainsi qu'il est dit à l'article 61* ». Il faut néanmoins dire que, même si cette exigence est

---

[306] B. NICOD, *Les voies d'exécution*, coll. Que sais-je ?, Paris, PUF, 1994, p.9.
[307] E. KITIO, *op.cit.*, p.46.
[308] *Idem.*
[309] R. GUILLIEN et J. VINCENT, *op.cit.*, p.314.

aussi catégorique pour les mesures d'exécution définitive, il reste possible d'engager les saisies conservatoires sans justifier de l'existence d'un titre exécutoire[310].

Suivant l'article 33 précité, constituent des titres exécutoires : les décisions juridictionnelles revêtues de la formule exécutoire et celles qui sont exécutoires sur minute ; les actes et décisions juridictionnelles étrangers ainsi que les sentences arbitrales déclarés exécutoires par une décision juridictionnelle, non susceptibles de recours suspensif d'exécution de l'Etat dans lequel le titre est invoqué ; les procès-verbaux de conciliation signés par le juge et les parties ; les actes notariés revêtus de la formule exécutoire ; les décisions auxquelles la loi nationale de chaque Etat partie attache les effets d'une décision judiciaire. Le droit OHADA ne discrimine donc pas les titres exécutoires judiciaires des titres extrajudiciaires. Du moment qu'un acte, titre ou une décision bénéficie de cette qualité, il est susceptible de justifier la faculté de saisir.

Pour être susceptible de justifier la liberté d'exécuter, le titre exécutoire doit revêtir certaines qualités. A l'exception des décisions assorties d'exécution provisoire ou exécutoires sur minute, toute décision de justice servant de base à une exécution définitive doit être frappée de la formule exécutoire. Ainsi, pour qu'une décision de justice puisse être frappée de la formule exécutoire et serve de base à une exécution définitive, elle doit avoir la force de chose jugée. Ceci signifie qu'elle doit être insusceptible de recours suspensif d'exécution (appel ou opposition). Ainsi, toute décision, même revêtue de la formule exécutoire qui n'est pas passée en force de chose

---

310 V. art.32 AUVE.

jugée ne peut fonder une mesure d'exécution. Par voie de conséquence, en cas de délivrance prématurée du certificat de non appel et d'apposition de la formule exécutoire alors que le délai d'appel court encore, la saisie pratiquée sur le fondement d'un tel titre exécutoire doit être frappée de mainlevée[311]. Les juridictions de l'espace OHADA appliquent d'ailleurs cette exigence de manière constante[312].

Une autre qualité reconnue au titre exécutoire est celle du principe de la nomination ou de la personnalisation du débiteur dans le titre exécutoire. Ainsi, le titre doit contenir une condamnation personnelle du débiteur. Il doit alors désigner une personne déterminée, de sorte que, si une personne morale est visée par un titre exécutoire, ce dernier ne peut permettre la saisie des biens d'un associé, même en cas de solidarité[313]. Ainsi, pour qu'un titre exécutoire puisse permettre la saisie des biens personnels des associés, le créancier doit en amont les inclure comme défendeurs à la procédure, de sorte qu'ils soient condamnés en même temps que la société[314].

Le titre exécutoire doit également comporter une condamnation explicite contre celui à l'encontre de qui l'exécution est poursuivie.

---

[311] Tribunal de Commerce de Kinshasa/ Gombé, Ordonnance du 6 mai 2013, SOGECOKIN II SPRL, La RAW BANK SARL et la CITY GROUP, Observations J. KAMGA. Ohadata J- 14- 24.

[312] Voir Abidjan, Ch. civ. et com., arrêt n° 12800 du 02 déc. 2003, Entreprise Afridiv et Classic c/ Zahui Charles ; *Adde* Abidjan, Ch. civ. et com., arrêt n° 107 du 09 avril 2010, affaire l'Agence de gestion foncière c/ M. D, I.M.B, Ohadata J-12-143 ; TPI de Yaoundé Centre Administratif- Ordonnance de référé n° 103/C du 13 novembre 2003, Société Mobil Oil Cameroun c/ OWONA François. *Ohadata J*-04-443.

[313] Cass. civ. 2e, 19 mai 1998, RTD civ. 1998, p.750, obs. R. PERROT, cité par J. FOMETEU, « Théorie générale des voies d'exécution », in P.-G. POUGOUE (sous la direction de), *Encyclopédie du Droit OHADA,* ed. Lamy, 2011, p. 2064.

[314] Idem.

Doit de ce fait être cassé, un arrêt qui admet que même si la décision servant de fondement aux poursuites ne contenait pas formellement de condamnation, elle permet cependant de déterminer, sans ambigüité, les obligations qu'elle décide[315].

Le titre exécutoire doit par ailleurs préciser la dette pour laquelle l'exécution est poursuivie. Il doit confirmer l'existence d'une dette ainsi que son montant. En application de cette exigence, la qualité de titre exécutoire ne peut être accordée à l'ordonnance qui prononce une astreinte et qui n'a pas été liquidée par la juridiction qui l'a prononcée et qu'il n'y avait aucune décision judiciaire arrêtant la masse totale des redevances[316].

La jurisprudence veille au respect de l'exigence de titre exécutoire dans la réalisation des saisies. Dans son rôle de garante de la bonne application des Actes uniformes, la CCJA s'est prononcée sur la question en affirmant que, les décisions des autorités administratives indépendantes ne sont pas, en principe, des titres exécutoires au sens de l'article 33 de l'AUVE. Elle décide en effet que le Conseil des Télécommunications de Côte d'Ivoire étant une autorité administrative indépendante qui a pour mission, selon la loi ivoirienne, « *d'assurer, avant tout recours arbitral ou juridictionnel, la conciliation et des litiges* », ses décisions ne mettent pas fin au contentieux et ne peuvent avoir les effets d'une décision judiciaire

---

[315] Cass. civ. 2e, 21 mars 2002, Bull.civ. II, n°56, cité J. FOMETEU, ibid.

[316] CCJA, 3ème Chambre, Arrêt n° 21 du 06 décembre 2011, Affaire : HOLZ IVOIRE contre SITRANBOIS – Y- G et 9 autres, E G Epouse K et 5 autres. *Juridis-Ohada* n° 2/2012, p.23. *Ohadata J*-6126200.

exécutoire[317]. Ne constitue pas non plus un titre exécutoire le jugement contre lequel un appel a été formé et qui n'est pas exécutoire sur minute[318]. Il a également été dénié la qualité de titre exécutoire à l'ordonnance de taxe rendue par le Bâtonnier des avocats de Lomé et sur laquelle est apposée la formule exécutoire[319].

La saisie n'est donc pratiquée qu'en vertu d'un titre exécutoire. Elle doit porter sur tout ce qui est prévu par celui-ci, mais seulement sur ce qui y est prévu. Ainsi, en matière de saisie-attribution des créances, il a été retenu que viole l'article 154 de l'AUVE, la saisie-attribution pratiquée en partie sur les sommes non prévues par l'arrêt de condamnation, mais aussi sur des sommes qui ne pouvaient être considérées comme accessoires du principal. Il y a dès lors lieu d'annuler le procès-verbal constatant ladite saisie et d'ordonner la mainlevée[320].

Cette exigence a connu une application jurisprudentielle dans le cas spécifique de différentes saisies.

En matière de saisie-attribution des créances, la Cour d'appel d'Abidjan décide que sont régulières, les saisies-attributions pratiquées, dès lors que l'ordonnance prononçant la suspension provisoire de l'exécution de l'arrêt leur ayant servi de base, n'a pas été

---

[317] CCJA, arrêt n° 009/2008 du 27 mars 2008, Société Côte d'Ivoire Télécom c/ Société Lotery télécom, GD-CCJA, p.371, obs. Nemedeu.

[318] Abidjan, Ch.civ.et com., arrêt 12800 du 02 déc. 2003, l'Entreprise Afridiv et Classic c/ Zahui Charles, *juriscope.org.*

[319] C.A Lomé, arrêt n° 088/09 du 26 mai 2009, Me Jean SANVIK de SOUZA c/ Brasserie BB Lomé, *ohada.com/ohadata J*-10-176.

[320] CCJA, arrêt n°007 du 21 mars 2002, Compagnie Camerounaise d'Assurance et de Réassurance dite CCAR c/ Ayant droit WOROKOTANG MBATANG Pius et ayants droit MUCHING David, *juriscope.org ; ohada.com/ohadata J*-02-162.

signifiée aux intimés au moment desdites saisies-attributions de créance, ladite ordonnance n'ayant pu être exécutée à leur égard[321].

En matière immobilière, il convient de préciser que même si la poursuite peut être exercée en vertu d'un titre exécutoire par provision, il ne peut avoir lieu à adjudication de l'immeuble que sur la base d'un titre définitivement exécutoire ; il s'ensuit que si un recours au fond a été formé, il y a lieu de surseoir à statuer jusqu'à l'intervention d'une décision définitive au fond[322]. Cependant, il faut souligner qu'il y a lieu de rejeter la demande tendant à obtenir la discontinuation de la procédure de saisie immobilière formée par le débiteur et fondée sur la contestation du montant de son endettement, lorsque la créance, qui est constatée par la grosse en forme exécutoire d'une convention de compte courant, se révèle liquide, c'est-à-dire déterminée s'agissant d'un solde de compte courant et exigible, ladite convention ayant prévu l'exigibilité aussitôt le compte clôturé ; une telle procédure est, en effet, conforme aux dispositions des articles 33 et 247 de l'AUVE[323]. Cette décision a été rendue dans une affaire où le débiteur saisi soutenait que la convention d'ouverture de crédit dont se prévalait le saisissant ne pouvait tenir lieu de titre exécutoire que si une expertise comptable régulière et contradictoire avait déterminé lequel des contractants était devenu créancier à la suite des opérations réciproques de débit et de crédit enregistrées dans ledit compte.

---

[321] C.A. d'Abidjan, Chambre civile et commerciale, Arrêt n° 107 du 09 avril 2010, Affaire : l'Agence de Gestion Foncière, en abrégé AGEF contre M.D., I.M.B. *Le juris-ohada* n°2/ 2011, Avril- juin 2011, p.23. *Ohadata J*- 12- 143.

[322] C.A Niamey, arrêt n° 234 du 16 octobre 2006, Etablissement Abou Zeid c/ Harouna Garba, *ohada.com/ohadata J*-10-288, obs.Joseph Issa Sayegh.

[323] CCJA, arrêt n° 013 du 18 mats 2004, Fotoh Fonjungo c/ Société Générale de Banque au Cameroun dite SGBC, Rec. N°3, janv-juin 2004, p.101, *juriscope.org, ohada.com/ohadata J*-04-298.

Enfin, en matière de saisie-appréhension, il a été retenu qu'il convient de déclarer nul le commandement aux fins de restituer et l'exploit de saisie-appréhension, lorsque les titres exécutoires visés à l'appui de la procédure ne consacrent pas la propriété sur les biens en cause de celui qui en a pris l'initiative[324]. De même, l'appréhension réalisée entre les mains d'un tiers par une personne qui n'est pas munie d'un titre exécutoire dont la mention doit être contenue à peine de nullité dans la sommation, constitue une voie de fait à laquelle il faut mettre un terme en ordonnant la restitution[325].

Il faut relever que l'Acte uniforme n'enferme pas la notion de titre exécutoire dans une énumération limitative et laisse ainsi place aux actes qui sont reconnus comme tels dans les différentes législations des pays membres et auxquelles la loi nationale attache les effets d'une décision judiciaire. Il s'agit des titres dispensés de la formule exécutoire. On peut souligner à titre d'exemple les actes contractuels ou unilatéraux de l'administration émis sur la base du privilège de cette dernière de se délivrer elle-même des titres exécutoires.

A titre d'illustration sur le plan national, citons les titres délivrés par les personnes morales de droit public et déclarés exécutoires par la loi nationale de l'Etat partie, tels les marchés de fourniture ou les avis de mise en recouvrement[326]. Un tribunal a également pu décider que la décision de l'une des commissions par lesquelles l'organisme de prévoyance sociale liquide et recouvre lesdites cotisations, « *bien*

---

[324] TGI Bobo-Dioulasso, ord. référé n° 60 du 16 mai 2003, Tiétoré Rasmané c/ Ouédraogo Soumaila, *ohada.com/ohadata J*-04-59.

[325] Douala, arrêt n° 102 du 08 juil. 2003, La Société de Transport des Plastiques du Cameroun, STPC SARL c/ la CICB SARL, *juriscope.org*.

[326] A-M ASSI-ESSO in OHADA, *Traité et Actes uniformes commentés et annotés*, *juriscope,* 2ème éd., 2002, p.716.

qu'elle ne soit pas une décision juridictionnelle, constitue une décision à laquelle la loi nationale attache les effets d'une décision judiciaire »[327].

Disposent également d'une force exécutoire intrinsèque, sans qu'il y ait besoin que la formule exécutoire y soit apposée, certaines ordonnances de référé ou sur requête déclarées exécutoires sur minute par le juge. Ainsi, intègre bien la catégorie des titres exécutoires définie par l'article 33 de l'AUVE, un jugement qui a été formellement déclaré exécutoire par provision sur minute et avant enregistrement. Viole donc les dispositions de l'article susvisé, la Cour d'Appel qui déclare que ledit jugement ne constitue pas un titre exécutoire[328].

Par contre, un juge a décidé qu'un jugement d'hérédité, même revêtu de la formule exécutoire ne constitue pas un titre exécutoire, mais tout simplement un jugement déclaratif des droits des héritiers. Par conséquent, il ne peut faire l'objet d'une exécution forcée dont les difficultés sont susceptibles de fonder la compétence du juge du contentieux de l'exécution[329].

Les juges ont également pu se prononcer sur la qualité de titre exécutoire comme défini à l'article 33 de l'AUVE, pouvant être

---

[327] TPI de Dschang (Cameroun), ord. n°12 du 12 avril 2001, *Juridis Périodique* n° 48, p.67.

[328] CCJA, Arrêt n° 006/2010 du 04 février 2010, Audience publique du 04 février 2010, pourvoi n° 004/2006/PC du 09 février 2006, Affaire Clinique Pédiatrique « Fondation Jean-François ONDO » (Conseil : Maître MENGUE MVOLO, Avocat à la cour) contre Assureurs Conseils Gabonais dits ACG-ASCOMA (Conseil Maître MOUBEYI-BOUALE, Avocat à la Cour). *Recueil de Jurisprudence* n° 15, janvier-juin 2010, p. 115, *Ohadata J*-12-42.

[329] C.A. du Centre, Arrêt n° 04/Ce/TPI/2009 du 11 juin 2009, Monsieur Memba Michel contre Dame veuve Kouki Née Ngo Sara, Sieur Seke Jean Marie, *Ohadata J*-12-250.

reconnue aux actes relevant du droit communautaire et par conséquent soumis pour leur exécution, aux modalités prévues par ledit Acte uniforme. Il a ainsi été décidé que, si aux termes de l'article 199 al.3 du Règlement CEMAC relatif aux systèmes et aux incidents et moyens de paiement, le certificat de non-paiement revêtu de la formule exécutoire constitue un titre exécutoire permettant de procéder à toute exécution, cette mesure d'exécution doit cependant intervenir dans le délai maximum de 8 jours prévu par ce texte. Dès lors, la conversion en saisie attribution d'une saisie conservatoire opérée en vertu d'un certificat de non-paiement revêtu de la formule exécutoire qui est intervenue après le délai prévu doit être considérée comme pratiquée hors délai. C'est donc à bon droit que le juge d'appel confirme l'ordonnance par laquelle le Président du Tribunal de Grande Instance statuant comme juge du contentieux de l'exécution a déclaré la conversion de la saisie conservatoire en saisie-attribution comme intervenue hors délai et a ordonné la mainlevée de cette saisie[330].

Il s'est posé la question de savoir si l'extrait du plumitif d'audience pouvait faire office de titre exécutoire au sens de l'article 33 de l'AUVE. La réponse a été positive pour certains juges[331]alors que le refus d'une telle admission ne fait pas de doute de la part du Ministère camerounais de la Justice. Pour ce dernier, l'extrait du plumitif d'audience ne saurait faire office de titre exécutoire au sens de

---

330 C.A. du Centre, Arrêt n0 354/Civ du 08 juillet 2011, Mutuelle d'Epargne et de Crédit du Cameroun (MEC) Contre la Société Benz Cam Jobing Inter SARL. *Ohadata J*-12-04.

331 TPI Douala, Ord. de référé n° 1233 du 19/09/2001, Aff. NKEYIP c/ AIR AFRIQUE, *Juridis Périodique* n°54, avril-mai-juin 2003, p. 37 obs. Laurent TAFFOU DJIMOUN.

l'article 33 de l'AUVE[332]. Ainsi, en dehors des cas pour lesquels l'exécution sur minute est expressément admise, l'exécution des décisions de justice doit se faire sur la base d'une grosse revêtue de la formule exécutoire. Un titre non définitif n'est donc pas un titre exécutoire et il convient de donner mainlevée à une saisie pratiquée sur la base d'un tel titre[333].

Muni d'un titre exécutoire, le créancier ne peut procéder à la saisie comme bon lui semble, il devra informer le débiteur avant d'engager les opérations de saisie.

b- L'obligation du saisissant d'informer le débiteur

Cette obligation confirme la volonté du législateur d'humaniser les voies d'exécution en protégeant le débiteur. Elle contraint le créancier représenté par la personne chargée de l'exécution, à mettre à la disposition du débiteur toutes les informations liées à la saisie.

---

[332] Résolution du Séminaire atelier de Douala en date du 23 mai 2003 entre les représentants du Ministère de la Justice, de l'Association des Professionnels des Etablissements de Crédit du Cameroun(APECAM), du Ministère des finances, des chambres provinciales des huissiers et autres. Les recommandations prises :

1. Toute décision de justice doit être exécutée sur la base d'une grosse exécutoire ce qui signifie l'exclusion a contrario de simples extraits de plumitif d'audience ;
2. Avant toute exécution, la décision de justice doit être préalablement signifiée au débiteur saisi avec commandement de payer ;
3. Seuls les frais et intérêts prononcés par une décision de justice doivent figurer dans les procès-verbaux de saisie-attribution de créance à l'exclusion de tous autres ;
4. Les coûts des actes d'huissier doivent être conformes au tarif fixé par les textes en vigueur.

[333] TPI de Ngaoundéré, ord. de référé n°836 du 13 juillet 2000, Aff. KOUAM Alphonse c/ MBA François et autres, *RCDA* n° 4, juillet-septembre 2000, p.113.

Pour mieux comprendre cette obligation, il convient d'analyser sa justification et ses modalités.

Concernant la justification d'une telle obligation, il s'agit en réalité d'assurer le principe du contradictoire élevé à la dignité de principe directeur du droit processuel. Il est question pour les parties de s'informer réciproquement des éléments susceptibles d'avoir une influence déterminante sur l'affaire. En effet, chaque partie a le droit de se défendre et ce droit ne peut être assuré qu'en garantissant l'égalité des armes. Les parties sont donc à cet effet tenues de se communiquer les informations et les documents selon l'article 35 de l'AUVE. Le débiteur qui fait l'objet d'une mesure d'exécution forcée dont les règles ne sont pas faciles d'accès au profane doit être informé à tout moment de la procédure, sur ses droits et devoirs. Cette obligation se justifie d'autant plus que la matière des voies d'exécution donne assez souvent lieu à des abus de toutes sortes. Et plus encore, l'huissier de justice et l'agent d'exécution étant des professionnels, il convient, pour que l'égalité des armes soit réelle, que ces derniers informent systématiquement le débiteur selon les modalités définies par les textes.

Pour ce qui est des modalités de cette obligation, il faut dire qu'elle commence un peu avant la saisie pour s'étendre aux opérations de saisie proprement dites.

En effet, par le commandement préalable[334], le débiteur est informé qu'il fera l'objet de saisie au cas où il ne payait pas sa dette. On le renseigne ainsi sur l'origine de l'obligation ainsi que de son montant

---

[334] Voir à titre indicatif les articles 92 sur la saisie-vente et 254 sur la saisie immobilière.

en principal, frais et intérêts et le titre en vertu duquel la saisie est pratiquée. Il lui est commandé d'avoir à payer sa dette dans un certain délai[335] faute de voir ses biens saisis. Ensuite, par le moyen de l'itératif commandement[336], il est verbalement rappelé au débiteur de payer sa dette faute de quoi ses biens seront immédiatement saisis. Cette formalité a pour but de rappeler au débiteur qui aurait oublié de payer sa dette, de le faire même à la dernière minute.

Au moment de la saisie, le débiteur est renseigné sur ses droits et obligations. Il lui est rappelé l'effet d'indisponibilité qui frappe les biens saisis et les sanctions auxquelles il s'expose en cas de non respect. Toutes ces obligations lui sont verbalement rappelées et mentionnées dans l'acte de saisie.

Dans l'optique de permettre au débiteur d'assurer facilement sa défense, le saisissant lui fait part de la possibilité qu'il a de contester le bien-fondé de la créance ou la validité de l'acte de saisie et d'en demander la mainlevée. Pour couronner le tout, le législateur fait obligation à l'huissier ou à l'agent d'exécution d'indiquer le tribunal compétent pour accueillir les contestations pouvant naître de la saisie. Il est également adressé au débiteur tous les actes de transformation de la saisie conservatoire en saisie-vente. Il lui est aussi indiqué la forme et les délais des contestations.

Lorsque le débiteur n'a pas assisté aux saisies, toutes ces informations seront mises à sa disposition grâce à leur consignation dans le procès-

335 Très souvent, ce délai est de huit jours. Voir par exemple les articles 98 sur la saisie-vente, 183 sur la saisie des rémunérations, 319 sur le saisie attribution des créances, 237 sur la saisie des droits d'associés et des valeurs mobilières…

336 Voir par exemple les dispositions des articles 65 concernant la saisie conservatoire des bien meubles corporels, 99 sur la saisie-vente.

verbal de saisie qui lui sera transmis. Toutes ces informations qui sont exigées dans les saisies conservatoires[337], dans la saisie-vente[338], dans la saisie-attribution des créances[339] et dans la saisie immobilière[340] sont reprises dans chaque saisie spécifique. Elles sont comprises selon les cas, dans le commandement, l'itératif commandement, le procès-verbal de saisie, l'acte de conversion ou le cahier des charges.
Mais il faut relever que ce droit à l'information à travers les actes de saisie peut, à raison des délais y afférents, faciliter le déménagement à la cloche de bois et sacrifier ainsi le droit du créancier. Cela est d'autant plus grave qu'il n'est pas facile dans le contexte actuel des Etats membres de l'OHADA, d'obtenir aisément des renseignements sur la situation géographique des débiteurs et de leurs biens[341].
L'équilibre recherché par le législateur peut alors faire défaut ici. Il en va parfois de même pour ce qui est de certaines conditions particulières à des mesures spécifiques.

2- L'observation des conditions particulières à certaines saisies

Deux saisies nous paraissent afficher des particularités frappantes en matière de conditions procédurales ; il s'agit de la saisie immobilière et de la saisie des rémunérations de travail.

---

[337] Voir art. 64 AUVE.
[338] Cf. art. 92, 93, 99, 123.
[339] Art. 157 et 160.
[340] Art. 254, 256, 259 et S.
[341] L'urbanisation anarchique, le manque d'adressage, l'expansion du secteur informel sont autant de raisons qui font qu'il est difficile de localiser les débiteurs. Ils peuvent partir d'un lieu à un autre sans que l'on sache exactement où ils ont aménagé.

a- La subsidiarité et le formalisme de la saisie immobilière

La saisie immobilière, parce que s'appliquant à des biens de nature particulière en raison de leur importance, n'est mise en œuvre qu'à certaines conditions.

Selon Roger PERROT, la saisie immobilière est l'une des saisies les plus riches en formalités pour la simple raison qu'elle est une mesure grave pour le patrimoine[342] et pour les droits fondamentaux[343] du débiteur.

La première mesure marquant la gravité de la saisie immobilière est son caractère subsidiaire et donc exceptionnel. En effet, aux termes de l'article 28 al. 2 de l'AUVE, « *Sauf s'il s'agit d'une créance hypothécaire ou privilégiée, l'exécution est poursuivie en premier lieu sur les biens meubles et, en cas d'insuffisance de ceux-ci, sur les immeubles* ». Cette exigence est appliquée avec rigueur par les tribunaux. Ainsi, un tribunal a pu décider que la procédure de vente forcée d'un immeuble ne pouvant être initiée, lorsque la créance n'est pas hypothéquée, qu'après la saisie des biens meubles et si le produit de la vente se révèle insuffisant, doit être annulée, la procédure de saisie immobilière engagée par un créancier qui ne justifie pas d'une créance hypothécaire ou privilégiée ou qui ne rapporte pas la preuve que les meubles saisis sont insuffisants pour couvrir sa créance[344].

---

[342] R. PERROT, *Cours de voies d'exécution*, les cours de droit, Rue Saint Jacques, Paris Ve, cité par F. ANOUKAHA et A-D TJOUEN, *op.cit.* P.44, n°66.

[343] Cet aspect est ajouté par nous-mêmes.

[344] Tribunal régional hors classe Dakar, jugement n°800 du 04 mai 1999, *Rép. Crédila*, p.131.

Cette subsidiarité de la saisie immobilière est rappelée dans une certaine mesure, et pour le créancier hypothécaire à l'article 251[345] en ce qui concerne les meubles sur lesquels il ne bénéficie pas d'une hypothèque. On imagine alors que si le produit de l'immeuble hypothéqué se révèle insuffisant, le créancier puisse exiger du débiteur, pour combler sa dette, de saisir en priorité les biens meubles lui refusant ainsi de s'attaquer aux immeubles qui ne lui sont pas hypothéqués.

L'importante accordée aux immeubles et le caractère fondamental du droit au logement sont sans doute les raisons pour lesquelles l'huissier devant procéder à une saisie immobilière doit justifier d'un pouvoir spécial[346]. Ce pouvoir spécial doit émaner du poursuivant et non de son conseil, sauf si ce dernier a reçu mandat. Les tribunaux n'hésitent donc pas de rappeler qu'il y a lieu de déclarer nuls le commandement et le cahier des charges lorsque la saisie est pratiquée par un huissier qui n'a pas reçu pouvoir du créancier, mais de son conseil qui n'a pas été investi d'un mandat[347]. Cependant, aucune disposition de l'AUVE ne prévoit que le pouvoir spécial nécessaire pour permettre à l'huissier ou à l'agent d'exécution de procéder à la saisie, doit à peine de nullité, être légalisé, enregistré et avoir date certaine[348]. Ainsi, lorsqu'il résulte

---

[345] Selon cet article, « *Le créancier ne peut poursuivre la vente des immeubles qui ne lui sont pas hypothéqués que dans le cas d'insuffisance des immeubles qui lui sont hypothéqués, sauf si l'ensemble de ces biens constitue une seule et même exploitation et si le débiteur le requiert.* »

[346] V. art. 254 AUVE.

[347] TGI Ouagadougou, jugement n°031 du 29 janv. 2003, Kafando Kassoum c/ Ouédraogo Rasmané, *ohada.com/ ohadata*, J-04-333.

[348] CCJA, arrêt n° 28 du 15 juillet 2004, Dame Mandagou Jacqueline c/ Société Commerciale de Banque Crédit Lyonnais Cameroun, dite SB-CL, Rec. N° 4, juil-déc. 2004, p.16 ; Penant n° 853, p.525, note Bakary Diallo, *juriscope.org, ohada.com/ohadata J*-05-168, obs. Brou Kouakou Mathurin.

des pièces du dossier que l'huissier instrumentaire ayant délivré le commandement était muni d'un pouvoir spécial aux fins de saisie immobilière, il y a logiquement lieu de rejeter une procédure fondée sur ce qu'un précédent pouvoir avait déjà été donné à un autre huissier, alors surtout que le requérant ne peut justifier d'un préjudice subi du fait de la désignation d'un autre huissier[349]. Cet arrêt rappelle la liberté qu'a le créancier d'organiser à sa guise la saisie, en choisissant même l'huissier devant mettre en œuvre son droit. De même, le souci d'équilibre entre les parties n'échappe pas aux hauts magistrats puisque l'exigence de pouvoir spécial demeure, le créancier pouvant le renouveler à un autre huissier tant que ce changement n'est en rien préjudiciable aux intérêts du débiteur. Le juge national se saisit de cette exigence de préjudice en poussant l'argumentaire plus loin. Pour une Cour d'appel, s'il est vrai que le commandement aux fins de saisie immobilière doit, à peine de nullité, contenir la copie du pouvoir spécial de saisir donné à l'huissier par le créancier, ou contenir sur l'original et la copie le « *bon pour pouvoir* » signé de ce dernier, il n'y a pas de nullité du fait que la mention « *bon pour pouvoir* » est signée non par le créancier, mais par son frère, dès lors que l'irrégularité n'a pas eu pour effet de porter préjudice aux intérêts du saisi[350]. De prime abord, cette décision peut sembler salutaire pour la réalisation des droits des créanciers dans l'espace OHADA. Mais l'on peut s'interroger sur la pertinence d'un tel raisonnement lorsque l'on sait

---

349 CCJA, arrêt n° 2 du 29 mars 2006, Monsieur L. E, Société Camerounaise de Transformation dite SOCATRAF c/ Caisse Commune d'Epargne et d'Investissement dite CCEI-Bank SA, *ohada.com/ohadata J*-07-09.

350 C.A Bobo Dioulasso, arrêt n° 006/2008 du 21 janv. 2008, Ayants droits Feu Ouédraogo Ousmane c/ Derra Brahima, *ohada.com/ohadata J*-10-118.

par exemple que les tribunaux décident que le pouvoir spécial de saisir donné à l'huissier doit émaner du poursuivant et non de son conseil, sauf si ce dernier a reçu mandat et qu'il y a lieu de déclarer nuls le commandement et le cahier de charges lorsque la saisie est pratiquée par un huissier qui n'a pas reçu de pouvoir spécial du créancier, mais de son conseil qui n'a pas été investi d'un mandat[351]. On se serait attendu à ce qu'un raisonnement *a fortiori* en déniât la possibilité au frère d'un créancier qui n'est même pas muni d'un pouvoir général de représentation du créancier. Le raisonnement de cette décision nous semble ainsi être en déphasage avec les textes et les tendances jurisprudentielles en la matière.

En dehors de l'exigence de pouvoir spécial, on peut remarquer que la place occupée respectivement par le juge, gardien de droits et libertés des sujets de droit ainsi que par le notaire, prouve la particularité de la procédure. En effet, un immeuble peut faire l'objet de droits et prérogatives, d'où la nécessité de protéger les intérêts des tiers à travers diverses précautions.

D'abord, en ce qui concerne le créancier hypothécaire, il faut noter qu'en dehors des biens grevés, il ne pourra poursuivre la vente sur les immeubles qui ne lui sont pas hypothéqués qu'en cas d'insuffisance de ceux qui le sont[352]. De même, la vente forcée d'immeubles situés dans le ressort de juridictions différentes ne peut être poursuivie que successivement[353]. Lorsque ces préalables sont remplis et que la

---

[351] TGI Ouagadougou, jugement n° 031 du 29 janvier 2003, Kafando Kassoum c/ Ouédraogo Rasmané, *ohada.com/ohadata J*-04-333.

[352] Voir l'article 251 de l'AUVE.

[353] Article 252 de l'AUVE.

saisissabilité des immeubles est acquise, il faut encore respecter les conditions liées à la particularité de ces biens.

Il faut d'abord signaler au nombre de ces conditions, l'exigence d'immatriculation de l'immeuble en cause. En effet, selon l'article 253 de l'AUVE, si l'immeuble faisant l'objet de poursuite n'est pas immatriculé, le créancier est tenu de requérir l'immatriculation à la conservation foncière après y avoir été autorisé par le président de la juridiction compétente du lieu de situation des biens. Cette exigence vise à s'assurer que le bien appartient effectivement au débiteur et permettre à l'acquéreur d'en obtenir un droit inattaquable. Cette exigence ainsi que la procédure de vente proprement dite sont accentués par des formalités de publicité. Elles sont prévues aux articles 276 à 279 de l'AUVE. Il s'agit d'informer les personnes intéressées par l'adjudication et permettre dans l'intérêt des parties, d'obtenir le plus haut prix[354]. La procédure s'ouvre par un commandement faisant l'objet de publication et signifié au débiteur.

Par ailleurs, toute saisie immobilière exige la rédaction et le dépôt du cahier des charges qui, à peine de nullité, contient dix mentions prévues à l'article 267 de l'AUVE. Il a ainsi été décidé que le cahier des charges devant faire état des frais de poursuite, le défaut de cette mention expose ledit cahier des charges à l'annulation[355]. Ensuite, une sommation doit être faite aux intéressés de prendre connaissance du cahier des charges déposé au greffe. Les tribunaux veillent au respect

---

[354] F. ANOUKAHA et A-D TJOUEN, op.cit., P.55.

[355] CCJA, arrêt n° 60/2008 du 30 décembre 2008, Banque Internationale de l'Afrique de l'Ouest dite BIAO c/ 1) Monsieur SEGUI Ameman, 2) Madame Marie-Lucie Charmot, Rec. CCJA n° 2 juillet-Décembre 2008, p.91, *ohada.com/ohadata J-10-34*.

de l'exigence légale d'information de toutes les parties pour que ces dernières défendent leurs intérêts. Si l'obligation d'information est souvent sanctionnée, il convient de dire qu'il n'y a pas d'irrégularité lorsque l'huissier a, dans un même acte intitulé « *sommation de prendre connaissance du cahier des charges* », non seulement informé les saisis du dépôt du cahier des charges au greffe, mais aussi les a sommé d'en prendre connaissance, aucune disposition légale ne s'opposant à ce que ces indications soient portées dans un seul acte[356]. De même, le principe du contradictoire est respecté lorsque la sommation de prendre connaissance du cahier des charges est signifiée au domicile du saisi et réceptionnée par son *boy-cuisinier*, de sorte qu'il a été mis dans les conditions d'assurer sa défense et a d'ailleurs présenté ses dires et observations[357]. Cependant, il est à bon droit décidé qu'est nulle, la sommation de prendre connaissance du cahier des charges signifiée, non pas à la personne du débiteur saisi, mais plutôt à parquet, en la personne du Substitut du Procureur de la République en violation de l'article 269 alinéa 2[358].

Il faut aussi noter qu'une audience est éventuellement tenue, au cours de laquelle les dires et observations des intéressés sont formulés, et suivie par la publicité avant l'adjudication.

---

[356] TPI de la Menoua, jugement n° 35/ADD/Civ du 12 mai 2003, Afrilaland First Bank c/ Fongou Fidèle Tanezou et autres, *ohada.com/ohadata J*-05-18.

[357] Abidjan, Ch.Civ.et Com., arrêt n° 563 du 26 mai 2005, Bakoukasinon c/ Fegece, *juriscope.org, ohada.com/ohadata J*-07-37.

[358] CCJA, arrêt n° 060/2008 du 30 décembre 2008, Banque Internationale de l'Afrique de l'Ouest dite BIAO-CI c/ 1) Monsieur Segui Amessan, 2) Madame Marie-Lucia Charmot, Réc. CCJA, n° 2, juillet-décembre 2008, p.91, *ohada.com/ohadata J*-10-34.

Relevons également qu'en cas de situation d'indivision, il faudra, avant la saisie, provoquer le partage du bien[359]. Il faut néanmoins souligner que s'il s'agit d'un bien commun, sa vente peut être poursuivie contre les deux époux[360].

Au final, il est à noter que la procédure d'adjudication obéit à des formalités telles que l'usage des bougies[361]qui montrent certes la tristesse de la mesure, mais aussi que le législateur n'a pas fait preuve d'actualisation et de rénovation en cette matière. Tel n'est pas le cas de la réglementation de la saisie des rémunérations.

b-La particularité de la saisie des rémunérations

L'élaboration des conditions spécifiques à cette mesure s'explique par le caractère alimentaire des sommes visées. Même si l'AUVE en la matière a conservé certaines règles de l'ancienne saisie-arrêt, il est clair que la particularité s'observe tant pour les conditions de mise en œuvre que dans la procédure.

Pour la mise en œuvre de cette mesure, le débiteur doit être salarié ou travailleur, à quelque titre ou à quelque lieu que ce soit vis-à-vis d'un ou de plusieurs employeurs[362]. Le saisissant ici est toute personne ayant la qualité de créancier, peu importe que la créance soit chirographaire ou privilégiée[363]. Pour un aménagement efficace des droits du créancier, la notion de rémunérations est prise dans un sens

---

[359] Art. 249 AUVE.
[360] Voir art.250.
[361] V. art. 283 al. 5.
[362] V. art.174 de l'AUVE.
[363] Art. 173 de l'AUVE.

large et s'applique ainsi tant au débiteur sous contrat de travail qu'à toute personne qui fournit ses services sous la dépendance juridique ou économique de celui qui l'emploie[364]. Il s'agit donc du salaire et de ses accessoires. Le tiers saisi ici a la qualité d'employeur. Selon l'article 173 de l'Acte uniforme, la créance doit être liquide et exigible et figurer nécessairement sur un titre exécutoire, même si cette exigence peut présenter des limites quant à la célérité de la procédure.
L'une des grandes particularités de cette saisie est qu'elle ne touche que certaines proportions jugées saisissables ou non par chaque Etat membre[365]. Pour le Cameroun, c'est le décret N°69/DF/289 du 30 août 1969 modifié par le décret N°94/197/PM du 9 mai 1994 relatif aux retenues sur salaire qui détermine la fraction saisissable du salaire.
L'autre grande particularité réside dans la procédure de saisie des rémunérations de travail. En effet, les opérations de saisie sont précédées d'une tentative de conciliation obligatoire devant la juridiction compétente du domicile du débiteur. Cette tentative de conciliation entre le créancier et le débiteur a pour but de trouver un règlement amiable entre les deux parties en vue d'éviter l'exécution forcée. La procédure s'ouvre par une requête du créancier dont le contenu est fixé à l'article 179[366] de l'Acte uniforme. La convocation des parties à l'audience de conciliation est faite par le greffier. Le créancier est notifié des lieu, jour et heure de la tentative de

[364] A-M ASSI-ESSO et NDIAW DIOUF, *op.cit.*, P.173.
[365] V.art. 51 de l'AUVE.
[366] Les nom, prénoms et adresse du débiteur ; les nom, prénoms et adresse de son employeur ou, s'il s'agit d'une personne morale, ses forme, dénomination et siège social ; le décompte distinct des sommes réclamées en principal, frais et intérêts échus ainsi que l'indication du taux des intérêts ; l'existence éventuelle d'un privilège ; les indications relatives aux modalités de versement des sommes saisies ; une copie du titre exécutoire.

conciliation par lettre recommandée avec accusé de réception ou par tout moyen laissant trace écrite au moins quinze jours avant l'audience[367]. Le président de la juridiction compétente, assisté du greffier, dresse un procès- verbal de comparution des parties ou de l'une d'elles seulement, qu'elle soit suivie ou non de conciliation. En cas de conciliation, un procès-verbal est dressé par la juridiction compétente et signé par le juge et les parties. Cet acte qui mentionne les conditions de l'arrangement vaut titre exécutoire et empêche la suite de l'opération de saisie[368]. A défaut, un procès-verbal de non-conciliation est dressé et il est procédé à la saisie des rémunérations après vérification par le président du tribunal du montant de la créance.

L'acte de saisie pour éviter les frais d'huissier est notifié, dans les huit jours de l'audience de non conciliation ou de l'expiration des délais de recours si une décision a été rendue, à l'employeur par lettre recommandée avec accusé de réception ou tout moyen laissant trace écrite[369]. L'employeur fait connaître, dans la quinzaine, la situation de droit existant entre le débiteur et lui ainsi que les cessions et saisies ou autre information permettant la retenue lorsque la saisie est pratiquée sur un traitement ou salaire payé sur les fonds publics[370].

Dans un souci de célérité, l'instance en validité n'existe plus comme c'était le cas dans les anciennes législations. Dès notification de l'acte de saisie, l'employeur est tenu d'adresser tous les mois au greffe ou à l'organisme spécialement désigné, le montant des sommes retenues

---

367 V. art. 181 de l'AUVE.
368 Art 182 al.2 de l'AUVE.
369 Article 183 de l'AUVE.
370 Article 184 al. 1er, 4°.

sur la rémunération du saisi, sans excéder la portion saisissable. Lorsqu'il existe un seul créancier, le greffier verse à celui-ci ou à son mandataire muni d'un pouvoir spécial, le montant de la somme versée par l'employeur.

Il convient également de relever qu'une fois de plus, le législateur reste animé par le souci d'assurer l'exécution efficace des obligations. Pour cela, l'employeur qui n'effectue pas de prélèvement pour ensuite adresser au greffe les sommes retenues alors qu'il avait reçu notification de la saisie, doit être personnellement déclaré responsable des sommes dues[371]. De même, lorsqu'un employeur à qui est notifié un acte de saisie des rémunérations avec injonction de déclarer la relation de droit existant entre lui et le débiteur ne prouve, ni n'offre de prouver avoir fait la déclaration, il y a lieu de le condamner à payer les sommes dues[372]. C'est ce souci, doublé d'une dose d'humanisme qui justifie aussi que du fait de leur insaisissabilité, certains biens du débiteur soient soustraits du champ matériel de la saisie.

B- LE RESPECT DES INSAISISSABILITÉS

S'il est admis que tous les biens du débiteur constituent l'assiette de l'action en exécution forcée du créancier, la saisie ne saurait être une mesure de vengeance s'abattant sur tous les biens du débiteur. Le législateur ne peut faire des lois indifférentes au milieu social et à la condition des hommes. Le souci de préserver la dignité du débiteur en

---

371 Dakar, Ch.civ.et com. 1, arrêt n° 124 du 16 févr. 2001, *Rep. Credilia*, P. 94; *juriscope.org, ohada.com/ohadata J*-03- 267.

372 Tribunal Régional Hors Classe, jugement du 2 févr. 2002, Mme Donis Vaachérot c/ Radio Nostalgie, *ohada.com/ ohadata J*-04-482, obs. Ndiaw Diouf.

particulier et la sauvegarde de l'ordre public en général a ainsi conduit à exclure de la saisie certains biens. Il s'agit d'éviter que le débiteur ne devienne une charge pour la société et que le crédit qui favorise la croissance ne perde son essor.

On entend ainsi par insaisissabilité, le caractère de ce qui ne peut être saisi, c'est-à-dire, mis sous main de justice, dans l'intérêt d'un particulier ou de sa famille. Ainsi, l'action du créancier doit s'inscrire dans le respect du contenu des insaisissabilités et de ses limites.

1- Le contenu des insaisissabilités

Dans le contexte OHADA, les biens et droits insaisissables sont définis par chacun des Etats parties[373].

On distinguera les insaisissabilités en droit interne et les insaisissabilités au niveau de la Communauté Economique et Monétaire de l'Afrique Centrale[374].

En droit camerounais, les biens qui échappent à la saisie sont ceux qui sont indispensables à la survie du débiteur et de sa famille, les objets indispensables à l'exercice de l'activité professionnelle du saisi et les biens ayant un caractère extrapatrimonial affirmé.

D'abord, concernant le minimum vital, il est prévu au Cameroun par les articles 315 et 327 du CPCC et comprend tant des biens corporels qu'incorporels.

Parmi les biens corporels insaisissables, on peut citer les réserves alimentaires du débiteur. Le créancier devra laisser de côté de quoi

---

[373] Cf. art. 51 de l'AUVE.

[374] CEMAC.

permettre au débiteur de subsister pendant un mois. Il devra aussi épargner les ustensiles nécessaires à la préparation des repas du débiteur et à leur consommation.

Toujours au nombre des biens corporels, figurent, au choix du débiteur, une vache ou trois brebis, ou deux chèvres, avec des pailles, fourrages et grains nécessaires pour la laitière et la nourriture desdits animaux.

Quant aux biens incorporels insaisissables, on peut citer certaines provisions alimentaires adjugées en justice et les créances alimentaires en général dans le cas où la survie du débiteur en dépend.

En matière de saisie de gains de travail, il est fixé une quotité insaisissable. Selon l'article 177 al.1 de l'AUVE en effet, les rémunérations ne peuvent être cédées ou saisies que dans la limite des proportions fixées par chaque Etat partie. Cette portion insaisissable du salaire est fixée au Cameroun par l'article 2(1) du Décret n° 94/197/PM du 9 mai 1994 relatif aux retenues sur salaires, pris pour application des articles 75 et 76 du code du travail.

Il faut aussi signaler que la saisie des gains du travail effectuée entre les mains de l'employeur doit respecter la quotité saisissable du salaire[375]. De même, conformément à l'article 52 de l'Acte uniforme, les créances insaisissables versées sur un compte bancaire demeurent insaisissables.

Sont ensuite insaisissables, les biens indispensables à l'activité professionnelle du débiteur. Le législateur camerounais a ainsi le

[375] S. S. KUATE TAMEGHE, "Les mystères des articles 50 al.1 et 51 de l'Acte Uniforme portant organisation des Procédures Simplifiées de Recouvrement et des Voies d'Exécution, *Afrilex* n°5, p.188.

souci de préserver la source de revenus du débiteur. Selon l'article 327-3° du CPCC, les livres relatifs à la profession du saisi jusqu'à la somme de 20.000 francs échappent à l'exécution. Egalement, les machines et instruments servant à l'enseignement pratique ou à l'exercice des sciences et arts jusqu'à concurrence du même montant sont insaisissables.

Il s'est posé la question de savoir si les personnes morales pouvaient également bénéficier de ces mesures de protection. Le Tribunal de grande instance de Lyon, dans une de ses décisions a répondu par la négative[376]. Une telle décision trouve sa justification dans l'argument selon lequel, ces mesures cherchent à protéger le débiteur et sa famille. Mais certains auteurs[377] pensent que cette décision est inéquitable puisque si les biens des syndicats sont protégés, il est hors de question que le minimum vital ne soit pas garanti aux entreprises et qu'une telle disposition est contraire à l'esprit de l'OHADA qui vise la promotion de la vie des affaires par une plus grande protection de l'entreprise.

Enfin, les biens ayant un caractère extrapatrimonial affirmé sont soustraits de la saisie. Nous nous limiterons en ce qui les concerne, à l'énoncé de quelques cas puisqu'en cette matière toute entreprise ayant pour ambition une énumération exhaustive serait vouée à l'échec. Ainsi, on peut citer à titre d'exemple, les droits moraux que confèrent les propriétés littéraire et artistique. Il convient cependant de dire qu'il ne peut en être ainsi que si ces objets bénéficient de titres de

---

[376] TGI Lyon, 14 juin 1994, *DS.*1995.208, Obs. J. PREVAULT, cité par S.S. KUATE TAMEGHE, op.cit., P.193.

[377] A l'exemple de S. S. KUATE TAMEGHE, ibid., P.195.

protection ou du moins font l'objet de formalités en vue de la reconnaissance d'un droit exclusif.

Parmi les biens épargnés à ce titre, on peut évoquer les biens expressément écartés de l'exécution par la volonté de l'Homme. Il s'agit dans ce cas des donations assorties d'une clause d'inaliénabilité sous réserve des conditions établies à cet effet.

Par ailleurs, sont exclues de l'assiette de la saisie, les lettres missives, du fait du respect dû aux secrets des familles et de la vie privée. C'est aussi le cas de l'ensemble des souvenirs de famille qui entretiennent la mémoire des proches disparus.

Il s'agit enfin des biens exclusivement attachés à la personne du débiteur ou affectés à un usage spécifique.

Le droit OHADA consacre quant à lui l'insaisissabilité des parts sociales des sociétés coopératives. En effet, l'article 379 de l'Acte uniforme sur les Sociétés Coopératives interdit le nantissement et les saisies de ces parts sociales.

A côté des insaisissabilités dans l'intérêt de la vie du débiteur, le Droit CEMAC vient consacrer des insaisissabilités dans l'intérêt de la stabilité du système financier. En effet, le règlement n°5/CEMAC/UMAC/CM du 22 novembre 2012 portant insaisissabilité des comptes et actifs des établissements de crédit logés à la BEAC[378] vient consacrer l'impossibilité de pratiquer les saisies sur le solde créditeur des comptes ouverts dans les livres de la Banque Centrale par les établissements financiers des Etats membres.

[378] Banque des Etats de l'Afrique Centrale.

Cette nouveauté rompt avec la situation antérieure à la modification des statuts de la BEAC intervenue le 17 janvier 2010[379]. L'ancienne version de l'article 6.6 desdits statuts permettait les opérations de saisies sur le solde créditeur net des comptes ouverts dans les livres de la BEAC par les établissements de crédit.

Désormais, le nouvel énoncé de l'article 6.6 dispose que « *les soldes créditeurs des comptes ouverts dans les livres de la Banque Centrale ne peuvent faire l'objet de saisie* ». D'ailleurs, l'article 3 al. 1er du règlement sus évoqué abroge toutes les dispositions antérieures contraires prises par les Etats parties et dans le cadre sous-régional.

Les raisons de ce durcissement sont liées à la prévention des risques systémiques induits pour le système financier des Etats membres.

Il est regrettable de constater qu'une telle mesure consacre la réduction de l'assiette de la saisie en octroyant un privilège injustifié aux banques. De même, il aggrave les disparités législatives décriées dans l'espace OHADA. En effet, les statuts de la Banque Centrale des Etats de l'Afrique de l'Ouest ne consacrent que l'impossibilité de voir les comptes ouverts auprès de ladite banque présenter un solde débiteur[380]. La saisie n'est pas interdite, mais maintenue dans la limite du montant du solde créditeur du compte saisi.

Cette limitation modérée est aussi observée dans les statuts de la Banque Centrale de la République des Comores[381].

La rigueur de la CEAC limite donc la confiance que les investisseurs seraient en droit de placer auprès des banques.

---

379 Cf. Acte additionnel n° 7/CEMAC/UMAC/CCE/10 relatif à la modification des statuts de la BEAC.

380 Voir article 23 al. 2 des statuts de la BCEAO.

381 Article 34 des statuts.

Dans tous les cas, Les contestations relatives à la saisissabilité ne peuvent être soulevées que par le débiteur saisi, l'huissier ou l'agent d'exécution. Est dès lors irrecevable pour défaut de qualité à agir l'action en nullité de saisie introduite par le tiers saisi en application de l'article 143 de l'AUVE. [382]

Au vu de l'inventaire des insaisissabilités, on se pose la question de savoir ce qu'il reste de l'assiette de la saisie. Mais il faut reconnaître que ces insaisissabilités[383] ne sont pas absolues puisqu'elles connaissent des limites.

2- Les limitations des insaisissabilités

Le législateur, dans un souci d'équilibre des parties, après avoir posé les cas d'insaisissabilités, apporte quelques exceptions pour lesquels des assouplissements sont admis.

Nous distinguerons les limites intrinsèques, strictement liées aux législations, des limites extrinsèques tenant au souci de contextualisation des textes et de la prise en compte de certaines réalités.

Les assouplissements intrinsèques découlent de la lecture combinée des articles 216, 328 CPCC et 2 al. 3 du décret camerounais du 9 mai 1994 relatif aux retenues sur salaire.

---

[382] CCJA, Arrêt n°002/2013 du 07 mars 2013 : Aff. Sté CENTRAL INDUSTRIE c/ Sté RAYANE et Autres

[383] Du moins pour ce qui est des insaisissabilités dans l'intérêt du débiteur.

Ainsi, en ce qui concerne la saisie des rémunérations, il est admis que les créanciers d'aliments puissent saisir une portion de la quotité insaisissable. Il en est ainsi lorsque la survie du créancier et de sa famille en dépend.

Il peut également être porté atteinte aux règles de la saisie des rémunérations de travail en vue du remboursement des acomptes, concours partiels obtenus auprès de l'employeur avant l'échéance du salaire apurée au moment de la paie immédiatement consécutive[384].

Une telle limitation est aussi admise pour les prestations éventuellement fournies par l'employeur en vue du logement ou de la nutrition du travailleur.

Egalement, en cas de prêt ou de location-vente d'un ou plusieurs immeubles destinés à l'habitation et consentis par un établissement public ou un cadre de promotion, la portion intouchable du salaire peut être revue[385].

Relativement à la saisie des droits d'auteur, il faut dire que si le droit moral est absolument insaisissable, rien n'interdit au créancier de poursuivre le recouvrement de sa créance sur les produits de l'exploitation de ce droit ou sur les dommages et intérêts procurés par l'exercice de cette action[386].

Par ailleurs, les insaisissabilités ne peuvent être brandies aux fabricants et vendeurs d'objets déclarés insaisissables qui n'auraient pas été payés. Il n'en serait autrement que s'il s'agit des objets

[384] V. art. 68(1) du Code du travail camerounais.
[385] V. art. 2(2) décret du 9mai 1994 précité.
[386] C. DUCOUILLOUX-FAVARD, « Les voies d'exécution et propriété intellectuelle », *Les Petites Affiches* n°237, 10 juillet 2003, p.6 et s., cité par S.S. KUATE TAMEGHE, op.cit. p.201.

absolument insaisissables c'est-à-dire le coucher nécessaire du saisi et de ses enfants vivant avec lui et les habits dont ils sont recouverts et vêtus.

Enfin, les sommes dues aux personnes qui ont prêté des deniers en vue de l'acquisition des objets déclarés insaisissables peuvent donner lieu à des saisies au profit des prêteurs sous réserve des objets absolument intouchables. Mais ces objets énumérés à l'article 327 CPCC peuvent donner lieu à saisies pour des créances dues au titre de fermage et de moisson des terres à la culture desquels ils ont été employés, pour les loyers des manufactures, moulins, pressoirs et usines dont ils dépendent, pour les loyers des lieux servant à l'habitation personnelle du débiteur[387]. Mais ces dernières exceptions donnent lieu aux limites extrinsèques.

En ce qui est des limites extrinsèques, il faut simplement dire que les codes auxquels renvoie l'AUVE sont très anciens puisqu'ils sont, sous réserve de quelques modifications, de l'époque de Napoléon. Il s'ensuit donc que la détermination de ce qui n'est pas à saisir reste loin d'être en harmonie avec les données socio-économiques de nos Etats au jour d'aujourd'hui[388].

Conscient de la situation, le législateur français a procédé à l'actualisation de ses textes, d'abord par une loi du 5 juillet 1972, ensuite par le décret du 24 mars 1977 ainsi que par la loi du 9 juillet 1991 et son décret d'application du 31 juillet 1992.

Les législateurs des Etats membres de l'OHADA sont eux restés à la traîne, ne prenant pas en compte l'apparition de nouveaux biens

---

[387] Art. 328 al. 1 CPCC.

[388] S.S. KUATE TAMEGHE, op.cit., p.208

nécessaires à la vie quotidienne du débiteur. Il faudrait donc que les différents législateurs nationaux fassent un toilettage de leurs textes en s'appuyant sur le contexte social, économique et culturel et sur la nécessité du bien en cause sans négliger les conventions internationales sur la protection des enfants, des handicapés et des personnes vulnérables en général[389].

Les insaisissabilités montrent ainsi que le législateur prend en considération la situation du débiteur. De plus, il est exigé du créancier d'apporter la preuve qu'il a le droit de saisir les biens du débiteur.

C- LA VÉRIFICATION DE LA TITULARITÉ DU DROIT DE SAISIR

La liberté de saisir n'appartient pas à tout le monde. La protection du débiteur et la préservation de l'ordre social exigent que la mise en œuvre d'une saisie n'appartienne qu'à celui qui peut justifier du bénéfice du doit de saisir. Le législateur a donc pris le soin de réserver le droit de saisir au seul créancier ou aux personnes qui peuvent lui être assimilées.

1-La réservation du droit de saisir au créancier

Le droit pour un créancier de poursuivre l'exécution forcée de sa créance ou de prendre des mesures conservatoires sur les biens de son

---

[389] Pour une étude plus détaillée des aménagements à faire, v. S. S. KUATE TAMEGHE, *ibid.*

débiteur, dans les conditions prévues par l'Acte uniforme, n'est ouvert qu'à défaut d'exécution volontaire de la part de ce dernier (article28, alinéa 1er).

Lorsque les conditions sont remplies, tout créancier est en droit de saisir les biens de son débiteur même pour une créance minime ou symbolique sous réserve de l'abus du droit de saisir. En effet, les biens du débiteur constituent le gage commun de ses créanciers suivant les termes de l'article 28 de l'AUVE[390].

Cependant, si un tel principe est affirmé sans ambages, il faut dire que le droit de saisir n'est pas reconnu à tous. En effet, le législateur, pour éviter les abus du fait de saisies fantaisistes, réserve le droit de saisir aux personnes à qui la qualité de créancier est reconnue. Il s'agit en réalité de personnes titulaires d'une créance à l'encontre du débiteur et qui remplissent les conditions de capacité requises.

a- L'existence d'une créance

C'est le fondement de toute saisie. En effet, aucune saisie ne peut, sous peine d'abus, être diligentée par une personne qui ne justifie pas d'une créance impayée à l'encontre du débiteur. Il peut s'agir d'une créance de nature contractuelle, quasi-contractuelle, délictuelle ou quasi-délictuelle qui doit remplir certaines conditions clairement établies.

Selon l'article 31 de l'AUVE, l'exécution forcée n'est ouverte au créancier que s'il bénéficie d'une créance certaine, liquide et

---

[390] Ce texte reprend les vieilles dispositions de l'article 2092 du Code civil.

exigible[391]. Mais, autant le dire tout de suite, ces caractères ne sont exigés que pour les saisies à fin d'exécution. Puisque les saisies conservatoires n'ont pour but que de rendre les biens indisponibles, leur mise en œuvre n'est pas conditionnée par ces exigences ; dans ces cas, il suffit que la créance soit fondée en son principe[392].

Une créance est dite certaine lorsqu'elle est née et actuelle et dont l'existence est incontestable. En principe, cette condition ne devrait pas être exigée lorsque le créancier bénéficie d'un titre exécutoire duquel transparaît la certitude de la créance. On l'oppose à la créance conditionnelle et à la créance éventuelle. La première est celle dont la naissance dépend de la réalisation d'un événement futur et incertain alors que la seconde est une créance dont on ignore si elle existera ou non. Ce dernier cas correspond parfaitement à l'exemple du compte courant. De telles créances ne peuvent être cause d'une saisie à fin d'exécution. La jurisprudence souligne qu'en matière de compte courant, tant que le compte n'est pas « *clôturé contradictoirement, le solde retenu ne répond pas aux critères de l'article 1er* » de l'AUVE[393].

Quant à la liquidité de la créance, il faut dire qu'une créance est dite liquide lorsque son montant est libellé en argent. Ici, le créancier doit être en mesure d'exiger immédiatement le paiement de la créance fondant son droit de saisir. Cette exigence vise à éviter les abus d'un créancier qui peut être tenté de vendre tous les biens du débiteur alors même que la vente d'un ou de certains biens seulement suffirait à le

---

391 Il faut cependant mettre de côté les dispositions relatives à la saisie-appréhension et à la revendication des meubles.

392 Article 32 AUVE.

393 CCJA, Arrêt n°009/2013 du 07 mars 2013 : Aff. BIAO-CI c/ Sté TPZC et Autres.

désintéresser[394]. Cependant, pour éviter que la liquidité exacte de la créance ne permette au débiteur d'organiser son insolvabilité, si la dette exigible n'est pas une somme d'argent, il sera sursis après la saisie à toute poursuite ultérieure jusqu'à ce que l'appréciation ait été faite[395].

En ce qui est de l'exigibilité, remplit cette condition, toute créance arrivée à échéance. Elle est contraire aux créances à terme qui ne peuvent faire l'objet d'une saisie à fin d'exécution[396]. Cependant, il existe deux cas dans lesquels le terme n'empêche pas la saisie à fin d'exécution. Il s'agit du cas dans lequel le terme est en faveur du créancier et celui où le terme est certes en faveur du débiteur saisi, mais, il s'avère que ce dernier est déchu du bénéfice du terme, par exemple du fait des procédures collectives et d'apurement du passif[397].

b- Les exigences liées à la capacité du saisissant

La condition de la capacité de saisir sera analysée suivant que le créancier veut mettre en œuvre une saisie mobilière ou une saisie immobilière ou suivant sa qualité personnelle.

La mise en œuvre d'une mesure d'exécution ou d'une mesure conservatoire est considérée comme un acte d'administration sous réserve de disposition contraire. Ainsi, pour diligenter de telles mesures, le créancier n'a pas besoin de la capacité d'ester en justice puisque les saisies se sont de plus en plus déjudiciarisées.

---

[394] A-M ASSI-ESSO, NDIAW DIOUF, op.cit., p.51.
[395] B. NICOD, *Les voies d'exécution,* coll. Que sais-je ?, Paris, PUF, 1994, p.19.
[396] Cette exclusion concerne tant le terme légal que contractuel.
[397] A-M ASSI-ESSO, NDIAW DIOUF, op.cit., p.52.

Toute personne majeure et capable de tous les actes de la vie civile de même que les mineurs émancipés ou non peuvent donc pratiquer une saisie.

En cette matière, toutes les règles relatives à la représentation sont applicables. Accomplissant tous les actes d'administration, le tuteur ne peut procéder à une saisie immobilière, car pour faire les actes de disposition au nom du mineur, il doit avoir l'autorisation du conseil de famille. En cas de représentation conventionnelle, le mandataire titulaire d'un mandat général peut pratiquer toute saisie mobilière[398]. Il faut aussi préciser que l'action oblique est reconnue aux ayants cause du créancier en cas de négligence de sa part.

Quant aux majeurs incapables, il faut distinguer suivant qu'ils bénéficient ou non d'une mesure de protection. S'ils ne bénéficient d'aucune mesure de protection, leur situation est identique à celle des majeurs capables.

Dans ce cas, il appartient à la personne qui argue d'une incapacité dans l'optique d'annuler la saisie, d'en rapporter la preuve. Par contre, lorsque le majeur bénéficie d'une mesure de protection, il est fait une distinction suivant le régime mis en place par la loi nationale. Mais il faut relever que, le majeur incapable ne pourra en principe effectuer une saisie que par l'intermédiaire de son tuteur.

Quant à la saisie immobilière, il s'agit d'un acte virtuel de disposition[399] puisqu'au terme de l'adjudication, le poursuivant peut être déclaré adjudicataire et se voir attribuer l'immeuble au cas où il ne survient pas d'enchère. Le titulaire de la créance ne pourra donc

---

[398] *Idem*, p.18.

[399] A-M ASSI-ESSO, NDIAW DIOUF, op.cit., p.38.

dans ce cas agir que par l'intermédiaire de personnes qui le représentent ou qui s'assimilent à lui.

2- Les personnes assimilées au créancier

Pour les besoins de la mise en œuvre de la liberté de saisir, on assimile au créancier ses ayants cause ainsi que son représentant qui, tous tiennent leur droit de lui.

a- Les ayants cause du créancier

Le droit de saisir dont bénéficie le créancier se transmet tant par le décès que par sa volonté.
En cas de décès du créancier originel, le droit de saisir est transmis à ses héritiers par voie successorale. Ceux-ci peuvent être des ayants cause universels, à titre universel ou particulier.
Cette transmission tire son fondement de la fiction juridique selon laquelle les héritiers du *de cujus* sont les continuateurs de sa personnalité juridique. De cette manière, sous réserve des preuves requises, ils pourront commencer ou continuer la saisie en lieu et place du créancier de qui ils tiennent leur droit.
Pour le faire, ils doivent justifier d'un titre leur permettant de pratiquer la saisie. C'est ainsi que l'héritier légal notifiera au débiteur l'acte de décès de son auteur et un acte de notoriété attestant qu'il est héritier. Quant au légataire universel ou à titre universel, il doit notifier au

débiteur le testament lui conférant le droit dont il se prévaut[400]. En ce qui concerne l'ayant cause particulier, il ne peut saisir les biens du débiteur que pour le recouvrement de la créance qui lui a été cédée par le créancier originel défunt[401]. Mais comme tous les autres, il devra pouvoir justifier de sa qualité au débiteur. Dans ce cas, il peut s'agir d'une disposition d'un testament contenant un legs particulier ou alors d'une cession de créance à son profit lorsqu'il s'agit d'une créance. Mais en dehors du cas du décès, le droit de saisir peut aussi être simplement transmis du fait de la volonté à une personne chargée de représenter le créancier dans l'exercice du droit qui lui est normalement dévolu.

b- Le représentant du créancier

Dans cette hypothèse, il faut distinguer suivant qu'il s'agit de représentants légaux ou des représentants conventionnels.

La liberté des représentants légaux pour effectuer la saisie dépend de la nature de la saisie en cause. N'étant que de simples mandataires et ne pouvant, à ce titre faire que des actes d'administration, ils ne peuvent pratiquer que des saisies mobilières. Ils ne peuvent pratiquer une saisie immobilière que s'ils bénéficient d'un pouvoir spécial qui peut être soit l'autorisation du conseil de famille ou du juge des tutelles selon les lois nationales applicables en la matière.

Quant à la représentation conventionnelle, il faut dire qu'elle est inévitable dans toute opération de saisie. En effet, bénéficiant du droit

---

[400] A-M ASSI-ESSO, NDIAW DIOUF, op.cit., p.13.
[401] *Idem.*

de saisir, le créancier ne peut le mettre en œuvre que par l'intermédiaire d'un mandataire conventionnel. Ce dernier est investi d'un mandat général qui lui permet de pratiquer les saisies mobilières, mais pas la saisie immobilière. Dans ce dernier cas, il aura besoin d'un pouvoir spécial[402].

On peut ainsi constater en somme que, même s'il réserve le droit de saisir aux personnes remplissant les conditions requises pour la qualité de créancier, le législateur affirme largement la liberté de saisir à un très grand nombre de personnes. Le créancier en personne bénéficiant d'une créance peut saisir qu'il soit capable ou non sous réserve des exceptions prévues par la loi. Lorsqu'il ne le peut pas pour une raison ou une autre, ce droit passe à d'autres personnes qui lui sont assimilées.

Cette importante marge de liberté trouve son prolongement à travers le grand nombre de personnes qui est susceptible d'être exposé à une saisie.

Mais au-delà de la considération de la qualité de la personne bénéficiant du droit d'exécuter, la loi prend en compte la situation personnelle du débiteur dans l'optique d'atténuer ou de retarder les effets de la saisie.

[402] Voir art. 254 al.2.

§2 : LA PRISE EN COMPTE DE LA SITUATION PERSONNELLE DU DEBITEUR

La situation difficile à laquelle pourrait faire face un débiteur est à prendre en compte dans un environnement dans la survie des entreprises est un enjeu majeur. De même, le législateur se préoccupe de la dignité des personnes privées qui font face aux difficultés. Il n'est pas question de les pousser à la chute ou de bafouer leurs droits dans le seul souci de recouvrer la créance. Le législateur a donc mis en place des procédés permettant au débiteur de préserver certains de ses droits patrimoniaux (A). Pour compléter son œuvre d'humanisation des saisies, le législateur n'est pas resté indifférent à la montée en puissance des droits fondamentaux (B) dans les procédures d'exécution forcée.

A- LES MOYENS DE SAUVEGARDE DES BIENS DU DÉBITEUR

Le débiteur peut sauver ses biens soit en demandant que les poursuites dont ces derniers font l'objet soient suspendues, soit en mettant à profit les larges pouvoirs que la loi lui reconnaît sur lesdits biens lorsqu'ils ont été saisis.

1-Les mesures tendant à la suspension des poursuites

Il est principalement question de l'attribution des délais de grâce ou de la suspension des poursuites en cas de défenses à exécution provisoire.

a- L'attribution des délais de grâce

Il s'agit de délais accordés par le juge à un débiteur auquel ni la loi, ni le contrat ne l'accordent directement. C'est une mesure qui consacre la possibilité d'exécuter plus tard ses obligations[403]. Lorsqu'on sait que le facteur temps est important dans le monde des affaires, il peut sembler à première vue que les délais de grâce constituent un frein à la bonne marche des affaires[404]. Il s'agit en réalité d'une modification du contrat dérogeant ainsi à la force obligatoire des conventions et qui nécessite pour cela une autorisation spéciale de la loi[405].

A l'origine du Code civil, les dispositions de l'article 1244 étaient considérées comme exceptionnelles et susceptibles d'être écartées par la volonté des parties ou par la renonciation du débiteur à leur bénéfice. Mais il en est devenu autrement depuis qu'il a été affirmé que l'article 1244 contenait des dispositions d'ordre public.

La prise en compte des difficultés du débiteur est une mesure d'humanisation des obligations et une illustration de la pénétration de l'équité dans le droit[406].

Avec l'avènement de l'AUVE, l'attribution des délais de grâce est désormais régie par l'article 39 al.2 AUVE[407].

---

[403] J. A. ESSAMA, "Les délais de grâce avec l'entrée en vigueur de l'Acte Uniforme sur les voies d'exécution", *RASJ,* vol. 1, n°3, 2003, p.149.

[404] *Idem.*

[405] JOSSERAND, "Un ordre juridique nouveau", D.H 1937, Chron.P.41.

[406] KAYSER, "L'équité modératrice et créatrice des règles de droit privé français", RRJ 1999.I, p.14 cité par J. A. ESSAMA, op.cit.

[407] Il ressort de cet article que *« toutefois, compte tenu de la situation du débiteur et en considération des intérêts du créancier, la juridiction compétente peut, sauf pour les dettes d'aliments et les dettes cambiaires, reporter et échelonner le paiement des sommes dues dans la limite d'une année…elle peut également décider que les paiements s'imputeront d'abord sur le capital… »*

Avec cet Acte uniforme, il s'est posé la question de l'abrogation complète de l'article 1244 du Code civil. On a en effet constaté que malgré l'entrée en vigueur de l'AUVE, les juges font survivre l'application du code civil en matière de délais de grâce[408]. Une distinction artificielle est ainsi faite selon que l'exécution a ou non commencé au moment de l'introduction de la demande. Dans l'hypothèse où l'exécution n'aurait pas commencé, l'article1244 du Code civil serait appliqué alors que l'article 39 de l'AUVE serait applicable au cas contraire. Mais il faut tout de suite dire avec un auteur[409] qu'il est nécessaire que l'abrogation définitive du texte du Code civil soit consommée pour concilier la théorie à la pratique et éviter ainsi que les pratiques observées ça et là ne stérilisent les dispositions de l'AUVE. Une telle parturition de la loi méconnaît gravement la formule abrogatoire catégorique introduite par l'article 336 de l'AUVE[410]. Pour cette raison, nous allons nous limiter à l'étude de l'article 39 de l'AUVE en ce qui concerne les circonstances d'attribution des délais de grâce et les pouvoirs du juge en la matière.

En ce qui concerne les circonstances de l'attribution des délais de grâce, les questions abordées sont celles de la juridiction compétente et celle des conditions liées aux parties.

Traditionnellement, cette question relève des juges du fond. Les tribunaux d'instance peuvent donc être saisis et même les juridictions

---

[408] J. A. ESSAMA, op.cit., p.150.

[409] *Idem.*

[410] Ce texte affirme clairement que "*le présent Acte uniforme abroge toutes les dispositions relatives aux matières qu'il concerne dans les Etats parties*".

d'appel si cette demande n'avait pas été formulée en première instance[411].

La question est également connue par le juge de l'exécution, si l'on s'en tient à la jurisprudence produite en la matière. Il a ainsi été décidé que le président du tribunal saisi est, en application des articles 39 et 49 de l'AUVE, compétent pour connaître d'une demande de grâce[412]. Selon la même décision, la saisine de la juridiction a lieu non pas par requête, mais par voie d'assignation.

On s'est demandé si le débiteur pouvait bénéficier de deux délais de grâce, c'est-à-dire pour la première fois avant le début de l'exécution forcée et pour la seconde fois lorsque celle-ci a commencé.

La Cour d'appel de Bouaké[413]suivie en cela par une autre juridiction[414], a répondu par la négative en décidant que le débiteur ayant déjà bénéficié d'un délai de grâce de douze mois accordés par ordonnance de référé en date du 19 mai 1998 ne saurait valablement prétendre à un autre délai. Il s'agit en effet d'éviter que le recouvrement de la créance ne soit compromis par un délai excessif. C'est en cela que la sagacité des magistrats en cette occurrence est à saluer puisqu'elle écarte le dilatoire qu'une telle situation est susceptible de favoriser.

Pour ce qui est des conditions relatives aux parties, il faut signaler que, le législateur fait preuve ici d'un souci de recherche de l'équilibre. En fait, la patience imposée au créancier par l'octroi des

---

[411] Cass, 3ème civ., 14 nov. 1970; Bull.civ III, n°610*; JCP* 1979 éd. G. IV.314.

[412] Bouaké, ch. civ.et com., arrêt n° 117 du 18 jul. 2001, B. c/ B. et J., *ohada.com/ohadata J*-03-200.

[413] Arrêt n°85-2000 du 24 mai 2000 cité par J. A. ESSAMA, op.cit., p.154

[414] Ouagadougou, Ord. Réf. N°79 du 27 sept. 2001, Idem.

délais de grâce au débiteur doit être cantonnée dans les justes proportions pour ne pas entamer la force des obligations[415] et par ricochet, la liberté d'exécution. La décision du juge doit alors prendre en considération la situation du débiteur et les intérêts du créancier. Cette faveur n'est alors accordée au débiteur que s'il est malheureux et fait preuve de bonne foi. Est considéré comme malheureux, le débiteur qui éprouve des difficultés réelles à faire face à ses engagements, difficultés dues à des revenus modestes ou à l'absence de revenus[416] par exemple. Le débiteur est de bonne foi lorsqu'il a manifesté la volonté réelle de payer sa dette sans pour autant y parvenir. Elle se déduit d'actes positifs[417]. Ainsi, lorsque le débiteur qui demande un délai de grâce n'apporte, ni n'offre d'apporter la preuve d'une situation financière déjà fragilisée à même de fonder le bénéfice de cette mesure, c'est à bon droit que le premier juge rejette sa requête[418]. De même, refuse à bon droit la demande de délai de grâce qui lui est soumise, le juge qui constate que la dette dont le paiement est demandé est vieille de quinze ans, que le débiteur n'a pas apporté la preuve de sa bonne foi et que même les engagements

---

[415] Voir art. 1134 du C.civ.

[416] Ord. N°394/C du 6 mars 2000, Aff Tsimi Menounga Paul c/ Momo Pascal : la qualité d'enseignant et la lourde charge familiale ; 5 mai 1992, *Juris-Data* N°043085 : retraités aux ressources médiocres ; Paris,1er juin 1989, *Juris-Data*, N°047175 : Lycéenne de 18 ans.

[417] Orléans, 9 oct. 1990, *Juris-Data* N°05830 : le débiteur a mis en vente ses biens mobilier pour rembourser son ; Paris, 1er juin 1989, *Juris-Data* N°023807 : Le preneur a fait preuve de bonne foi en formulant une demande de relogement à la ville de Paris.

[418] CA Ouagadougou, arrêt n° 139 du 19 oct. 2007, FADOUL TECHNIBOIS c/ SONABHY, inédit.

pris pour apporter le reliquat de la dette n'ont jamais été tenus, ni dans les montants, ni dans les délais librement fixés par lui[419].

La décision du juge doit aussi prendre en compte les besoins du créancier. On sait qu'une décision attribuant de manière fantaisiste des délais de grâce au débiteur peut causer la ruine du créancier puisque le monde des affaires est une chaîne, et le non payement d'une créance peut en entraîner d'autres.

Pour diluer le risque que peut courir le créancier du fait de l'attribution même justifiée des délais de grâce, l'alinéa 3 de l'article 39, prévoit que le juge peut subordonner l'octroi de tels délais à l'accomplissement par le débiteur d'actes propres à garantir le payement de la dette. Il peut s'agir de la fourniture d'une garantie ou d'une substitution de garantie. Une telle mesure n'est alors accordée que si elle est utile et si elle n'a pas des répercussions négatives sur la situation du créancier. Toujours dans l'optique d'assurer l'équilibre entre les parties, l'article 40 de l'AUVE prévoit que le dépôt ou la consignation de sommes, effets ou valeurs, ordonnée par voie de justice à titre de garantie ou à titre conservatoire, confère le droit de préférence au créancier gagiste.

Cependant, les délais de grâce ne peuvent être accordés lorsqu'il s'agit de dettes d'aliments ou de dettes cambiaires. Ainsi, selon une juridiction, si la dette est cambiaire parce que résultant d'une traite ayant fait l'objet d'un protêt, la demande de délais de grâce doit être rejetée[420].

---

419 CA Niamey, arrêt n° 98 du 17 avr. 2006, Yacouba MAYAKI c/ Banque Commerciale du Niger, *ohada.com/ohadata J*-10-229.

420 CA Niamey, arrêt n° 09 du 07 févr. 2006, Boukary MAIGA ADAMOU c/ HAMANI Yaye, *ohada.com/ ohadata J*-10-228.

Malgré ces conditions clairement énoncées, on constate que la décision d'accorder ou non les délais de grâce reste à la discrétion du juge qui n'est pas forcément lié par les conditions fixées[421]. On peut ainsi remarquer que les pouvoirs du juge en la matière sont très larges. Cet état de choses peut être dangereux tant pour les intérêts du créancier que pour ceux du débiteur. S'il n'est tenu à rien, le juge peut accorder des délais de grâce de complaisance, pouvant gravement sacrifier la liberté de saisir. Cette crainte se justifie ce d'autant plus que, même si les juges vont preuve de créativité dans certains cas pour étendre la notion de créance d'aliments, leur interprétation semble bien curieuse dans d'autres cas. Un tribunal a ainsi considéré comme dette d'aliments la somme destinée à assurer la satisfaction des besoins vitaux d'une personne, notamment les soins de santé spécialisés qui doivent lui être administrés en Europe[422]. Une telle décision a été rendue dans une affaire où une compagnie d'assurance qui faisait l'objet de poursuites de la part d'une victime d'un accident de la circulation, a demandé la discontinuation des poursuites et des délais. Cette décision protège les intérêts du créancier puisqu'elle prend en compte le caractère urgent de ses soins de santé.

Pourtant, dans d'autres hypothèses, nonobstant l'interdiction d'accorder des délais de grâce lorsqu'il s'agit des dettes d'aliments et des dettes cambiaires, il arrive que des délais soient accordés en matière cambiaire sous prétexte que le débiteur, pour témoigner de sa

---

[421] C.A Douala, Arrêt n°55 CC du 17 décembre 1993, *Lex Lata* N°13, P.3, note P. NGUIHE KANTE, cité par J.A. ESSAMA, op.cit., p.156.

[422] TPI de Bagangté, ord. de référé n° 10/ord. du 06 mai 2004, Société Africaine d'Assurances et de Réassurances (SAAR) c/ TEINA Pascal, *ohada.com/ohadata J-05-164*.

bonne foi, a continué, malgré ses difficultés, à payer la dette en effectuant des versements partiels acceptés par le créancier[423].

On peut néanmoins compter avec le pouvoir qu'a la CCJA d'assurer l'harmonisation de l'application du droit OHADA, que cette mesure donnant un visage humain à l'obligation d'exécuter ses engagements ne va pas aboutir à des situations lésant les intérêts du créancier. Cette juridiction décide par exemple que ne se conforme pas aux dispositions de l'article 39 une juridiction qui, pour accorder les délais de grâce « *n'a fait état, ni donné son appréciation des besoins de la créancière…se bornant à indiquer que c'est pour permettre à celle-ci de percevoir sa créance* » qu'elle fixe un montant que le débiteur doit payer mensuellement[424].

Le juge a donc le pouvoir de différer l'exécution des obligations contractuelles et celui de déterminer le mode des paiements. Il peut ainsi échelonner les paiements. Il s'agit de reporter l'exécution de l'obligation dont le terme est échu à une date ultérieure. L'exigibilité de la dette est alors paralysée et le créancier ne peut plus poursuivre son paiement[425].

Cette mesure a des avantages certains lorsqu'il s'agit d'une dette globale puisque l'étalement de la dette dans le temps donne un répit au débiteur et lui permet ainsi de s'exécuter aisément. Une obligation instantanée se transforme ainsi en une obligation à exécution successive. Mais l'utilité d'une telle mesure n'est pas perceptible

---

[423] TGI Ouagadougou, Jugement n° 002 du 14 janv. 2003, Ouédraogo B. Cyriaque c/ Société Burkinabé de Financement, *ohada.com/ohadata J*-04-45.

[424] CCJA, arrêt n° 035/2005 du 2 juin 2005, Madame Khouri c/ Société Hyjazi Samih et Hassane dite Induschimie et Société Générale de Banque en Côte d'Ivoire dite SGBCI, GD-CCJA, P.569, obs. Sylvain-Sorel KUATE TEMEGHE.

[425] Rapp. Cass.civ. 1ère, 16 déc.1992 ; D.1994, somm.,18, obs. Fortis.

lorsque contractuellement, le débiteur est astreint à une dette à exécution successive.

Si l'attribution des délais de grâce est ainsi intéressante, elle peut devenir catastrophique pour le débiteur lorsqu'il s'agit d'une obligation monétaire assortie d'intérêts[426]puisque ces intérêts montent au fur et à mesure que s'écoule le temps.

Il faut cependant remarquer que le législateur OHADA, à la différence de son homologue français ne s'est pas clairement prononcé sur le sort des intérêts majorés du fait du report et des pénalités de retard. Ce dernier a quant à lui complété les dispositions de l'article 1244 dans un souci d'humanisation du droit des obligations en ajoutant que « *par décision spéciale motivée, le juge peut prescrire que les sommes correspondantes aux échéances reportées porteront intérêts à un taux réduit qui ne peut être inférieur au taux légal…* ». On constate même que dans la pratique, les juges vont jusqu'au cumul du report et de l'échelonnement[427]dans l'optique de tempérer les effets de l'allongement de la durée du crédit.

Ayant toujours à l'esprit la prise en compte des intérêts du créancier, le législateur a limité la durée de l'échelonnement ou le report à une année seulement. Le juge peut aussi déterminer le mode d'imputation des paiements.

Dans l'hypothèse où le débiteur n'aurait pas obtenu des délais de grâce, il peut néanmoins, lorsque la saisie qu'il subit est menée sur la base d'un titre provisoire,espérer que l'exécution soit défendue.

---

[426] J.A. ESSAMA, *op.cit.,* P.157.

[427] Versailles, 31 janv. 1986, Defrenois, 1986 Art33825, N°108, J-L Aubert; Bordeaux, 19 janv. 1989*, Juris-Data* N°040464, 9 févr.*, Juris-Data* N°04295; Rouen, 24 oct. 1989, *Juris-Data* N°04855; 2 févr. 1990, Juris-Data N°040111.

b- Le problème des défenses à exécution provisoire depuis l'avènement de l'AUVE

Le bénéfice de l'exécution provisoire au créancier est certes une mesure utile pour l'exécution rapide de sa créance, mais ses mérites ne masquent pas pour autant ses inconvénients. En effet, si la décision exécutée à titre provisoire est ultérieurement annulée ou réformée en cause d'appel, le fondement des actes d'exécution intervenus ayant disparu, il faudra revenir sur les effets de ces actes en vue de remettre les parties à l'état antérieur[428]. Mais il peut arriver que la remise des choses en l'état ne soit pas possible. C'est la raison pour laquelle l'exécution provisoire a toujours été redoutée par le législateur qui a mis sur pied les défenses à exécution provisoire, mécanisme de contrôle dévolu au premier président de la Cour d'appel. La compréhension du problème des défenses à exécution depuis l'avènement de l'AUVE passe indubitablement par un retour sur l'état du droit antérieur.

Ce mécanisme existait déjà dans certains Etats membres de l'OHADA, même s'il n'était pas connu par toutes les législations internes. Ainsi, en droit camerounais, il est prévu à l'article 4 (nouveau) de la loi n°92/008 du 14 août 1992 fixant certaines dispositions relatives à l'exécution des décisions de justice modifiée par la loi n° 97/018 du 07 août 1997[429]. Dans les autres législations,

---

[428] F. ONANA ETOUNDI, *Droit OHADA et exécution provisoire*, op.cit., p. 6.

[429] Selon cet art., « *Lorsque l'exécution provisoire n'est pas de droit et qu'elle est prononcée en dehors des cas prévus par l'article 3 ci-dessus, la Cour d'appel, sur la demande de la partie appelante, ordonne les défenses à exécution provisoire de la décision.*

les défenses à exécution sont prévues à l'article 395[430] du Code de Procédure Civile gabonais. Il faut aussi signaler que les articles 180 (nouveau) al.2 du Code de Procédure Civile Commerciale et Administrative de la Côte d'Ivoire et 540 du Code de Procédure Civile du Mali s'inscrivent dans la même logique que les législations camerounaise et gabonaise précitées.

Dans toutes ces législations en effet, il est laissé un large pouvoir d'appréciation au juge pour accorder ou refuser les défenses à exécution. Cela est d'autant plus vrai que ce pouvoir reste intact même dans les cas où l'exécution provisoire est de droit. La terminologie utilisée en effet par les législateurs fait prévaloir les raisons d'opportunité dans la suspension de l'exécution provisoire par rapport à la logique juridique[431]. Mais l'on a remarqué dans la pratique que les défenses à exécution étaient devenues la règle et l'aboutissement de l'exécution provisoire l'exception, situation qui créait une injustice criarde à l'encontre du créancier. C'est sans doute dans le souci qui est

---

« Lorsque l'exécution provisoire est de droit ou lorsqu'elle est fondée sur les matières énumérées à l'article 3, la Cour d'Appel rejette les défenses à exécution provisoire de la partie appelante si ladite demande a un caractère manifestement dilatoire (...).

« L'arrêt de la Cour d'Appel ne peut faire l'objet que d'un pourvoi d'ordre (...).

« La notification du certificat de dépôt à la partie adverse et le pourvoi d'ordre suspendent immédiatement l'exécution, même commencée de la décision attaquée, jusqu 'à l'intervention de l'arrêt de la juridiction saisie ».

[430] *« Lorsque l'exécution provisoire a été ordonnée, elle ne peut être arrêtée en cas d'appel que par le président de la juridiction d'appel, statuant en référé et dans les cas suivants :*

1°- si elle est interdite par la loi ;

2°- si elle risque d'entraîner des conséquences excessives ; dans ce dernier cas, le juge peut prendre les mesures prévues aux articles 390 à 394 ». Les mesures dont il s'agit ici sont : la fourniture d'une garantie réelle ou personnelle suffisante pour répondre à toute restitution ou réparation, autorisation de consigner les espèces ou les valeurs suffisantes pour garantir en principal, intérêts et frais, le montant de la condamnation.

[431] F. ONANA ETOUNDI, op.cit., p.43.

le sien de rétablir l'équilibre ainsi rompu que le législateur OHADA a songé à modifier le champ d'application de l'exécution provisoire à travers l'article 32 de l'AUVE.

La question de l'exécution provisoire dans l'AUVE est traitée à l'article 32 selon lequel « *A l'exception de l'adjudication des immeubles, l'exécution provisoire peut être poursuivie jusqu'à son terme en vertu d'un titre exécutoire par provision.*

« *L'exécution est alors poursuivie aux risques du créancier, à charge pour celui-ci, si le titre est ultérieurement modifié, de réparer intégralement le préjudice causé par cette exécution sans qu'il y ait lieu de relever de faute de sa part*». Le texte ainsi libellé a fait l'objet de moult interprétations et la position de la CCJA était très attendue.

Elle a répondu à l'appel par un arrêt du 11 octobre 2001[432]dit Arrêt des Epoux Karnib qui est un arrêt de principe en matière de défenses à exécution dans l'espace OHADA. En l'espèce, titulaires d'un titre exécutoire par provision portant condamnation de la Société Générale des Banques de Côte d'Ivoire (SGBCI) à un montant de 683.486.327 FCFA, les époux Karnib ont entrepris de procéder à l'exécution de leur jugement. Se basant sur les dispositions internes du droit ivoirien (article 180 et 181 du Code de Procédure Civile ivoirien), le premier président de la Cour d'appel d'Abidjan a ordonné la suspension provisoire des poursuites entreprises par les époux Karnib contre la SGBCI jusqu'à l'issue de l'appel au fond. Cette décision sera censurée par la CCJA pour qui, les juges ivoiriens ne pouvaient plus, sans violer les dispositions de l'article 32 de l'AUVE et de l'article 10 du traité OHADA, appliquer les dispositions sur les défenses à exécution

[432] CCJA, arrêt n° 002/2001 du 11 octobre 2001.

telles que prévues par la loi ivoirienne. Pour eux, l'exécution commencée ne pouvait plus être arrêtée et la seule condition restait que le créancier en assume les conséquences si le titre était ultérieurement modifié ou remis en cause.

Décision certes attendue, l'arrêt sus-évoqué a fait l'effet d'une bombe[433]dans le milieu doctrinal. On a tout de suite vu les auteurs se diviser en deux camps quant à l'interprétation de cet arrêt. Pour certains[434], cet arrêt consacrait la mort des défenses à exécution alors que pour d'autres, ce n'était qu'une mort programmée. La clarification de la haute juridiction était donc vivement attendue.

Par trois arrêts rendus le 19 juin 2003[435] la CCJA précise que l'art. 32 de l'AUVE est inapplicable au profit des textes de droit interne sur les défenses à exécution provisoire lorsque celles-ci visent non pas à suspendre une exécution forcée déjà engagée, mais plutôt à empêcher qu'une telle exécution ne commence.

Pour une certaine doctrine[436], il s'agit là de l'utilisation d'artifices pour un revirement de la position de l'arrêt KARNIB. Pourtant il nous semble qu'il n'en est rien. Ces arrêts viennent repréciser la position de

---

[433] S. SOUOP, "Pour qui sonne le glas de l'exécution provisoire ? (Observations sous arrêt n°002/2001 du 11 octobre 2001, affaire SGBCI c/ époux Karnib", *Juridis Périodique,* n°54, avril- mai- juin 2003, p.104.

[434] S. MINOU, "Regards sur l'arrêt KARNIB", *RCDA* n° 10, janvier- mars 2002, p.27 et s. ; IPANDA, " L'arrêt KARNIB : une révolution ? Question d'interprétation", *RCDA* n°10 précité, p.41 et s. ; C. DOGUE, " Commentaires sur l'arrêt ", *Actualités Juridiques de l'Association Ivoirienne pour la Développement du Droit*, n°28, juin 2002, p.5 ; C. NJIMAN EWANE, *Les défenses à exécution à l'épreuve des saisies,* Mémoire de DEA, Université de Yaoundé II-Soa, 2003-2004.

[435] Arrêt n° 012/2003 du 19 juin 2003 (Affaire SEHIC HOLLYWOOD S.A c/ SGBC) ; arrêt n°013/2003 du 19 juin 2003 (Affaire SOCOM SARL c/ SGBC) ; arrêt n°014/2003 du 19 juin 2003 (Affaire SOCOM SARL c/ SGBC & BEAC).

[436] S. SOUOP, "L'exécution provisoire encadrée, leurres et heurs d'un revirement jurisprudentiel", *Juridis Périodique,* n°58, avril- mai- juin 2004, pp.116-118.

la Cour, certes critiquable, mais qui transparaissait déjà dans l'arrêt Epoux KARNIB. En effet on pouvait déjà lire à son quatrième attendu que « (...) *les requérants avaient entamé l'exécution forcée* (...) ». Pour la CCJA, l'art. 32 interdit donc la suspension de l'exécution lorsque celle-ci est entamée. En d'autres termes, lorsque la demande du défendeur vise simplement à empêcher l'exécution non entamée, elle peut être admise et demeure hors de la compétence de la CCJA. Pour s'en convaincre, il faut dire que la CCJA a affirmé à plusieurs reprises cette position.

Pour elle, viole l'article 32, le premier président d'une Cour d'appel qui, saisi de l'appel formé contre une ordonnance ayant rejeté la demande de délai a, après avoir autorisé le requérant à assigner le créancier, ordonné la suspension de l'exécution forcée engagée en vertu de saisies-attribution pratiquées jusqu'à ce que le recours soit vidé[437]. De même, elle affirme que l'exécution forcée d'une ordonnance portant restitution des biens saisis sans titre qui a été entamée et poursuivie jusqu'à son terme ne peut plus être suspendue[438]. Pourtant, la haute juridiction avait eu l'occasion de rattraper le tir, mais elle n'est pas allée au bout de l'interprétation de la lettre et de l'esprit de l'article 32. Dans un arrêt[439] en effet, la Cour

---

[437] CCJA, 2e Ch., arrêr n° 1 du 9 mars 2006, Société Abidjan Cartering SA c/ L.M ; *le juris-ohada*, n° 3/2006, p.2.

[438] CCJA, 1ère Ch., arrêt n° 004 du 5 févr. 2009, Société d'Exportation et de Négoce de Bois Tropicaux dite SENBT, Compagnie Owendoise de Tracteurs dite CONTRAC et Monsieur Gabin Nicaisse Yala c/ Société Gabonaise de Crédit Automobile dite SOGACA, Rec. n° 13, janv-juin 2009, p.162, *ohada.com/ohadata J*-10-118.

[439] CCJA, 2e Ch., arrêt n° 08 du 9 mars 2006, Ayants droit de KOK c/ Société Ivoirienne d'Assurance Mutuelle dite SIDAM, Caisse de Règlement Pécuniaire des Avocats dite CARPA, *ohada.com/ohadata J*-07-15, GD-CCJA, p.469, obs. J. FOMETEU.

relève qu'il résulte de ce texte que le titre exécutoire par provision peut donner lieu à exécution forcée au seul choix du poursuivant qui accepte le risque d'une condamnation à la réparation intégrale du préjudice causé au débiteur provisoirement condamné si la décision n'est pas ultérieurement confirmée en appel. Elle s'agrippe cependant sur sa position antérieure en réaffirmant que lorsqu'une personne entame en vertu d'un titre exécutoire par provision, une procédure d'exécution qui ne concerne pas un immeuble, le juge des référés ne peut pas suspendre l'exécution, dès lors que la régularité de la procédure n'est pas en cause. Selon elle, l'interruption d'une exécution commencée ne peut ne peut être justifiée que par des cas d'irrégularité de la procédure.

Cette position est très critiquable à plusieurs niveaux. D'abord, il paraît très difficile de déterminer l'acte qui marque le début de l'exécution forcée. Si la signification d'un commandement marque le début de nombre de saisies, on n'est pas fixé en ce qui concerne la saisie-attribution. Il est donc demandé au débiteur d'anticiper sur les mesures d'exécution provisoire en saisissant le juge pour interdire l'exécution provisoire non encore commencée. Le débiteur devra alors le faire dès lors que la nature de la décision est susceptible d'exécution provisoire. De même, on sait que les défenses à exécution visent à éviter les conséquences irréparables d'une exécution consommée en cas de modification ou de remise en question ultérieure du titre provisoire. Il est des cas dans lesquels le créancier est incapable de réparer le dommage subi par le débiteur. En privant le débiteur de moyens de recours, on fragilise considérablement sa situation. L'affaire époux KARNIB montre bien le risque que les juges font courir au débiteur puisque les époux KARNIB étaient en faillite. Il urge donc de revoir l'article 32 en prévoyant expressément la possibilité de défenses à exécution et surtout en entourant l'exécution provisoire de garanties suffisantes au cas où le titre exécutoire par provision serait revu d'autant que la formule d'abrogation de l'AUVE est de nature à remettre en cause l'application des législations nationales en la matière.

Par ailleurs, l'article 49 dispose que le délai d'appel comme l'exercice de cette voie de recours n'ont pas d'effet suspensif, sauf décision contraire spécialement motivée par le président de la juridiction compétente. La décision contraire du juge d'appel dont il s'agit est bel et bien une décision de défenses à exécution. La CCJA veut ainsi prendre le contre-pied de la législation antérieure qui prévoit expressément que les défenses à exécution suspendent l'exécution même commencée.

Il convient néanmoins de dire que la jurisprudence précise bien le champ d'application de l'article 32 de l'AUVE. Pour elle, la transformation de la procédure conservatoire en procédure d'exécution nécessite la signification par le créancier au débiteur d'un acte de conversion. En réalité, en l'absence d'acte de conversion, la saisie n'atteint pas le stage d'exécution, mais reste une mesure conservatoire à laquelle ne s'applique pas l'article 32 dont les dispositions régissent exclusivement les mesures d'exécution pratiquées en vertu d'un titre exécutoire par provision[440]. La jurisprudence précise aussi que les défenses à exécution ne peuvent

[440] CCJA, arrêt n° 005/2005 du 27 janvier 2005, D.E c/ Limba SA, *ohada.com/ohadata J*-05-187.

pas être excipées à titre préventif. Une Cour d'appel a ainsi décidé que lorsqu'en sollicitant une défense à exécution provisoire le plaideur vise, non pas à interrompre une exécution commencée, mais à interdire une exécution en fraude de la loi, l'article 32 ne s'applique pas. Tel est le cas lorsque des saisies ont été pratiquées alors même que le créancier n'ignorait pas l'existence de l'assignation en référé qui lui a été servie avant de commencer l'exécution[441].

Malgré toutes les critiques adressées à l'arrêt ci-dessus, la CCJA est restée inflexible. Elle a récemment eu l'occasion d'affirmer de nouveau et à l'occasion de plusieurs espèces que « *le sursis à exécution ne peut affecter une exécution forcée déjà entamée* »[442].

Ceci dit, il convient de retenir que la rigueur de la position de la CCJA en matière de défenses à exécution provisoire fragilise la situation du débiteur même si la loi lui octroie, comme pour se rattraper, des pouvoirs qui du reste sont eux aussi problématiques, sur les biens saisis.

2- L'octroi problématique de larges pouvoirs au débiteur sur les biens saisis

Selon l'article 36 de l'AUVE, « *lorsque la saisie porte sur des biens corporels, le débiteur saisi ou le tiers détenteur entre les mains de qui*

---

[441] C.A Niamey, arrêt (référé) n° 70 du 14 juin 2006, Société des Mines du Liptako dite SML-SA contre Entreprise FABA Transports, *ohada.com/ohadata J*-10-235.

[442] CCJA, Arrêt n°017/2014 du 27 février 2014 : Aff. SORO TCHOHONA et Autres c/ Collège IRIS II et Autre ; CCJA, Arrêt n°072/2013 du 14 novembre 2013 : Aff. Sté Nigérienne d'Electricité (NIGELEC) SA c/ Sté d'Exploitation des Eaux du Niger (SEEN) SA, SONIBANK, ECOBANK. Dans le même sens, voir arrêt n°078/2013 du 14 novembre 2013 : Aff. DOFFOU Pascal c/ BADO Alexis

la saisie a été effectuée est réputé gardien des objets saisis sous les sanctions prévues par les dispositions pénales ». Il faut reconnaître que si le choix du législateur de confier les pouvoirs de garde et d'usage ainsi que celui de vendre les biens à l'amiable est louable, il n'en est pas moins problématique. C'est qu'en réalité, ces pouvoirs dans le contexte africain peuvent donner lieu à de véritables manœuvres dont le résultat pourrait conduire à léser le créancier.

a- La garde et l'usage des biens saisis

Sous le CPCC, la mise des biens sous main de justice était systématiquement suivie de leur enlèvement conduisant ainsi le profane à assimiler les deux mesures, sinon à les croire liées[443]. Les huissiers et juges[444] n'envisageaient pas la possibilité de laisser la garde de ces biens au débiteur, à son conjoint, ses parents, ses alliés et domestiques, de leur consentement et de celui du saisissant prévue à l'article 333. On assistait alors à des enlèvements spectaculaires et illogiques. C'est le cas de l'enlèvement des éléments d'un fonds de commerce et des marchandises destinées à la vente[445]pour éviter que le débiteur ne les dilapide.

Dans sa logique de protection du débiteur, l'AUVE à son article 36 dispose que le débiteur ou le tiers, lorsque les biens saisis entre leurs

[443] IPANDA ; "Observation sous C.A. Littoral, Arrêt n°77/REF du 9 juin 1999 ", *RCDA* n°2, janvier-février-mars 2000, PP.30 et 31.

[444] Les juges avaient le pouvoir d'autoriser ou non l'enlèvement.

[445] C.A. Centre, Arrêt n° 195/civ. Du 15 avril 1994, Affaire TCHATCHOU Joseph c/ Société TATA BAZAR ; Ord. de référé n° 1170 du 6 novembre 1996, Affaire Société Africaine de Bois c/ GIANNIKAKIS TSAMBIKOS (refus de changement de garde au profit du débiteur alors que l'enlèvement n'avait pas été autorisé par le juge des requêtes, cités par IPANDA, *op.cit.*

mains sont corporels, en sont réputés gardiens. Viole ces dispositions, le juge qui autorise une saisie conservatoire avec enlèvement. Une telle mesure « *constitue un trouble manifestement illicite qu'il convient de faire cesser* »[446].

Le pouvoir de garde des biens saisis, attribué au débiteur a pour conséquence de lui laisser la possibilité d'user desdits biens. Aux termes de l'article 66 de l'AUVE portant sur la saisie conservatoire des biens meubles, renvoyant aux dispositions des articles 99 et 103 sur la saisie-vente, lorsque la saisie est pratiquée entre les mains du débiteur, celui-ci en conserve l'usage. Il devra alors les représenter au moment de la vente. Lorsqu'il s'agit des biens consomptibles, le débiteur sera tenu d'en respecter la contre-valeur estimée au moment de la saisie.

Cependant, l'alinéa 3 de l'article 103 prévoit que lorsqu'il s'agit de la saisie d'un véhicule terrestre à moteur, la juridiction compétente peut, après avoir entendu les parties ou celles-ci dûment appelées, ordonner son immobilisation jusqu'à son enlèvement en vue de la vente par tout moyen n'entraînant aucune détérioration du véhicule. Il s'agit ici d'éviter que ces biens ne se détériorent entraînant ainsi leur dévalorisation. En réalité, il n'est pas exclu qu'un véhicule saisi soit complètement endommagé à la suite d'un accident de la circulation réduisant à néant sa valeur réelle, si la possibilité devait être laissée au débiteur de continuer à en user.

---

[446] C.A. Littoral, Arrêt n° 77/ REF, du 9 juin 1999, Affaire Dame MILLA Lydia épouse MPONDO c/ Société CAMPHARM, RCDA n° 2 janvier-février-mars 2000, P.28 Obs. IPANDA.

Dans les cas où l'usage lui est accordé, le débiteur doit le faire en bon père de famille puisqu'il devra répondre de la gestion qu'il en a faite. Lorsqu'une mauvaise foi de sa part dans l'usage des biens saisis est constatée, la garde peut être retirée au débiteur. L'Acte uniforme précise que la juridiction compétente peut, sur requête, même avant le début des opérations de saisie, et après avoir entendu les parties, ordonner l'enlèvement d'un ou plusieurs objets et en attribuer la garde à un séquestre qu'il désigne[447]. Un tribunal décide ainsi à bon droit qu'il y a lieu de faire droit à la demande tendant à obtenir la désignation d'un séquestre lorsque l'exécution forcée entreprise se heurte à la réticence du débiteur qui avait déjà empêché une première saisie en tractant de nuit ses biens pour tenter de les dissimuler[448]. Cette garde peut aussi, d'accord parties être attribuée à un tiers[449].

En réalité, les biens saisis doivent être laissés au lieu où ils se trouvaient au moment de l'exécution forcée. La Cour d'appel d'Abidjan a ainsi confirmé une ordonnance du juge des référés qui a confié la garde des sacs de café saisis à un séquestre au motif que le transfert desdits sacs à un autre lieu à l'insu du créancier, non seulement était préjudiciable aux intérêts de ce dernier et constituait une voie de fait, mais encore mettait en péril le recouvrement de la créance[450]. Les biens doivent donc être maintenus sur place et tout

---

447 V. art. 103 al.2.

448 TGI Bobo- Dioulasso, jugement, Ord. de référé n° 002, Mandé Rasmané et autres c/ Société de Transport et de Commerce du Burkina(STCB), *Ohada.com/Ohada J-04-48*.

449 Art. 64 al.6

450 C.A. Abidjan, Arrêt civil n° 1111 du 12 décembre 2000, cité par A-M ASSI ESSO, op.cit, P.738.

déplacement, sauf urgence absolue, doit être porté à la connaissance du créancier ainsi que le lieu de leur placement[451].

L'urgence dont il s'agit ici doit être réelle et non présumée[452]. Les juges s'efforcent donc en ce domaine d'assurer la justice entre les parties. La CCJA a ainsi décidé dans le cadre de la saisie conservatoire, que lorsque la détention par le saisissant du prix des marchandises dont la vente a été autorisée en raison de leur dépréciation imminente crée, en raison de ce que la créance, objet du recouvrement est contestée, une situation mettant en péril la conservation des intérêts du débiteur, le juge des référés peut ordonner « *au profit des parties* » la désignation d'un tiers en qualité de séquestre[453].

L'attribution de ces prérogatives au débiteur est logique puisque l'indisponibilité qui frappe les biens saisis n'a pas pour effet d'opérer un transfert de propriété au profit du saisissant[454]. Le débiteur reste alors propriétaire des biens, même si toutes les prérogatives liées à cette qualité ne lui sont plus reconnues.

Malgré les éloges qu'on peut leur adresser, ces pouvoirs posent les mêmes problèmes que dans la possibilité de vente amiable dont bénéficie le débiteur.

---

451 Art. 97 de l'AUVE.

452 E. KITIO, op.cit., P.98.

453 CCJA, 2e Ch., arrêt n° 34 du 3 juin 2010, Les Etablissements TICA c/ Société Trident Shipping SA, le juridis-ohada n° 04/2010, oct-nov-déc-2010, p.5.

454 A-M ASSI ESSO, NDIAW DIOUF, op.cit., P. 67.

b- La faculté de vente amiable des biens saisis reconnue débiteur

Il s'agit là de l'une des innovations majeures de l'AUVE puisque sous le Code de Procédure Civile et Commerciale, les biens saisis étaient systématiquement soumis à la vente forcée à défaut de règlement amiable de la dette[455]. Cette réglementation était critiquable puisqu'elle consacrait une vision vindicative des voies d'exécution et favorisait des abus divers de la part des huissiers de justice commissaires-priseurs[456]. Il n'était par exemple pas rare de voir des huissiers organiser des ventes occultes de gré à gré ou des enchères fictives[457].

Avec l'article 115 de l'AUVE, ces comportements vont, à défaut de disparaitre, diminuer considérablement. Selon cet article en effet, « *le débiteur contre lequel est poursuivie une mesure d'exécution forcée peut vendre volontairement (...) les biens saisis pour en affecter le prix au paiement des créances* ». Le débiteur a désormais la possibilité d'éviter la vente forcée de ses biens en procédant personnellement à leur vente amiable. Cette mesure est appréciable d'autant plus que le débiteur aura la possibilité de vendre ses biens à des prix raisonnables, ce qui lui permettra d'éviter de se faire dépouiller de son patrimoine et ainsi, de désintéresser totalement le créancier. En dehors de cet aspect, il pourra éviter que son insolvabilité soit étalée au grand jour,

---

[455] F. P. Michel BATOUM, « La saisie-vente dans la législation OHADA ou le sacre de l'insolvabilité », *Juridis Périodique* n°74, avril- mai- juin 2008, p.78

[456] Le Décret camerounais N° 79-488 du 5 novembre 1979 portant réglementation des fonctions et fixant le statut des huissiers leur reconnaît aussi la qualité de commissaires-priseurs.

[457] *Idem.*

écorchant ainsi sa réputation puisque la vente amiable est caractérisée par l'absence de publicité[458]. La CCJA a rendu une décision pour le moins curieuse en cette matière. Elle a en effet jugé que l'article 116 qui concerne la saisie-vente des biens meubles n'a pas vocation à s'appliquer à une procédure de saisie-vente d'une concession, donc d'un bien immobilier. Elle en déduit qu'une Cour d'appel qui a rejeté une demande tendant à l'annulation d'une vente publique aux enchères d'une concession, n'a pas violé ces dispositions[459]. Il est difficile de comprendre comment il a pu échapper à ces hauts magistrats qu'un tel bien, considéré comme un immeuble et devant par conséquent être vendu selon la procédure de saisie immobilière, ait été vendu suivant la procédure de vente aux enchères publiques à une époque où le pacte commissoire était totalement proscrit dans l'espace OHADA.

Cependant, il ne nous semble pas excessif de faire la remarque selon laquelle le délai accordé au débiteur pour la vente amiable est trop long. Selon l'article 116 al.1, le débiteur dispose d'un délai d'un mois, à compter de la notification du procès-verbal de saisie. Cela pousse souvent à regretter l'ancienne législation malienne[460] qui fixait ce délai à huit jours même s'il pouvait également sembler insignifiant. Le créancier passe ainsi par un long « *chemin de croix* » pour obtenir la matérialisation de ce qui lui est dû. Le souci de célérité dans l'exécution des décisions de justice risque dans ce cas d'être sacrifié

---

[458] E. KITIO,op.cit., P.99

[459] CCJA, 1ère Ch., arrêt n° 36 du 10 juin 2010, Monsieur S. c/ Monsieur K. et Monsieur B., *le juris-OHADA*, n° 4/2010, oct-nov-déc-2010, p.12.

[460] Seule cette législation connaissait cette mesure prévue à l'art. 738 du décret N°94-226/P-RM du 28 juin 1994 portant code de procédure.

au profit de la protection du débiteur. En plus, la longueur de ce délai est de nature à favoriser toutes sortes de fraudes et l'organisation de l'insolvabilité des débiteurs.

Le législateur a pensé résoudre certains de ces problèmes en octroyant un "*droit de veto*" au créancier, lui permettant de s'opposer aux propositions de vente amiable. Mais il faut tout de suite dire qu'il n'a pas les mains libres d'autant plus que, ne participant pas à la saisie et donc ne connaissant pas la valeur réelle des biens, il est obligé de faire une confiance aveugle et parfois dangereuse à l'huissier instrumentaire (même si ce dernier est son mandataire) qui peut parfois être soudoyé par le débiteur. En plus, son refus est sanctionné s'il est empreint de mauvaise foi, c'est-à-dire de l'intention de nuire au débiteur.

Toutes ces prérogatives reconnues au débiteur aggravent la situation du créancier et cela est d'autant plus perceptible lorsque l'on prend en considération la montée en puissance du respect de ses droits fondamentaux.

B- LA PRISE EN COMPTE ACCRUE DES DROITS FONDAMENTAUX DU DÉBITEUR

Si le législateur doit se soucier prioritairement de la satisfaction du créancier, il ne doit pas pour autant sacrifier les droits fondamentaux du débiteur. Le droit de saisir, aussi fondamental soit-il peut s'avérer moins important que les droits dont le débiteur et les tiers peuvent être privés si la procédure de saisie n'est pas respectée à la lettre. En effet, « *l'exigence de sécurité juridique doit fléchir devant l'impératif de sauvegarde de la dignité de la personne du débiteur ; [de même,] la force obligatoire du contrat doit rompre face à la situation d'extrême précarité de certains débiteurs* »[461].

Parmi les droits fondamentaux du débiteur sauvegardés, se situe en bonne place, à côté d'autres droits, le droit au logement.

1- La protection marquée du droit au logement

La protection des biens immobiliers en général et du logement en particulier a de tous temps été un souci majeur dans toutes les législations. Le législateur OHADA s'inscrit dans cette logique en consacrant même une protection accrue du droit au logement. Cette protection peut trouver maintes explications.

La première raison tient au fait que l'accroissement de la population globale entraîne une crise du logement[462] et il faut donc protéger celui qui a pu en acquérir. C'est pour cette raison que la question du logement est au cœur des préoccupations des sociétés démocratiques modernes[463]. Par delà ces explications, il faut reconnaître que le logement ou le droit qui en découle recouvre un grand nombre de droits fondamentaux[464]. La seule atteinte au droit au logement peut ainsi entraîner une méconnaissance d'autres droits jugés capitaux dans

---

[461] D. MAZEAUD, "Le nouvel ordre contractuel " in *Revue des contrats 2003, ruptures et permanences dans le droit des contrats.*

[462] S. S. KUATE TAMEGHE, "La stratégie de protection du logement dans le système OHADA des voies d'exécution", *Revue Internationale de Droit Africain* n° 68, janv- mars 2006.

[463] J. CALAIS-AULOY, F. STEINMETZ, *Droit de la consommation,* Précis Dalloz, Paris 2003, p.415, n° 380, cité par S. S. KUATE TAMEGHE, idem

[464] On peut citer entre autres, le droit à la vie privée, le droit à la dignité et à l'honneur, à une existence décente…

l'environnement juridique. Il faut rappeler que ce qui est protégé ici c'est le foyer domestique des personnes physiques. Ainsi, le législateur a entendu protéger le logement tant lorsque celui-ci est le théâtre[465] que lorsqu'il est la cible de l'exécution.

a- La protection du logement théâtre des opérations de saisie

Nous analyserons ici le cas où la saisie ne vise pas directement le bien immobilier, mais les biens dont il est garni. Le législateur dans cette hypothèse, organise la pénétration dans le logement, l'ouverture des portes et les opérations de saisie dans la demeure tout autant que le départ des lieux.

La pénétration dans le logement est conditionnée par le respect des jours et heures de la saisie et des conditions d'accès. Ainsi, l'huissier ou l'agent d'exécution ne peut entrer dans le logement du débiteur que si toutes les conditions relatives à la créance, au titre exécutoire et au commandement sont respectées ; autrement, il serait passible de violation de domicile[466]. Il peut entrer par la porte ou par toute autre issue si la porte est fermée. En cas d'absence du débiteur, l'huissier, aidé par la force de l'ordre ne peut procéder à l'ouverture des portes que si cette absence répétée, doublée de la mauvaise foi, menace le droit du créancier de recouvrer sa créance.

---

[465] Cette formulation est de S. S. KUATE TAMEGHE, op.cit.

[466] L'article 299 du Code pénal camerounais dispose en la matière « *(1) Est puni d'un emprisonnement de dix jours à un an et d'une amande de 5 000 à 50 000 ou de l'une de ces peines seulement celui qui s'introduit ou se maintient dans le domaine d'autrui contre son gré.*

« *(2) Les peines sont doublées si l'infraction est commise pendant la nuit ou à l'aide de menaces, violences ou voies de fait.*

« *(3) La poursuite ne peut être exercée que sur plainte de la victime* ».

Le logement est aussi protégé par l'interdiction de saisir les objets qui lui donnent toute sa consistance, à l'exemple du coucher ou des ustensiles nécessaires à la préparation et à la consommation d'aliments.

Une fois les opérations de saisie terminées, l'huissier ne doit pas laisser le local ouvert. Selon l'article 43 de l'AUVE, si la saisie est effectuée en l'absence du débiteur ou de toute personne se trouvant dans les lieux, l'huissier instrumentaire ou l'agent d'exécution assure la fermeture de la porte ou de l'issue par laquelle il a pénétré dans les lieux. Ainsi, qu'il soit entré par la porte ou par la fenêtre, celles-ci doivent systématiquement être refermées.

On imagine également que les mesures pratiquées dans le logement ne doivent pas être de nature à le dégrader ou à le détruire.

b- La protection du logement objet de la saisie

Lorsque la saisie vise un bien immeuble habité, l'atteinte au droit au logement peut s'avérer plus grave. Le législateur prend donc des mesures de nature à éviter la saisie ou à la retarder, offrant ainsi la possibilité au débiteur de s'acquitter de sa dette, sans pour autant compromettre les droits du créancier. Pour y arriver, le législateur affirme la subsidiarité de la saisie immobilière, aménage la proportionnalité entre l'objet et la cause de la saisie tout autant qu'il procède à la complexification de la procédure de saisie immobilière. Enfin, il exclut toute hypothèse de réalisation conventionnelle ou d'attribution judiciaire des immeubles à usage d'habitation.

La subsidiarité de la saisie immobilière est clairement affirmée à l'article 28 alinéa 2 de l'AUVE selon lequel « *sauf s'il s'agit d'une créance hypothécaire ou privilégiée, l'exécution est poursuivie en premier lieu sur les biens meubles et, en cas d'insuffisance de ceux-ci, sur les immeubles* ». Ainsi, le créancier n'ayant pris aucune sûreté sur les biens immeubles de son débiteur ne peut les saisir qu'en cas d'insuffisance du produit des biens meubles sur lesquels porte en priorité son droit de saisir et sur lesquels la liberté d'agir lui est reconnue. Selon la jurisprudence, la procédure de vente forcée d'un immeuble ne pouvant être initiée, lorsque la créance n'est pas hypothécaire, ni privilégiée, qu'après la saisie des biens meubles et si le produit de la vente est insuffisant, doit être annulée la procédure de saisie immobilière engagée par un créancier qui ne justifie pas d'une créance hypothécaire ou privilégiée ou qui ne rapporte pas la preuve que les meubles saisis sont insuffisants pour couvrir sa créance[467]. De même, l'article 265 du même texte, lorsque l'éventualité de la saisie immobilière est possible essaye de l'éloigner. Selon cet article, lorsque le débiteur, propriétaire de l'immeuble, peut justifier que les revenus nets et libres de celui-ci peuvent garantir, dans la limite de deux ans, le paiement de la dette en capital, intérêts et frais et s'il en offre délégation au créancier, la poursuite peut être suspendue.

En ce qui est de l'aménagement de la proportionnalité entre la créance et la valeur du bien saisi, selon la loi, lorsque la valeur des immeubles saisis dépasse notablement le montant de la créance, le débiteur peut demander au juge d'épargner un ou plusieurs immeubles désignés

[467] Tribunal régional hors classe de Dakar, jugement n° 800 du 4 mai 1999, *Rep. Credila*, p.131.

dans le commandement[468]. Il devra alors prouver que la valeur des biens sur lesquels les poursuites sont continuées est suffisante pour désintéresser le créancier.

On constate aussi que la complexification de la procédure de saisie immobilière participe de la protection du droit au logement. En effet, c'est une procédure longue, compliquée et onéreuse. L'article 253 de l'AUVE exige ainsi l'immatriculation préalable de l'immeuble à saisir, le visa du commandement préalable par le conservateur foncier pour publicité, l'établissement du cahier des charges, l'audience éventuelle. On note aussi que la vente doit être provoquée, la priorité est donnée aux offres portées par ministère d'avocat, la vente est effectuée par le juge ou le notaire, la possibilité de surenchères sont des éléments qui militent pour une protection renforcée du droit au logement.

Par ailleurs, même si l'AUS reconnaît au créancier hypothécaire la possibilité de demander l'attribution judiciaire ou de consentir à la réalisation conventionnelle du bien en cause, ces avancées tiennent compte du droit du débiteur au logement. En effet, l'article 198 al.1 de l'AUS qui introduit la possibilité pour un créancier hypothécaire impayé de demander en justice que le bien grevé lui demeure en payement, prévoit une exception à cette règle. C'est que l'alinéa 2 de ce texte interdit toute attribution judiciaire dans l'hypothèse où l'immeuble en cause constitue la résidence principale du débiteur. Allant également dans le sens de la simplification de la réalisation de l'hypothèque, l'art. 199 de l'AUS institue la possibilité de convenir par convention que l'immeuble demeure en paiement au créancier en

[468] Art.264 de l'AUVE.

cas de non payement à l'échéance. Mais une telle possibilité est exclue dans les cas où le débiteur n'a pas la qualité de commerçant ou de personne morale. C'est donc dans ces deux hypothèses le droit du débiteur au logement qui est sauvegardé.
Il faut enfin relever que le logement objet de la saisie ne doit être ni détérioré, ni détruit. Il est aussi certain que le droit au logement est protégé avec autant de vigueur parce que sa violation peut emporter celle de nombreux autres droits fondamentaux que le législateur se fait également le devoir de protéger.

2- Le respect d'autres droits fondamentaux du débiteur

On cite au nombre de ces droits, le droit à la vie privée, le droit au travail, le droit à la dignité et à une existence décente.

a- Le droit au respect de la vie privée

Selon un auteur, « *la continuité est l'un des postulats du droit dogmatique : permanente autant que générale, la règle juridique est un soleil qui ne se couche jamais* »[469]. Mais dans le but d'éviter que la règle de droit ne devienne le prétexte de violations des droits fondamentaux tels que la vie privée du débiteur, on observe une sorte de « *discontinuité* » du droit dans l'alternance du jour et de la nuit[470].

---

[469] J. CARBONNIER, « Nocturne », in *Flexible Droit,* Paris, *LGDJ,* 10e édition, 2001, P.61.
[470] *Idem.*

Le législateur OHADA, dans le souci de préserver un espace d'intimité au débiteur a pris le soin d'encadrer les heures et jours légaux de saisie. Ainsi, aucune saisie ne peut avoir lieu après dix huit heures et avant huit heures[471]. Il ne peut être contesté que cet espace horaire soit celui pendant lequel la vie en famille et en couple connaît le plus des moments d'intimité. Toute mesure d'exécution orchestrée en ce moment est alors susceptible de troubler la tranquillité et l'intimité du débiteur et de sa famille.

De même, aucune mesure d'exécution ne peut avoir lieu un dimanche ou un jour férié[472]. Il s'agit sans doute là encore d'une volonté affichée de respecter la vie privée et la tranquillité du débiteur en ce jour qui est très souvent consacré au repos. Mais au delà de cet aspect, c'est la liberté de culte qui est ainsi protégée étant donné que dans plusieurs obédiences religieuses, le dimanche est souvent consacré au culte et à la méditation.

Cette protection est d'autant plus forte que, même en cas de nécessité justifiant une autorisation spéciale du juge de saisir pendant les jours et heures prohibés, cette autorisation ne permet la saisie que dans les lieux ne servant pas d'habitation[473]. Pour la CCJA, ce texte se rapporte aux conditions de l'exécution forcée en précisant les jours et heures pendant lesquels ladite exécution doit être entreprise et non pas au préjudice qui résulterait d'une procédure de saisie-vente irrégulière ; par suite, en déclarant bonne et valable la vente de biens saisis au motif que même si la vente est intervenue en violation des règles

---

[471] Voir art. 46 al. 2 de l'AUVE.

[472] Art. 46, al. 1 de l'AUVE.

[473] Art. 46 al. 2 *in fine* de l'AUVE.

relatives aux jours et heures, le débiteur n'a pas prouvé que ladite violation lui a causé un préjudice, la cour ne viola pas le texte[474]. Même si cette décision va dans le sens de limiter les nullités sans grief et semble jouer en faveur des intérêts du saisissant, elle ne résiste cependant pas à la critique. Elle ouvre ainsi une vanne dangereuse donnant quitus aux saisies clandestines et donc nocturnes ou pendant les jours non permis. Elle offre aux huissiers et autres créanciers la possibilité d'enfreindre les heures et jours légaux de saisie sans même recourir à l'autorisation spéciale que recommande la loi dans ce cas. Il appartient, à notre entendement, au saisissant de rapporter la preuve de l'autorisation ou de l'urgence l'ayant poussé à aller au-delà des jours et heures autorisés, de sorte qu'une saisie commencée à ces moments sans motifs doit être purement et simplement annulée. En décidant comme elle l'a fait, la CCJA tranche donc avec sa position antérieure selon laquelle « *L'Acte uniforme portant organisation des procédures simplifiées de recouvrement et des voies d'exécution a expressément prévu que l'inobservation de certaines formalités prescrites est sanctionnée par la nullité. Toutefois, pour quelques unes de ces formalités limitativement énumérées, cette nullité ne peut être prononcée que si l'irrégularité a eu pour effet de causer un préjudice aux intérêts de celui qui l'invoque. Hormis ces cas limitativement énumérés, le juge doit prononcer la nullité lorsqu'elle est invoquée s'il constate que la formalité prescrite à peine de nullité n'a pas été*

---

[474] CCJA, 2e Ch., arrêt n° 012/2009 du 26 février 2009, Société Négoce et représentation en Côte d'Ivoire c/ Société ALPI Côte d'Ivoire dite ALPICI, *Rec. CCJA* n° 13 janvier-juin 2009, p.52.

observée sans qu'il soit alors besoin de rechercher la preuve d'un quelconque préjudice »[475].

Le caractère insaisissable des lettres missives et de certains biens de famille témoigne également à n'en point douter, le souci d'éviter de sacrifier la vie privée du débiteur dans le seul objectif de satisfaire le créancier.

Il convient également de relever au titre de ces mesures de protection, l'obligation de fermeture du logement à la fin de la saisie. Cette exigence vise non seulement la protection de l'intimité du débiteur, évitant que tous les regards ne soient portés vers son espace d'intimité qui aurait été laissé ouvert, mais aussi la protection de ses biens laissés sur place.

b- Le droit au travail

Le législateur est conscient de la crise de l'emploi dans le contexte social des pays membres de l'OHADA. Il faut donc, pour ceux des débiteurs qui exercent un métier, éviter que la saisie ne les prive de leur source de revenus. Ainsi, la liberté de saisir ne peut porter sur les machines permettant l'exercice de la profession du débiteur dans la limite de 20. 000 Francs CFA. Pareillement, les livres facilitant l'enseignement ou l'apprentissage d'un métier par le débiteur sont laissés sur place dans la limite du montant ci-dessus indiqué.

On peut cependant regretter que cette volonté affichée du législateur de protéger le gagne pain du débiteur soit ramenée à des proportions dérisoires au vu des montants sus indiqués. Il est clair qu'il existe de

---

[475] Avis n° 001/99/JN du7 juillet 1999, *Rec. CCJA*, n° spécial, p.70.

nos jours très peu de livres, encore moins de machines qui aient cette valeur. Il urge donc que les législateurs nationaux dont les lois sont très vieilles pensent à leur actualisation.

c- Le droit à la dignité et à une existence décente

Il est indiscutable que le droit à la dignité et à une existence décente occupe une position de choix dans les mesures d'exécution. Cette idée se fonde sur bon nombre de règles que le législateur rend incontournables.

Ainsi, l'intervention exceptionnelle des forces de l'ordre montre à suffisance qu'il est question d'épargner la disgrâce au débiteur dans son environnement social. De même, le commandement préalable vise à le prévenir de telle sorte qu'il évite la saisie ou alors qu'il oriente l'huissier de justice vers des biens dont l'appréhension n'attire pas les regards parce que n'étant pas faite au domicile du débiteur. On permet ainsi à la personne saisie d'éviter les mesures spectaculaires auxquelles les saisies pourraient donner lieu.

En ce qui est de la préservation d'une existence décente, le but est clairement perceptible à travers le minimum vital qui est laissé sur place parce que déclaré insaisissable par la loi. Dans le même sens et selon l'article 175 de l'AUVE, les rémunérations ne peuvent faire l'objet d'une saisie conservatoire. Le caractère alimentaire de ces biens interdit de les rendre indisponibles sur le seul fondement d'une créance paraissant fondée. La saisie des rémunérations apparaît ainsi comme une mesure grave, de sorte qu'elle doit être fondée sur un titre non contesté. Il s'agit d'éviter des mesures fantaisistes sur les revenus d'une telle importance, ce qui pourrait avoir des conséquences graves sur le cours de vie du débiteur et de sa famille. On recherche ici en réalité à préserver au débiteur un train de vie décent.

Concernant toujours les rémunérations de travail, l'art. 177 de l'AUVE qui fixe l'assiette servant de base de calcul de la saisie fait déduction des taxes et prélèvements légaux et obligatoires retenus à la source, les indemnités représentatives de frais, des prestations, majorations et suppléments pour charge de famille, les indemnités déclarées insaisissables par les lois et règlements de chaque Etat partie. Il s'agit en réalité de laisser un minimum au débiteur lui permettant, sinon de vivre décemment, du moins de "*joindre les deux bouts*".

On constate donc que le débiteur bénéficie d'une protection importante pendant les opérations de saisie. A travers l'imposition des conditions générales et particulières liées aux saisies, il est à l'abri de pratiques peu orthodoxes qui pourraient mettre à mal ses intérêts.

Malgré la mise en œuvre des opérations de saisie frappant les biens d'indisponibilité, le débiteur continue de faire l'objet de soins particuliers à travers les actions *a posteriori* qui lui sont reconnues.

SECTION II : LA PROTECTION DU DEBITEUR EN AVAL DES OPERATIONS DE SAISIE

Lorsque le débiteur n'a pu éviter la saisie de ses biens, il lui reste la possibilité d'obtenir soit la sanction de l'acte de saisie (§ 1) ou alors des sujets actifs de la saisie (§ 2).

§ 1: LA SANCTION DES ACTES DE SAISIE

La sanction frappant l'acte de saisie peut avoir pour effet soit d'anéantir (A) l'acte en question, soit la réduction de la portée de la saisie (B).

A- L'ANÉANTISSEMENT DE LA SAISIE

Il s'agit dans ce cas pour le débiteur de chercher à obtenir l'annulation de l'acte qui frappe ses biens d'indisponibilité, d'en demander la mainlevée ou que soit constatée la caducité.

1- Les nullités des actes de saisie

Avec la déjudiciarisation des procédures d'exécution forcée, le juge n'intervient que de manière incidente dans la plupart des saisies. Malgré cet état de fait, les actes d'huissier, d'agents d'exécution et d'autres auxiliaires restent régis par les dispositions qui gouvernent la nullité des actes de procédure[476]. Par voie de conséquence, le régime des nullités de tels actes est calqué sur le régime de droit commun des nullités de procédure.

Ceci dit, il faut d'emblée signaler que l'Acte uniforme ne définit pas la notion de nullité. Néanmoins, il convient de préciser que la nullité en droit processuel est une sanction qui réprime l'inobservation des règles de l'élaboration, de l'accomplissement d'un acte de procédure

[476] En droit français, l'article 649 du Code de procédure civile le rappelle d'ailleurs.

ou les diligences nécessaires à la conduite de la procédure. Il est question de priver d'effet, les actes incompatibles avec la bonne administration de la justice[477].

Pour Motulsky, la théorie des nullités doit assurer à la fois la sanction des formalités prévues par la loi, mais aussi ne pas entraver la marche du procès par un formalisme exagéré. A la lumière de ces propos, la question peut tout de suite être posée de savoir si le régime des nullités mis en place par le législateur dans l'AUVE respecte bien cette logique. Une analyse partant d'une perspective historique permettra de tracer le chemin parcouru.

Avant la réforme OHADA, le droit des nullités dans les Etats membres était identique au système français, même si chaque pays essayait de le contextualiser[478]. A titre illustratif, il convient de relever au Cameroun l'arrêté du 16 décembre 1954 portant code de procédure civile dont l'article 602 dispose : « *sauf dans les cas où les lois ou les décrets disposent autrement, les nullités d'exploits de procédure sont facultatives pour le juge qui peut toujours les accueillir ou les rejeter* ». Sur cette base, le juge disposait d'un large pouvoir d'appréciation et il fallait ainsi faire trois distinctions. Pour la première, les nullités de fond peuvent être sanctionnées même sans

---

[477] S. POISSON, « Pour une approche procédurale de la nullité des actes d'exécution forcée », http://magat.francois.free.fr/Pour%20une%20approche%20proc%C3%A9durale%20de%20la%20nullit%C3%A9%20des%20actes%20d%27ex%C3%A9cution%20forc%C3%A9e%202.html

[478] F. ONANA ETOUNDI, "Le régime des nullités des actes de procédure dans l'Acte Uniforme portant organisation des procédures simplifiées de recouvrement et des voies d'exécution", *www.ohada.com*.

texte et sans grief et peuvent être invoquées en tout état de la cause. En ce qui concerne la deuxième distinction, les nullités de forme dites substantielles ou d'ordre public peuvent être soulevées sans texte, mais pas sans grief. Quant à la troisième distinction, les nullités de fond qui ne sont pas substantielles, ni d'ordre public obéissent à un double principe « *pas de nullité sans texte* » et « *pas de nullité sans grief* ». Le grief ici est le préjudice causé à l'adversaire et dont il a la charge de la preuve.

Mais, depuis l'avènement de l'OHADA, ce régime des nullités semble avoir été bouleversé. C'est qu'en fait, le législateur a procédé à une « *quasi généralisation des mentions prévues à peine de nullité* »[479] consacrant ainsi un système de nullités de plein droit dont le régime a été précisé par la CCJA.

En analysant les dispositions de l'AUVE, on se rend à l'évidence que le législateur a presque érigé le respect des formalités procédurales en principe impératif, de sorte que les articles qui ne sont pas précédés de la mention "*à peine de nullité*" ont un caractère exceptionnel[480]. C'est alors qu'on a plus d'une trentaine d'articles prévoyant des dispositions prescrites à peine de nullité tant dans les saisies mobilières que dans la saisie immobilière.

En matière de saisie mobilière, on dénombre une vingtaine d'articles dont les dispositions sont prescrites à peine de nullité. Pour ce qui est de la saisie conservatoire des biens meubles corporels, les articles 64, 67, 69, 75 et 76 énumèrent les mentions que doivent contenir à peine de nullité, le procès-verbal de saisie, l'acte de conversion de la saisie

---

[479] F. ONANA ETOUNDI, *op.cit.*
[480] *Idem.*

conservatoire des biens meubles corporels en saisie vente, la lettre ou le moyen utilisé par le créancier pour marquer son acceptation aux propositions de vente amiable des biens saisis. En ce qui est de la saisie conservatoire des créances, les articles 77 et 82 de l'Acte uniforme indiquent les mentions prescrites à peine de nullité devant figurer sur le procès-verbal de saisie, dans l'acte de dénonciation de la saisie et dans l'acte de conversion de la saisie conservatoire en saisie-attribution des créances. Les mentions prescrites à peine de nullité dans la saisie conservatoire des droits d'associés et des valeurs mobilières transparaissent des articles 86 et 88 de l'Acte uniforme. Il s'agit des mentions devant figurer sur l'acte de dénonciation de la saisie et l'acte de conversion en saisie vente. Quant à la saisie-vente, ces mentions sont prévues dans les articles 100, 109, 111 et 131 et doivent figurer dans le procès-verbal de saisie, l'inventaire des biens saisis et l'acte d'opposition. En ce qui est de la saisie des récoltes sur pied, l'article 148 exige que le procès-verbal soit conforme, à peine de nullité, aux mentions de l'article 100 se rapportant au procès-verbal de saisie. S'agissant de la saisie-attribution des créances, les articles 157 et 160 énumèrent ces mentions. Relativement à la saisie-revendication, et à la saisie appréhension, les articles 219, 223, 224 et 231 prescrivent les mentions obligatoires devant figurer dans différents actes de saisie.

La saisie immobilière, riche en formalités, n'échappe pas à cette logique du législateur. En effet, les articles 253, 254, 255, 267, 270, 277, 321 de l'AUVE prescrivent des formalités impératives.

De l'inventaire des dispositions impératives prescrites à peine de nullité, il peut aisément se dégager que, malgré leur subsistance, les formalités accessoires ou facultatives et sanctionnées d'une nullité relative restent l'exception. Ce sont en réalité des irrégularités pouvant facilement être couvertes. A titre d'exemple, citons la violation des règles de compétence territoriale[481], l'inobservation de certaines exigences de forme par l'huissier telles que le rappel verbal au débiteur présent aux opérations de saisie conservatoire des biens meubles du contenu des mentions de l'article 64 de l'AUVE[482], la non signification de la saisie à la personne même du débiteur absent aux opérations de saisie[483] ou encore l'inobservation des règles de publicité de la vente[484].

Suite à cette généralisation des formalités impératives, il faut dire qu'il est presque impossible pour un huissier de conduire de bout en bout une procédure de saisie sans exposer ses actes à la nullité. On se rend à l'évidence que le droit OHADA n'est pas éloigné des *Regis actiones* romaines qui sanctionnaient de manière mécanique tout manquement à la règle de forme si minime soit-il. Cette situation rend ainsi ardue et robotique la tâche de ces professionnels et par voie de conséquence la liberté de saisir.

Ce formalisme qui vise en effet la protection de l'ordre public, la sauvegarde des intérêts du débiteur et la canalisation de l'action de l'huissier de justice a un triste revers. Même si d'aucuns peuvent estimer qu'il s'est agi pour le législateur d'inciter à la professionnalisation des facilitateurs de la saisie qui étaient plus

[481] Article 63 pour la saisie conservatoire, 121 pour la saisie vente et 169 en ce qui est de la saisie-attribution des créances.
[482] Voir art.65.
[483] Art.65 pour la saisie conservatoire et 111 pour la saisie-vente.
[484] Art.121 AUVE.

enclins à faire non selon les règles de l'art, mais suivant la pratique, l'excès n'en est pas moins réel. Suite aux débats doctrinaux et aux positions diverses des juges du fond, la CCJA est intervenue dans l'optique de faire une application nuancée du régime prévu par l'Acte uniforme.

Pour la CCJA, le principe est celui de la nullité systématique sanctionnant l'inobservation des formalités obligatoires sans qu'il soit besoin de rechercher la preuve d'un quelconque préjudice, sauf pour des formalités limitativement énumérées dans l'AUVE. Mais face à la sévérité de ce régime, elle admet que dans certains cas, l'inobservation des formalités obligatoires n'entraîne pas automatiquement la nullité. Cette position transparaît dans son avis du 7 juillet 1999[485]et dans plusieurs autres décisions. Dans un avis très controversé, la haute juridiction affirme sans équivoque que "*l'AUPSRVE a expressément prévu que l'inobservation de certaines formalités prescrites est sanctionnée par la nullité. Toutefois, pour quelques unes de ces formalités limitativement énumérées, cette nullité ne peut être prononcée que si l'irrégularité a eu pour effet de causer un préjudice aux intérêts de celui qui l'invoque. Hormis les cas limitativement énumérés, le juge doit prononcer la nullité sans qu'il soit besoin de rechercher la preuve d'un quelconque préjudice*."

Elle le rappelle en matière contentieuse dans un arrêt récent. Pour la haute Cour, l'omission de la forme de la personne morale saisie emporte nullité de l'acte de saisie et partant, de la saisie elle-même,

---

[485] CCJ.A, Avis n° 001/99/JN du 7 juillet 1999, *RJCCJA* n° spécial, p.70.

sans qu'il y ait lieu de démontrer de préjudice subi par le débiteur[486]. Elle valide également la nullité de la saisie-attribution des créances pour défaut d'indications du décompte distinct des sommes réclamées sur le procès verbal de saisie, sans qu'il y ait besoin de preuve d'un préjudice subi par le débiteur[487].

De cette jurisprudence, il se dégage que le législateur OHADA à la différence de son homologue français ne fonde pas son régime des nullités sur la distinction des nullités de fond et des nullités de forme. Ainsi donc, le principe ici est la nullité de plein droit et sans faute, mais pour les formalités limitativement énumérées, la nullité est exceptionnellement[488] conditionnée par la preuve d'un préjudice. Le droit OHADA voit ainsi naître un « *régime panaché, voire atypique des nullités* »[489].

Ainsi, dans le premier cas, la nullité est automatique, ce qui a pour conséquence d'enlever tout pouvoir d'appréciation au juge. Dans ce cas, certains auteurs estiment que la nullité peut être soulevée en tout état de cause et même d'office lorsqu'elle n'a pas été demandée par les parties[490]. Pour d'autres[491], même si le juge est presque lié face à un tel régime de nullités, il reste qu'il appartient à la partie qui allègue d'une violation d'une règle sanctionnant un acte de saisie de nullité, de l'invoquer devant un juge. L'auteur s'appuie sur le verbe

---

486 CCJA, Arrêt n°022/2013 du 18 avril 2013 : Aff. Organisation Internationale pour les Migrations (OMI) c Madame MEKPE ODJO Marguerite.

487 CCJA, Arrêt n°046/2014 du 23 avril 2014.

488 M. ADJAKA, « Réflexion sur le régime des nullités consacré par l'Acte uniforme de l'OHADA portant organisation des procédures simplifiées de recouvrement et des voies d'exécution », *Ohadata D*-11-25.

489 Ibid.

490 F. ONANA ETOUNDI, op.cit.

491 M. ADJAKA, *op. cit.*

« invoquer » employé à deux reprises dans l'avis de la CCJA sus évoqué. Il en conclut que les cas de nullité ne peuvent être d'office soulevés par le juge[492]. Le droit OHADA ne fait d'ailleurs pas de distinction entre les nullités d'ordre public et celles visant simplement à protéger l'intérêt des parties. De même, la déjudiciarisation des saisies commande une intervention incidente du juge.

Le régime des nullités ainsi tracé par les Hauts Magistrats connaît une application jurisprudentielle bien large. Dans l'arrêt n°017/2003 du 09 octobre 2003, Affaire Société Ivoirienne de Banque, dite SIB c/ Complexe Industriel d'Elevage et de Nutrition Animale dit CIENA[493], la CCJA annule la saisie-attribution des créances pratiquée sur la base d'un exploit qui ne mentionnait ni la forme ni le siège social de la SIB. Dans l'arrêt n° 008/2004 du 26 février 2004, la CCJA relève que "*les mentions que doit contenir l'acte de dénonciation de saisie-attribution des créances, telles que prévues à l'article 160 de l'Acte uniforme portant organisation des procédures simplifiées de recouvrement et des voies d'exécution étant, selon les termes mêmes dudit article, prescrites à peine de nullité, leur absence ou omission dans l'acte de dénonciation rend celui-ci nul sans qu'il soit besoin, pour prononcer la nullité, de rechercher la preuve d'un quelconque grief ou préjudice* ".

Cette interprétation a également prévalu dans l'arrêt n°012/2004 du 18 mars 2004, Affaire Société Banque Commerciale du Niger (BCN) c/ Hamadi Ben Damma[494].

---

492 *Ibid.*

493 RJCCJA n°2, 19 et s.

494 RJCCJA n°3, janvier-juin 2004, p.96 et s (non respect des formalités de l'article 100 pour l'acte de saisie vente).

Néanmoins, on peut observer que l'AUVE fait œuvre novatrice puisqu'il exige, pour certains cas de nullités expressément prévues par la loi, la preuve d'un grief contre la partie qui l'invoque[495]. Ainsi, en droit OHADA, la loi détermine de manière limitative et exhaustive les cas dans lesquels la nullité est soumise à la preuve d'un grief. Un inventaire rapide des formalités rentrant dans ce régime fait état de : les formalités de visa en vue de la publication du commandement aux fins de saisie[496] ; celles relatives à la rédaction du cahier des charges[497] ; à la sommation de prendre connaissance du cahier des charges[498] ; celles portant sur la remise de la date de l'adjudication[499] ; sur les modalités de la surenchère[500] ; celles relatives à la fixation de la date d'audience éventuelle portant sur l'examen de la surenchère ainsi que de la nouvelle adjudication[501]. Il convient également de relever les mentions devant être portées sur le commandement aux fins de saisie[502] , celles du cahier des charges et celles de l'extrait dudit document devant être publié.

La nouveauté découle alors de ce que les nullités textuelles obéissent à un double régime. Cependant, il convient de noter que la CCJA nuance ce principe dans son application distinguant selon la nature de l'irrégularité ou des conséquences à l'endroit de celui qui invoque la nullité. La Cour s'octroie dans certains cas de nullités textuelles le pouvoir de prononcer la nullité venant ainsi brouiller l'orientation

---

495 Art.297 al.2.
496 Art. 259 de l'AUVE.
497 Art. 269 de l'AUVE.
498 Art. 276 de l'AUVE.
499 Art. 281 de l'AUVE.
500 Art. 287 de l'AUVE.
501 Art. 288 al. 7 et 8 de l'AUVE.
502 Art. 254 de l'AUVE.

qu'on avait cru clairement énoncée dans son avis ci-dessus analysé. Elle admet par la même occasion que certaines nullités textuelles puissent être couvertes lorsque celui qui les invoque a, postérieurement à l'acte critiqué, fait valoir des défenses au fond ou opposer une fin de son recevoir ou encore fait suite à la procédure sans soulever la nullité. Ainsi, dans l'arrêt n°008/2002 du 21 mars 2002, Affaire Société PALMAFRIQUE c/ KONAN BALLY KOUAKOU[503] elle retient que "*malgré l'inexactitude de l'erreur effectivement commise sur l'orthographe de son nom, le défendeur a accepté de recevoir et de signer lui-même l'exploit de signification de l'acte d'appel à lui servi par l'huissier de justice et de conduire au fond ; que si à l'évidence, l'inexactitude constatée dans la reproduction de son nom est imputable audit huissier celle-ci n'a pu être commise dans le dessein rédhibitoire de faire échec à ses droits, encore qu'il n'en offre aucune preuve et, par conséquence...il s'en suit que la demande de nullité de l'exploit de signification est mal fondée*". Ensuite, dans l'arrêt n°027/2005 du 07 avril 2005, Affaire Société Nationale d'Assurances et de Réassurances dite SONAR c/ Projet d'Appui à la Création des Petites et Moyennes Entreprises dit PAPME[504], la CCJA relève que l'indication erronée de la juridiction compétente dans l'exploit de dénonciation de la saisie-attribution que déplorait la SONAR, même si elle fonde en principe la nullité, a été réparée par cette dernière qui a pu saisir la juridiction compétente. La haute juridiction a également affirmé dans une espèce que « *...la simple erreur de calcul commise par l'huissier sur le montant des*

---

[503] RJCCJA n° spécial, janvier 2003, p.49 et S.
[504] Inédit.

frais, alors que l'omission d'aucune des mentions prescrites à peine de nullité par l'article 157 n'est par ailleurs invoquée par le moyen, ne peut entraîner la nullité de l'exploit de saisie... » [505]

On peut en définitive constater la volonté affichée de la CCJA de tempérer la rigueur du régime mis en place par le législateur. Elle rejette la demande en nullité si elle considère que l'irrégularité a été couverte ou paraît insignifiante, qu'elle ne préjudicie pas les intérêts du débiteur. Il brouille néanmoins au passage le régime des nullités en droit OHADA. De même, il existe des cas de nullités virtuelles dont la sanction n'a pas été précisée par le législateur. Il s'agit par exemple du sort des saisies pratiquées en violation des jours et heures légaux[506], des formalités obligeant l'huissier à informer les créanciers ayant pratiqué des saisies conservatoires antérieures[507]de l'existence de nouvelles saisies et par la suite de leur conversion en saisie-vente. Il reviendra alors au juge d'en décider selon les cas. Dans tous les cas, il convient une fois encore de retenir que la loi accorde au débiteur d'importants moyens de contrôle de la régularité de la saisie par le biais des nullités. Le débiteur qui obtient gain de cause pourrait donc bénéficier d'une mainlevée sur les biens saisis.

2 - La mainlevée de la saisie

Il s'agit ici de lever l'effet d'indisponibilité qu'entraîne la saisie sur les biens du débiteur. Ainsi, si les biens avaient été confiés à un tiers

---

[505] Arrêt n°022/2014 du 11 mars 2014 : Aff. STANDARD CHARTERED BANK CAMEROON C/ CNPS et IRIC.

[506] Art. 46 de l'AUVE.

[507] Art. 74 de l'AUVE.

qui en assurait la garde, ils seront remis au débiteur et celui-ci pourra à partir de ce moment en disposer comme bon lui semble. La mainlevée peut être amiable ou judiciaire. Elle est amiable lorsqu'elle résulte d'un accord entre le saisissant et le débiteur saisi, soit à la suite d'une compensation, de l'effet de la prescription de la créance cause de la saisie ou de la constitution d'une garantie ou sûreté réelle ou personnelle par le débiteur au profit du saisissant[508].

Ainsi, l'article 136 de l'Acte uniforme prévoit expressément en matière de saisie-vente la mainlevée amiable et la mainlevée judiciaire. En matière de saisie conservatoire, les articles 62 et 63 n'ont prévu que la mainlevée judiciaire, mais rien n'interdit aux parties de s'entendre pour une mainlevée amiable. L'aspect qui nous intéresse le plus est la mainlevée judiciaire qui correspond à une sanction de la liberté de saisir.

La mainlevée est très souvent une résultante de la nullité de la saisie. Cependant, il est des hypothèses dans lesquelles le juge se contente simplement de prononcer la mainlevée sans annuler la saisie en cause[509]. Cela signifie en quelque sorte que la mainlevée est une sanction distincte de la nullité même si leurs effets sont les mêmes puisque cette sanction peut affecter une partie seulement de la saisie sans affecter l'acte même de saisie.

Le législateur communautaire distingue également ces deux sanctions en parlant dans certains cas de mainlevée et dans d'autres de

---

[508] A-M ASSI-ESSO, NDIAW DIOUF, op.cit., p.136.

[509] Voir à titre d'exemple T.P.I. Douala-Ndokoti, Ord. n° 013 du 17/10/O2 ; n°121 du 27/03/03 ; n° 226 du 10/07/03 inédits, cités par E. KITIO, op.cit., p.77.

nullité[510] de même qu'il utilise le terme « *contestation* » pour englober la nullité, la mainlevée et même la caducité.

On peut aussi observer que l'une des particularités de la mainlevée par rapport à la nullité c'est que celle-ci peut être soumise à garantie, alors que celle-là est prononcée en principe dès que l'irrégularité est constatée sans aucune autre condition.

La question s'est posée de savoir si, en l'absence de texte, le juge du contentieux de l'exécution pouvait, en vertu du pouvoir souverain qui lui est reconnu dans le prononcé de la mainlevée, ordonner le versement d'une consignation préalable au débiteur.

Pour une certaine doctrine[511], rien n'interdit au juge de conditionner le prononcé de la mainlevée à la consignation d'une somme suffisante s'il a manifestement quelques doutes sur le bien-fondé de la mainlevée. A notre avis, cette analyse n'est pas convaincante pour les cas de mainlevée énumérés par la loi. Il s'agit entre autre des cas énumérés par les articles 54, 55, 59, 60, 61 ou encore 201 de l'AUVE.

Par contre, on peut relever en matière de saisie-vente des droits d'associés et des valeurs mobilières, l'article 239 qui exige la consignation préalable d'une somme suffisante pour désintéresser le créancier, comme condition de l'octroi de la mainlevée.

La mainlevée en cette matière semble être le seul cas prévu par la loi où la consignation est une condition pour son prononcé. Néanmoins, on peut imaginer qu'elle pourrait trouver un terrain d'élection pour

---

[510] Voir les articles 62 et 63 sur la saisie conservatoire, 136 et 137 sur la saisie-vente, 201 sur la saisie des rémunérations.

[511] A-M ASSI-ESSO, NDIAW DIOUF, op.cit., p.81.

ceux des cas pour lesquels la loi n'a pas expressément prévu cette sanction et qui resteraient à l'appréciation du juge.

Cette sanction est largement appliquée par les juges. Ainsi, la mainlevée est par exemple prononcée en cas de saisie excessive, lorsque la première saisie est de nature à couvrir le montant des sommes dont le recouvrement est recherché[512], lorsque la créance est éteinte[513], lorsque le créancier bénéficie d'une immunité d'exécution[514]ou encore lorsque la saisie conservatoire est autorisée par une juridiction incompétente[515]. La mainlevée peut aussi être prononcée lorsque l'acte de dénonciation de la saisie-attribution des créances ne contient pas les mentions prescrites à l'article 160 al.2 de l'AUVE[516], lorsque le délai imparti pour l'exécution du titre exécutoire en vertu duquel la saisie est pratiquée est écoulé[517] ou

---

[512] CCJA, arrêt n° 27 du 15 juillet 2004, Affaire MOBIL OIL Côte d'Ivoire c/ 1°) les Centaures Routiers ; 2°) Compagnie Ivoirienne d'Electricité dite CIE ; 3°) Société d'Etudes et de Développement de la Culture Bananière dite SCB, 4°) Me ADOU Hyacinthe, Huissier de Justice, *Le Juris ohada*, n° 3/2004, juillet-octobre 2004, p.30, note BROU Kouakou Mathurin, *Recueil de jurisprudence de la CCJA,* n° 4, juillet-décembre 2004, p.26.

[513] C.A d'Abidjan, arrêt du 13 fév. 2004, Compagnie d'Assurances COLINA c/ COULIBALY ADAMA, ohada.com.

[514] TPI de Libreville, Ordonnance de Référé, Répertoire n°/2003-2004 du 24 fév. 2004, UNICEF c/ TIFANY'S BOUTIQUE, *ohada.com.*

[515] TPI de Libreville, Ordonnance de Référé, Répertoire n° 056/2003-2004 du 04 nov. 2004, Sociétés INTERBOIS et GRT SARL c/ Sieur LOUBINOU Patrick, Rép. N°052/2003-2004, *ohada.com*.

[516] CCJA, arrêt n° 08 du 26 fév. 2004, Affaire BIN c/ HBN, le juris ohada n° 2/2004, juin-juillet-août 2004, p.2 note BROU Kouakou Mathurin, RJCCJA, n° 3, janv-juin 2004, p.90

[517] TPI Douala-Ndokoti, Ordonnance n° 078 du 15 mars 2007, Mme KENMOGNE née MAGNE Micheline c/ Mme NGUEZANG DONGHO Esther Alvine (En l'espèce, il s'agissait d'une saisie pratiquée après quatre ans sur la base d'un jugement par défaut dont l'exécution doit intervenir dans les douze mois de son prononcé selon l'art. 72 du CPCC du Cameroun.)

lorsque la saisie est pratiquée sur des biens insaisissables[518]. S'il ne réussit pas à obtenir la mainlevée de la saisie, le débiteur peut dans certaines hypothèses invoquer la caducité de la saisie.

3-La caducité

Il s'agit de l'état d'un acte juridique valable mais privé d'effet en raison de la survenance ou de la disparition d'un fait postérieurement à sa survenance ou du non accomplissement d'un acte ou d'une formalité dans un délai bien défini. Ainsi, selon l'article 54 de l'AUVE, le créancier ne peut être autorisé par la juridiction compétente à pratiquer une exécution provisoire que s'il justifie de circonstances de nature à menacer le recouvrement de sa créance. En d'autres termes, c'est l'urgence, le péril ou la menace de la réalisation de l'exécution forcée qui justifient une telle mesure, de sorte qu'elle n'a plus de valeur si la personne qui en bénéficie laisse passer le temps. Nanti d'une autorisation de saisir issue de la juridiction compétente, le créancier qui n'y procède pas dans le délai légal de trois mois à compter de son obtention la verra frappée de caducité[519].
De même, aux termes de l'article 61, lorsque la saisie des biens meubles corporels est pratiquée sans titre, le créancier doit, dans le mois qui suit ladite saisie, à peine de caducité, introduire une procédure ou accomplir les formalités nécessaires à l'obtention du titre exécutoire. Le non respect de ces formalités entraîne la caducité

---

518 CCJA, 1ère Ch., arrêt n°11 du 29 juin 2006, Centre National de Recherches Agronomiques dit CNRA c/ AFFE- CI Sécurité SARL, *Le juris ohada* n° 4/2006, p.7.
519 Art. 60 de l'AUVE.

et partant, la mainlevée de la saisie[520]. Il en est de même de la signification des pièces justificatives dans un délai de huit jours de la saisie lorsqu'elle a été pratiquée entre les mains d'un tiers.

Par ailleurs, en matière de saisie conservatoire des créances, l'article 79 frappe de caducité cette mesure si dans un délai de huit jours, elle n'est pas portée à la connaissance du débiteur par acte d'huissier ou d'agent d'exécution. La même sanction est prévue en cas de non dénonciation de la saisie-attribution des créances au débiteur dans un délai de huit jours[521]. Egalement, en matière de saisie conservatoire des droits d'associés et de valeurs mobilières, l'article 86 de l'AUVE frappe de caducité la saisie qui n'est pas signifiée au débiteur dans un délai de huit jours par acte contenant six mentions prescrites à peine de nullité.

On peut donc se rendre compte à la fin de cette analyse de la caducité que celle-ci est tantôt une sanction des droits du débiteur, tantôt une sanction du non respect des délais[522].

Toutes ces sanctions visent en réalité à anéantir la saisie, mais dans certains cas, l'action du débiteur visera simplement la réduction de la portée de l'indisponibilité frappant les biens saisis.

---

520 Abidjan, ch. Civ. et com., arrêt n° 194 du 3 fév.2004, La Société Internationale de commerce de Produits Tropicaux dite SICPRO c/ La Société Ivoirienne de Transport Maritime et Aérien dite GITMA, *juriscope.org*.

521 Art. 160 de l'AUVE.

522 E. KITIO, *La situation du débiteur dans l'Acte Uniforme sur les voies d'exécution*, Mémoire de DEA, Université de Douala, 2002-2004, p.57.

B- LA RÉDUCTION DE LA PORTÉE DE LA SAISIE

Il s'agit ici de l'ensemble des mesures visant à mettre certains biens hors d'atteinte du créancier soit en demandant le cantonnement de la saisie, soit en essayant d'obtenir la réduction de l'assiette de la saisie.

1- Le cantonnement de la saisie

Le cantonnement est la soustraction judiciaire de certains biens de l'assiette de la saisie[523]. Il réduit en réalité l'effet d'indisponibilité frappant les biens du débiteur[524] et n'a pas vocation à remettre en cause l'acte de saisie dans son entièreté. Les biens ainsi soustraits deviennent immédiatement disponibles. Cette mesure peut être demandée lorsque le bien appréhendé est insaisissable ou lorsque la valeur du bien excède le montant nécessaire au désintéressement du créancier. Ainsi, le cantonnement doit être prononcé lorsque tous les comptes bancaires du débiteur ont été saisis alors qu'un seul suffisait à désintéresser le créancier en principal, intérêts et frais[525]. Selon le juge, il y a urgence en pareille situation puisque, la saisie de tous les comptes bancaires du débiteur paralyse le fonctionnement de l'entreprise. La Cour d'appel du Littoral (Cameroun) a ainsi décidé que « *considérant que...les comptes de la CCAR ont été saisis dans sept institutions bancaires différentes, ce qui paralyserait le fonctionnement de la compagnie, d'où l'urgence qui justifiait*

---

[523] A-M ASSI ESSO, NDIAW DIOUF, op.cit., p.82.
[524] E. KITIO, op.cit., P.80.
[525] TPI Yaoundé, Ord. n° 91/C du 04 /11/1999, Aff. Société DAK services c/ Entreprise G. DEDON, RCDA n°2, P. 23, obs. IPANDA.

l'intervention du juge des référés, le montant pour lequel la saisie-attribution a été pratiquée étant dérisoire par rapport aux soldes de tous les comptes saisis à la fois »[526]. Le cantonnement peut être automatique comme en matière de saisie-attribution, ou judiciaire. On peut, à titre d'illustration de ce dernier cas, et en matière de saisie immobilière invoquer l'article 275 de l'AUVE. Selon ce texte, la juridiction compétente peut, d'office, à l'audience éventuelle, et si nécessaire, après consultation par écrit d'un expert, recueillie sans délai, ordonner la distraction de certains biens saisis toutes les fois que leur valeur globale apparaît disproportionnée par rapport au montant des créances à récupérer. Dans ce cas, elle informe les parties de son intention de modifier le cahier des charges tout en les invitant à présenter leurs observations dans un délai de cinq jours et leur indique le cas échéant le jour et l'heure de l'audience au cas où l'affaire n'a pas pu être jugée à la date initialement prévue. En ce qui est du cantonnement automatique reconnu en matière de saisie-attribution des créances, le débiteur n'a pas en principe besoin de former une demande en cantonnement puisque l'indisponibilité résultant de l'acte de saisie ne devrait porter que sur le montant de la créance en principal, intérêts et frais.

Concernant les modalités pratiques, le débiteur doit, en cas de contestation saisir le juge de l'exécution dans un délai d'un mois à compter de la signification de l'acte de saisie, le créancier étant

---

[526] C.A. Littoral, Arrêt n°76/REF. du 24/05/1999 (Dame MANTOH Jeanne c/ CCAR et TCHOFOR), RCDA n°2, P.19, obs. IPANDA.

entendu ou appelé[527]. Le cantonnement ordonné entraîne mainlevée partielle de la saisie.

2- La réduction de l'assiette de la saisie

La portée de la saisie peut aussi être réduite du fait de la réduction de l'assiette de la saisie ou de la créance sur laquelle elle repose. Parmi les hypothèses pouvant déboucher sur une telle réduction, on peut citer la remise partielle de dette, le paiement partiel par le débiteur, la compensation de deux dettes. Ces mécanismes dont on affirme[528] qu'ils n'entrent pas dans le champ des saisies ne seront pas étudiés ici. Simplement, on peut constater que réduisant l'assiette de la saisie, ils entraînent la réduction de l'effet de l'indisponibilité par la libération des biens qui paraissent de trop dans la satisfaction du créancier. C'est donc leur effet et leur influence sur la portée de la saisie qui a attiré notre attention.

On remarque ainsi que le législateur recherche à tout moment de la procédure, un équilibre entre les parties. De la sorte, le créancier ne peut user de son droit comme bon lui semble puisque, comme une épée de Damoclès, il y a une menace de sanction qui plane sur sa tête et partant, sur celle de l'huissier instrumentaire.

---

[527] Art.143 AUVE.

[528] Dans la partie introductive de cette contribution.

§ 2 : LES SANCTIONS CONTRE LES SUJETS ACTIFS DE LA SAISIE

Le débiteur peut, selon les cas poursuivre le créancier (A) ou l'huissier instrumentaire (B) qui sont au départ d'agissements peu orthodoxes pendant les opérations de saisie.

A- LA RESPONSABILITÉ DU CREANCIER POUR ABUS DU DROIT DE SAISIR

Il est admis en théorie du droit que chaque prérogative qui est conférée à un sujet de droit doive remplir une fonction bien déterminée. Les droits ne sont en effet conférés que pour des intérêts légitimes et non pour nuire à autrui. Ainsi, leur exercice devient répréhensible s'ils sont détournés de leur fin. Il faut pour cela confronter le but poursuivi par le titulaire du droit et la finalité des droits concernés[529].

Même si cette règle n'est pas expressément prévue par l'AUVE, il est clair que son admission ne fait pas de doute. Il s'agit là d'une limite opportune pour éviter que les saisies ne deviennent pour les créanciers, des moyens d'intimidation ou de chantage[530].

Il convient de retenir à l'analyse de la jurisprudence qu'on est parti de l'exigence absolue d'une faute intentionnelle du saisissant comme condition nécessaire et absolue pour constater un abus, à une conception large de l'abus combinant à la fois la faute et le

---

[529] J.-L. BERGEL, *Théorie générale du droit,* Paris, Dalloz, 2e éd., 1989, P.39.
[530] R. PERROT, Ph. THERY, op.cit. p.139.

détournement du droit de saisir de sa finalité. Pouvoir est donc reconnu au juge d'user de son appréciation souveraine en fonction des circonstances de chaque espèce pour caractériser la faute.

Les juges dans certains cas se contentaient de rechercher une faute d'une certaine gravité de la part du titulaire du droit comme un critère déterminant. La détermination de la faute constitutive d'abus devenait alors une tâche ardue pour le juge et les parties. Pour s'en convaincre, et dans l'optique de ne pas entraver les droits du créancier, certains arrêts exigeaient l'existence d'une faute intentionnelle, présentant une certaine gravité, comme par exemple l'intention de nuire au débiteur[531], la pensée malveillante du créancier[532], le but vexatoire de la saisie[533], son caractère malicieux ou la mauvaise foi du créancier[534]. Mais l'on constatait de plus en plus l'existence d'une hétérogénéité dans ce courant jurisprudentiel. Sont donc diversement considérées comme fautives, une légèreté blâmable[535], une imprudence grave[536], ou une témérité fautive[537]. L'abus ne pouvait donc être retenu que si le titulaire du droit (le créancier dans ce cas) a commis une faute[538]et s'il

---

[531] Com. 20 janv. 1976, *Bull. Civ.*IV, n°26, D. 1976.somm.36; TGI Créteil, 20 janv. 1994, *Gaz.Pal.*1994. I.355

[532] Soc. 23 mai 1958. *Gaz. Pal.* 1958.2.133, cité par R.PERROT, Ph. THERY, op.cit., p.140

[533] Req. 26 déc. 1893, D. 1895.I. 529, Idem.

[534] Com. 13 mai 1958. *Bull.Civ.,*III, n°187.

[535] Civ, 11 avril 1962, *Bull. Civ.*I. n° 215.

[536] Soc. 11 janv. 1978.*Bull. civ.*V. n°31.

[537] Civ. 2 févr. 1956*, Bull. civ.*II, n°197 ; TGI Paris, 26 juin 1995, *Rev.huis.just.*1996.247 (vente précipitée du mobilier), cité par R. PERROT, Ph. THERY, op.cit.

[538] Civ, 20 mars 1974, *JCP* 194, IV,p. 169 ; Civ., 18 janv., 1977, *Bull. Civ.* I, n°33 ; Com. 3 juill. 1978, *Bull.Civ.*, IV, n°185. *JCP* 1978. IV.287; Civ. 4 juill. 1979. *Bull. Civ.*II, n°200; Civ. 27 avril 1983, *Bull. Civ.* 13 juin 1990, *Gaz. Pal.*1991.1. somm. 160, note Véron.

n'est rien reproché au débiteur[539]. Il était donc difficile de caractériser l'abus en l'absence de faute intentionnelle.

Pourtant, d'autres juges se bornaient à retenir la faute qu'elle soit intentionnelle ou non. Ainsi, peuvent être retenus comme révélateurs d'abus, le fait de pratiquer une saisie dont l'inutilité est manifeste au jour où elle est pratiquée, d'effectuer une saisie disproportionnée au montant de la créance à recouvrer. Ainsi, le juge a ordonné la mainlevée d'une saisie-attribution des créances pratiquée sur sept comptes bancaires alors qu'un seul suffisait à désintéresser le créancier[540].

De ces arrêts, on constate bien que le juge ne se borne pas à retenir l'intention de nuire. La théorie de l'abus de droit vise ainsi tout détournement du droit de saisir de sa finalité qui est la rapide et totale satisfaction du créancier. La faute requise peut donc être délictuelle ou quasi-délictuelle et le juge devra bien caractériser le comportement jugé fautif[541]. Il sera donc fait application des articles 1382 et 1383 du code civil. Dans tous les cas, la jurisprudence a de nouveau rappelé dans un arrêt récent que la mise en œuvre d'une mesure d'exécution forcée ne dégénère en abus, sauf disposition particulière, que s'il est prouvé que le créancier a commis une faute[542].

Malgré la large sanction, il a été décidé qu'en dehors des hypothèses de fraude, l'exécution immobilière ne peut être constitutive d'abus si

[539] Com. 20 mai 1980, *JCP* 1980. IV, p. 289 ; Rappr. TGI Le mans, 27 juin 1995, *Rev. Huis. Just.* 1995, 1388.

[540] C.A. Littoral, arrêt n°76/REF du 24 mai 1999, Aff. Dame MANTOH Jeanne c/ CCAR et TCHOFFOR, RCDA n°2, janvier-février-mars 2000, p.19, obs. Me Ipanda, TPI Douala-Ndokoti ; ord. n° 121 du 12 février 2004.

[541] Civ., 13 juin 1990, Gaz. Pal 1991.1. somm. 160, obs. Véron, RTD civ. 1991.160. obs. J. Normand.

[542] Cass. 2e civ., 17 oct.2013, n° 12-25.147

son irrégularité ou son inutilité n'a pas été dénoncée par le débiteur saisi, régulièrement sommé, avant l'adjudication définitive[543].

Cependant, il est des cas en droit français où la loi n'exige pas de faute de la part du créancier saisissant pour ordonner la réparation intégrale du préjudice subi par le débiteur et le juge se borne à prononcer des dommages-intérêts en de telles circonstances. Selon l'article 73 al.1 de la loi no 91-650 du 9 juillet 1991 (L. 512-2), « *les frais occasionnés par une mesure conservatoire sont à la charge du débiteur sauf décision contraire du juge à l'issue de la procédure* ». Ainsi, selon l'al. 2 du même texte, « *lorsque la mainlevée a été ordonnée par le juge, le créancier peut être condamné à réparer le préjudice causé par la mesure conservatoire* ». Se basant sur cette disposition, la Cour de cassation a pu considérer que l'article 73 de la loi no 91-650 du 9 juillet 1991 (L. 512-2) n'exige pas, pour son application, la constatation d'une faute. Par conséquent, « *lorsque la mainlevée a été ordonnée par le juge, le créancier peut être condamné à réparer le préjudice causé par la mesure conservatoire* »[544] . Par là, les hauts magistrats reconnaissent implicitement au juge de l'exécution dont la compétence est avérée en la matière[545], un large pouvoir d'appréciation selon les éléments de l'espèce.

Lorsque l'abus est constaté, le juge peut alors ordonner la mainlevée de la saisie et/ou condamner le créancier au payement des dommages

---

[543] Cass. 2e civ., 18 sept. 2003, no 01-13.902

[544] Cass. 2e civ., 29 janv. 2004, no 01-17.161.

[545] Cass. 2e civ., 22 févr. 2012, no 11-12.137. Selon cet arrêt, C'est le juge de l'exécution qui connait des demandes en réparation fondées sur l'exécution ou l'inexécution dommageables des mesures d'exécution forcée ou des mesures conservatoires.

et intérêts. Ces sanctions s'appliquent aussi à l'huissier de justice chargé des opérations de saisie.

B-LA RÉSPONSABILITÉ DE L'HUISSIER OU DE L'AGENT D'EXÉCUTION VIS-A-VIS DU DÉBITEUR

L'huissier de justice n'est pas seulement au service du créancier, il n'est pas un adversaire du débiteur. Il est en effet un officier ministériel chargé d'une mission de service public. A ce titre, il est astreint à une obligation d'impartialité et au respect de la déontologie.

Sur le plan personnel, l'impartialité de l'huissier se traduit par l'interdiction qui lui est faite d'instrumenter pour ses parents, ou d'être assisté à l'exécution par des parents ou alliés en ligne directe des parties ou des personnes à leur service[546].

Au plan fonctionnel, il n'est pas l'huissier du débiteur. Il doit donc être juge des intérêts des parties à la saisie dans un esprit d'équité et d'impartialité. Ainsi, il doit pouvoir juger de l'opportunité des mesures à mettre en œuvre. Il doit chercher à parvenir à la satisfaction du créancier dans le strict respect des droits du débiteur. De la sorte, tout abus de la part de l'huissier peut donner lieu à des sanctions professionnelles, civiles et même pénales.

Au plan professionnel, l'action de l'huissier est sous la surveillance du Procureur de la République. Ses manquements peuvent donner lieu à des sanctions devant la Chambre Nationale des Huissiers de Justice.

Il peut s'agir de l'avertissement, du blâme, ou alors de la suspension pour une durée d'un an.

---

[546] Art. 44 de l'AUVE.

A titre d'illustration, on notera pour ce qui concerne le Cameroun, la suspension d'un an contre Me MAH Ebenezer Paul, huissier de justice à Yaoundé, par Arrêté n° 200/DPJ/SG/MJ du 04 mai 2009 pour des faits de manquement à l'honneur et à la délicatesse. On notera aussi le rappel à l'ordre contre Me Youssouf Ibrahim, huissier de justice à Ngaoundéré, par Arrêté n°613/DPJ/SG/MJ du 14 décembre 2009 pour des faits de signification fictive d'une décision de justice[547].

Sur le plan civil, le principe de la responsabilité des auxiliaires de justice et officiers ministériels est posé en droit camerounais par l'article 603 du CPCC. Selon ce texte, *« Les procédures ou les actes nuls ou frustratoires et les actes qui auront donné lieu à une condamnation d'amende, seront sur conclusions des parties ou même d'office, mis à la charge des avocats-défenseurs ou officiers ministériels qui les auront faits, lesquels suivant l'exigence des cas, seront en outre passibles des dommages et intérêts de la partie, et pourront même être suspendus de leurs fonctions. »*

Sur le plan pénal, l'huissier peut se rendre coupable du détournement des objets qui ont été saisis lorsqu'il procède à des ventes ou à des enlèvements illicites ou de détournement du produit de la vente[548]. Il faut noter qu'en matière de détournement d'objets saisis, l'intention frauduleuse, exclusive de la bonne foi, est caractérisée dès lors que le

---

[547] Voir M. SIMO TUMNDE, J. MELONG, P. MONTEH TUMNDE, *Execution of court judgements under the OHADA Uniform Act on Simplified Recovery Procedures and Measures of Execution*, PUA, Yaoundé, 2013, p. 75; Adde, Rapport du Ministère de la Justice sur l'état des droits de l'homme au Cameroun en 2009, p.41.

[548] Cette infraction est prévue par l'article 190 du Code pénal camerounais en ce termes « *Est puni d'un emprisonnement de un à cinq ans et d'une amande de 50 000 à 1 million de francs celui qui détourne, détruit ou détériore des biens saisis ou placés sous séquestre* ».

prévenu, régulièrement constitué gardien des meubles et objets par l'effet de la saisie et parfaitement informé des obligations en découlant, notamment de l'indisponibilité de ces biens, a procédé à leur vente amiable au préjudice d'un créancier. Il importe peu en la matière que le Trésor public, ayant fait antérieurement pratiquer une saisie conservatoire sur les mêmes biens, ait autorisé cette vente en déduction de la dette fiscale du prévenu[549].

De même, l'intrusion dans le logement du débiteur pendant les heures ou les jours proscrits peut être constitutive de violation de domicile sanctionnée par le code pénal[550].

L'huissier peut également être poursuivi pour tous les abus dont il est à l'origine en mettant en œuvre des mesures excessives et purement vexatoires. Il peut aussi être poursuivi pour atteinte à l'un des droits fondamentaux du débiteur.

Au total, l'analyse de la limitation de la liberté de saisir par souci de protection du débiteur montre s'il était encore besoin, que le législateur OHADA est résolument sur le chemin de la modernité. Cette protection est matérialisée par des mesures qui sont prises tant pendant qu'en aval des opérations de saisie.

Au nombre des mesures dites préventives, le créancier est astreint, lors de la mise en œuvre de son droit, au respect scrupuleux des conditions de la saisie et ne peut saisir que les biens qui ne sont pas déclarés insaisissables. Il ne pourra engager d'action que si et seulement s'il est titulaire d'une créance impayée. De même, il existe des moyens qui

---

549 C.A. Paris (12éme Ch., Sect. B), 4 novembre 2004-R. G. n° 04/02439.

550 Voir article 299 du Code pénal camerounais, précité.

contribuent à la sauvegarde des biens du débiteur et qui débouchent sur la suspension des poursuites. De larges pouvoirs sont également reconnus au débiteur sur les biens rendus indisponibles dont le strict encadrement juridique peut déboucher sur une insolvabilité.

Par ailleurs, la montée en puissance du respect des droits fondamentaux limite considérablement la liberté de saisir.

Quant à la protection curative intervenant en amont, elle consiste en la sanction des actes de saisie et des acteurs qui mettent en œuvre cette liberté. Il en découle donc que la liberté du créancier est considérablement amoindrie par une procédure trop rigide qui expose régulièrement à des sanctions. Cela est encore plus plausible si l'on ajoute à ces limitations, celles imposées pour des raisons de protection de l'intérêt général et des intérêts des tiers aux opérations d'exécution.

CHAPITRE II

LA PRISE EN COMPTE DE L'INTÉRÊT GÉNÉRAL ET DES INTÉRÊTS DES TIERS

Les opérations de saisie concernent au premier plan le créancier et le débiteur du fait de la relativité des obligations. Mais, l'on ne saurait nier le fait que l'exécution forcée s'inscrit dans un environnement et peut donc, du fait de sa gravité, avoir des répercussions sur un grand nombre d'acteurs. Il faut alors éviter que la mise en œuvre de cette procédure ne porte un coup sur les intérêts de ces derniers. De même, l'évolution du droit fait que les biens sont de plus en plus souvent gardés ou tenus par d'autres personnes que le créancier entre les mains desquels l'exécution peut avoir lieu. Il serait alors impensable de croire que les mesures d'exécution forcée qui relèvent de la contrainte et d'une mission de service public n'impliquent pas ces acteurs. Si l'on a vu dans la première partie qu'ils peuvent être obligés en vue de faciliter l'aboutissement de l'action du créancier, ils sont tout aussi protégés.

Ainsi dit, la mise en œuvre de la liberté de saisir est limitée par le souci de protéger l'intérêt général (Section I) et les intérêts des tiers (Section II).

SECTION I : LA PROTECTION DE L'INTÉRÊT GÉNÉRAL DANS LA MISE EN ŒUVRE DE SAISIES

L'intérêt général peut être perçu à la fois comme l'intérêt supérieur de l'Etat ou alors la dilution de la somme des intérêts particuliers. Il est question que les opérations de saisie qui bénéficient en fait au créancier ne mettent pas en péril la bonne marche des affaires publiques ou alors les intérêts du grand nombre.
La notion d'intérêt général a toujours été perçue comme une limite infranchissable de l'exercice des libertés et il s'est toujours posé la question de ses fondements (§ 1). Mais la question particulière de la liberté de saisir impose que l'on se penche sur les moyens mis sur pied pour assurer la protection de cet intérêt général à l'occasion des saisies (§ 2).

§ 1 : LES FONDEMENTS DE LA PROTECTION DE L'INTÉRÊT GÉNÉRAL EN MATIERE D'EXÉCUTION FORCEE

L'intérêt général est dans un premier temps assuré par le moyen de la protection des biens des personnes morales de droit public grâce à l'immunité d'exécution.
Il est en effet admis que l'Etat et les personnes morales de droit public bénéficient de l'immunité d'exécution et que par conséquent, leurs biens ne peuvent faire l'objet de saisies. Si les justifications de cette immunité d'exécution ont pu être recherchées directement ou

indirectement dans des textes de portée législative, ce ne sont pas les motivations profondes qui manquent. On invoque en doctrine l'honorabilité, le respect de la souveraineté internationale, la présomption de solvabilité de l'Etat, la sauvegarde des intérêts socio-économiques et la préservation de l'ordre public.

A-L'HONORABILITÉ ET LA PRÉSOMPTION DE SOLVABILITÉ DE L'ETAT

Pour justifier la protection dont bénéficie l'Etat sur ses biens, on invoque à son crédit qu'il n'est pas admissible, pour la préservation des intérêts égoïstes, que la considération de l'Etat soit dégradée. Il est aussi admis dans le cas où le débiteur est un Etat étranger que le fait de pratiquer une saisie contre ses biens serait de nature à porter une atteinte non moins importante à sa souveraineté.

1-L'honorabilité de l'Etat et le respect de la souveraineté étrangère

Ces arguments sont surtout invoqués en droit international, dans les rapports des Etats entre eux ou avec des personnes privées. Il s'agit là des cas dans lesquels un Etat est débiteur envers un autre ou envers une personne privée d'un autre Etat.

L'argument le plus invoqué est celui du respect de la souveraineté. Il faut en réalité respecter la souveraineté étrangère et la sauvegarde des biens indispensables à l'exercice de ses activités de puissance publique. On sait qu'en droit, l'*imperium* dont dispose l'Etat ne peut être mis en œuvre que par lui-même ou par les personnes auxquelles il en a donné le pouvoir dans la limite de son territoire. Ceci découle du sacro-saint principe de l'égalité des Etats en droit international qui veut que, mis sur le même pied d'égalité, certains d'entre eux ne puissent pas contraindre les autres. Un Etat ne peut donc pas prêter main à une exécution forcée contre un autre sans porter atteinte à la souveraineté de ce dernier.

Quant à l'argument de courtoisie, il s'agit du respect que les Etats se doivent les uns vis-à-vis des autres. Ainsi, un Etat ne peut avoir l'audace de soumettre un autre Etat par la force sans lui faire subir une certaine forme d'humiliation[551]. Mais cet argument peut de moins en moins tenir lorsque l'on sait quels peuvent par exemple être les montants à recouvrer dans le cadre d'investissements internationaux.

Mis de côté ces arguments, la doctrine a aussi évoqué que l'Etat qui disposerait d'assez de moyens serait donc toujours solvable de sorte qu'il serait inutile d'engager contre lui des mesures d'exécution forcée.

2- La présomption de solvabilité de l'Etat

La doctrine a mis au crédit de l'Etat et de ses démembrements la présomption selon laquelle ils disposeraient de suffisamment de moyens pour honorer leurs engagements. En considération de cet

[551] La saisie de l'avion présidentiel gabonais par les autorités judiciaires françaises en février 2015, à la demande d'une société suisse a été qualifiée comme étant de nature à créer des tensions diplomatiques, voir http://gabonreview.com/blog/affaire-du-boeing-777-tensions-diplomatiques-entre-libreville-et-paris/ (consulté le 27 mars 2015)

argument, il paraîtrait inopportun d'engager contre eux des procédures civiles d'exécution. On invoque aussi souvent que le fait de pratiquer une exécution forcée contre un Etat peut conduire à des désordres.

Cet argument, il faut tout de suite le dire, ne peut pas persuader. On sait qu'une collectivité territoriale ou un établissement public peut se révéler insolvable du fait de l'épuisement de ses crédits[552]. Il existe même des Etats que l'on pourrait qualifier d'être en situation de faillite ou de cessation de payements du fait des différentes crises[553] et de la mauvaise gouvernance.

Par ailleurs, à chaque fois qu'un créancier se heurte à la mauvaise foi d'une administration qui ne veut pas exécuter ses obligations, il peut y avoir de graves désordres pour la crédibilité de la puissance publique. En effet, de telles attitudes sont de nature à créer un climat de méfiance des hommes d'affaires vis-à-vis de l'Etat en cause et encourager la fuite des investisseurs. De même, le défaut de payement par l'Etat alourdit son endettement puisque les intérêts continuent à courir. Si tous ces arguments sont ainsi battus en brèche, on se demande quel peut alors être le véritable fondement de l'immunité d'exécution.

A l'observation, la première véritable justification de la protection de l'intérêt général à travers l'immunité d'exécution de l'Etat et des personnes morales de droit public est que leurs biens sont affectés au bon fonctionnement du service public et qu'ils ne sauraient être détournés de leur affectation au bénéfice d'un simple particulier sans compromettre gravement la continuité du service public.

---

[552] R. PERROT, Ph. THERY, op.cit., p.208.
[553] C'est le cas récent de Grèce en difficulté depuis l'année 2013.

Par ailleurs, l'Etat étant le détenteur suprême de la force publique, il est utopique qu'il puisse la mettre en œuvre contre lui-même ou contre ses démembrements.

Dans tous les cas, quelle que soit la justification mise en avant, le principe de l'immunité d'exécution de l'Etat n'est pas contesté. S'il est quelque chose qui fait problème, c'est moins le fondement, mais plus son domaine et sa portée.

En dehors de ces arguments, on invoque aussi la thèse de la protection des intérêts sociaux et économiques comme raison justifiant la limite de la liberté de saisir.

B- LA SAUVEGARDE DES INTÉRÊTS SOCIO-ÉCONOMIQUES

Pour ce qui est de la sauvegarde des intérêts socio-économiques, nous pensons ici à l'hypothèse de la limitation de la liberté de saisir lorsque la personne contre laquelle l'exécution est dirigée est soumise à des procédures collectives. La suspension des poursuites individuelles ainsi que toutes les mesures prises le sont à des fins économiques et sociales.

C'est qu'en réalité, l'objectif de l'OHADA est de booster l'activité économique des Etats membres. Or, l'entreprise est, à n'en point douter, le moteur de l'économie. Il est admis que le principal objectif visé ici est la protection de l'entreprise, et partant, de l'économie dans son ensemble.

Sur le plan social, la fermeture d'une entreprise peut avoir pour conséquence la perte de plusieurs emplois. Cela peut être d'autant plus difficile que, dans le contexte africain, un individu occupant un emploi prend à sa charge un nombre impressionnant de personnes. En plus, une telle fermeture peut créer des troubles regrettables à l'ordre public. L'intérêt général prend, une fois encore le pas sur des intérêts privés.

Si le souci du législateur de sauvegarder l'intérêt général est ainsi affirmé, il faut reconnaître que cela est aussi fait, par ricochet, dans l'optique de protéger les tiers et partant la société dans son ensemble. Il est question de leur éviter de subir les conséquences de la récalcitrance du débiteur.

C - LA PROTECTION DE L'ORDRE PUBLIC

En ce qui concerne la préservation de l'ordre public, notons qu'il est des cas où, le créancier, bénéficiant du droit de saisir les biens d'un particulier et remplissant toutes les conditions à cet effet, peut se voir refuser le concours de la force publique. S'il est vrai que ce refus porte atteinte aux droits du créancier et partant à la liberté de saisir, il n'en reste pas moins vrai qu'il peut être justifié.

En effet, l'article 29 de l'AUVE oblige la force publique à apporter son concours à la facilitation de la saisie. Mais si les autorités sollicitées ont des raisons sérieuses de croire que leur intervention peut causer des troubles graves à la sécurité générale, leur refus sera justifié[554]. A la vérité, il existe ici une hiérarchisation entre les intérêts

[554] Cons. Etat, 12 mars 1948. Ass. Grand cercle de Saint-Etienne. *Rev.dr.Publ.* 1948.262(atmosphère politique tendue) ; Cons. Etat, 20 janv.1954, Dauga. *Rec.*, P.836 (attitude hostile de la population).

en cause qui fait que le maintien de l'ordre public prime sur toute autre considération. L'intérêt du créancier s'incline donc face à l'ordre public. On reconnaît ici, un réel pouvoir d'appréciation de l'opportunité du concours de la force publique à l'autorité saisie.

A notre avis, l'attention devrait moins porter sur ce pouvoir d'opportunité que sur l'usage abusif qui en est fait. On sait que la notion d'"*ordre public*" est un fourre-tout et fait par conséquent l'objet de manipulations de toutes sortes. On constate ainsi dans la pratique des refus ou alors des injonctions adressées aux huissiers et agents d'exécution ordonnant l'arrêt des procédures sans motif aucun. Cette situation a pu être déplorée dans l'Affaire TAGUEFOUET c/ UCCAO[555]. En l'espèce, le Procureur Général de Bafoussam (Cameroun), par simple message porté, arrêtait l'exécution engagée de l'arrêt du 24 août 1988 de la Cour d'appel du Centre- Sud pour le recouvrement d'un montant de 18.000.000 FCFA.

Dans l'optique d'éviter de sacrifier les intérêts du créancier, il faut donc que ce pouvoir d'opportunité soit encadré. D'abord, tout refus de la force publique d'apporter son concours doit être justifié par la nécessité d'éviter des troubles graves. Ensuite, l'huissier de justice doit porter ce refus à la connaissance du Procureur de la République dont la mission est de veiller à l'exécution des décisions de justice. Enfin, le créancier devrait, par le biais de l'huissier, être informé de ce refus, afin qu'il en tire toutes les conséquences[556].

---

[555] C.A. Yaoundé, Arrêt n°652/ Social du 24/08/1998 cité par L. M. A. ANANGA, op.cit., P.81.

[556] Noter que cette procédure est expressément prévue en droit français, par le décret n°92/755 du 31 juillet 1992 instituant les nouvelles règles relatives aux procédures

Cependant, pour la sauvegarde des intérêts du créancier, lorsque le refus est entaché d'illégalité, ou s'il n'est pas justifié[557], il peut donner lieu à une action devant le juge administratif. Il faut aussi dire à titre de droit comparé que l'article 16 de la loi française du 9 juillet 1991 prévoit qu'en cas d'inexécution dans une telle occurrence, l'Etat devrait verser une indemnité au créancier en réparation du préjudice qui en est résulté[558]. Il faut par la même occasion relever que le régime de cette responsabilité de l'Etat est favorable à la satisfaction du créancier puisque tout refus donne lieu à réparation.

Le respect de l'ordre public est par ailleurs l'une des conditions nécessaires à la reconnaissance et à l'octroi de l'*exequatur* aux décisions étrangères et sentences arbitrales. Cette condition, du fait de son manque de précision empêche quelques fois la circulation internationale des décisions de justice.

Conscient de la nécessité de préserver l'intérêt général et l'ordre social et économique de ses jeunes Etats parties, le législateur OHADA a mis en place des mécanismes permettant de matérialiser la protection ainsi proclamée.

---

civiles d'exécution pour l'application de la loi n°91-650 du 09 juillet 1991 portant réforme des procédures civiles d'exécution.

[557] Il faut noter comme indiqué plus haut que cette responsabilité est tantôt engagée pour faute, tantôt sans faute.

[558]Cons.Etat, 23 nov.1923, Couistéas, D.1923.3.59.S.1923.3.51. concl. com. gouv. Rivet et note Hauriou ; Cons. Etat, 3 juin 1938. Sté cartonneries Saint-Charles, *DP* 1938.3.55, note Appleton ; Cons. Etat, 21 avril 1948, Husson. *Rec.* P. 1978.

§2 : LES MOYENS DE PROTECTION DE L'INTÉRÊT GÉNÉRAL

En dehors du refus d'apporter son concours à l'exécution que l'Etat peut opposer au créancier, des moyens de protection de l'intérêt général ont été mis en place par le législateur. Il s'agit en bonne place de ces mesures, de l'affirmation du caractère d'ordre public des voies d'exécution d'une part, et de la reprise sans équivoque du principe de l'immunité d'exécution de l'Etat, d'autre part.

A- L'AFFIRMATION DU CARACTÈRE D'ORDRE PUBLIC DES VOIES D'ÉXÉCUTION

L'affirmation du caractère d'ordre public des voies d'exécution ne fait pas de doute. Il signifie que toute clause entre les parties qui viserait à écarter les règles légales est nulle. Il s'agit en réalité d'éviter que le débiteur ne soit irrégulièrement dépouillé de sa fortune. En effet, sous la pression de l'exécution forcée, il pourrait être tenté d'accepter toute proposition de sortie faite par le créancier.

En la matière, le législateur OHADA est parti du refus total, pour l'admission du pacte commissoire. Mais il prend bien le soin de l'encadrer pour ne pas remettre en cause le refus consacré depuis bel lurette, de la clause de voie parée.

1- L'encadrement du pacte commissoire

Le pacte commissoire est « *la convention(...) par laquelle le créancier se fait consentir le droit de s'approprier de lui-même (sans avoir à le demander au juge) la chose mise en gage, faute de paiement à l'échéance* »[559]. Ceci implique que les parties règlent de manière contractuelle les modalités de réalisation de la sûreté consentie en garantie d'une obligation principale contractuelle et sans recours au juge. Il s'agit sans nul doute là d'une manifestation du principe de l'autonomie de la volonté en matière contractuelle, mais qui doit être bien encadrée pour ne pas entraîner des abus.

Le législateur OHADA a fait évoluer sa position sur la question. C'est ainsi qu'il est parti en la matière d'une interdiction totale, à une admission encadrée. C'est qu'en effet, l'article 56.1 in fine de l'AUS du 17 avril 1997, s'inspirant de l'article 2078 du Code civil proscrivait totalement le pacte commissoire. Mais cette interdiction formelle a été adoucie à la faveur de l'évolution de la législation OHADA. A coup sûr, la réforme intervenue le 15 décembre 2010 et entrée en vigueur le 15 mai 2011 vient rompre avec cette interdiction totale.

Par cette admission, le législateur manifeste sa volonté d'éviter au créancier les aléas judiciaires et les difficultés liées à la mise en œuvre des voies d'exécution dans l'espace OHADA[560] en lui offrant des voies d'évitement de la saisie.

---

[559] G. CORNU, *Vocabulaire juridique,* Association Henri Capitant, 8e éd., PUF, 2007.

[560] M. BRIZOUA-BI, « L'attractivité du nouveau droit OHADA des hypothèques », *Droit et Patrimoine,* N° 197- novembre 2010, p. 87.

Le législateur a pris la peine de préciser le champ matériel du pacte commissoire. Ce dernier peut avoir à s'appliquer tant sur des biens meubles que sur les immeubles. Il ressort de l'article 104 al.3 que, « *Le créancier peut aussi faire ordonner par la juridiction compétente que le bien gagé lui sera attribué en paiement jusqu'à due concurrence du solde de sa créance et d'après estimation suivant les cours ou à dire d'expert* ». Néanmoins, selon l'alinéa 4 du même article, « *Si le bien gagé est une somme d'argent ou un bien dont la valeur fait l'objet d'une cotation officielle, les parties peuvent convenir que la propriété du bien gagé sera attribuée au gagiste en cas de défaut de paiement. Il en va de même pour les autres meubles corporels lorsque le débiteur de la dette garantie est un débiteur professionnel. En ce cas, le bien gagé doit être estimé au jour du transfert par un expert désigné à l'amiable ou judiciairement, toute clause contraire étant réputée non écrite* ». Le droit OHADA laisse donc aux parties le choix d'opter soit pour la réalisation judiciaire soit pour la réalisation conventionnelle du gage ou d'attendre de mettre en œuvre les voix d'exécution. Le choix du mode de réalisation des biens du débiteur par le créancier est donc réel tant en matière mobilière qu'immobilière.

Toutefois, la protection des non-commerçants est de mise ici. Pour éviter des abus, le législateur a pris le soin de limiter la portée de telles conventions et modalités d'attribution. Ces limitations tiennent compte de la qualité des parties au contrat, des biens insusceptibles d'en être l'objet ainsi les modalités de réalisation du pacte en passant par l'évaluation du bien en cause. Il est même désormais possible, pour une gestion professionnelle des sûretés et de leur accessoire conventionnel qu'est le pacte commissoire, d'en confier la responsabilité à un professionnel, l'agent des sûretés, institué par les articles 5 à 11 de l'AUS.

Relativement à la qualité du constituant, ne peuvent convenir des pactes commissoires que des professionnels. Il s'agit de personnes morales ou de personnes physiques immatriculées au registre du commerce et du crédit mobilier. Est considéré comme débiteur professionnel, *« tout débiteur dont la dette est née dans l'exercice de sa profession ou se trouve en rapport direct avec l'une de ses activités professionnelles, même si celle-ci n'est pas principale »*[561]. Il faut cependant noter que si l'on se réfère à la condition d'inscription sur le RCCM, l'entreprenant ne peut convenir d'un pacte commissoire sur ses biens. Pour s'en convaincre, il suffit de se rappeler que l'entreprenant est dispensé de l'inscription au RCCM[562]. La condition relative aux personnes morales et aux personnes physiques inscrites au RCCM est d'ordre public. Les parties ne peuvent par des conventions particulières y déroger. C'est donc la faculté d'opter pour un pacte commissoire qui perd ainsi de sa consistance lorsqu'on sait que les entreprenants et les acteurs du secteur dit informel représentent la part la plus importante du tissu économique dans l'espace OHADA.

En ce qui est des immeubles, seule l'hypothèque peut donner lieu au pacte commissoire. De même, l'immeuble objet du pacte commissoire ne doit pas être la résidence principale du débiteur, ni à « *usage d'habituation* »[563]. L'AUS n'a pas défini le contenu de cette notion.

---

561 Art. 3 de l'AUS.
562 Art. 30, al. 5 de l'Acte uniforme portant sur le droit commercial général.
563 Voir les articles 198 et 199 de l'AUS.

Or, selon l'article 2459 du Code Civil français, il s'agit de la résidence principale du débiteur.

Pour ce qui est des modalités de réalisation du pacte commissoire, il faut dire que ce dernier ne deviendra parfait que si le débiteur ne paie pas à l'échéance. Il s'agit là d'une exigence légale sans laquelle le transfert de propriété ne peut s'opérer. Il faut donc que l'obligation principale n'ait pas été exécutée. De même, selon l'article 199 al. 2, le débiteur doit avoir été mis en demeure de payer. En matière immobilière, il est prévu que ce n'est qu'à l'issue d'un délai de 30 jours suivant la mise en demeure (par acte extrajudiciaire) demeurée sans effet que le créancier peut faire constater à son profit le transfert de propriété. En matière mobilière par contre, aucun délai n'est prévu, pas plus qu'il n'est précisé de modalités selon lesquelles l'attribution conventionnelle du bien gagé prendrait effet[564]. On pourrait néanmoins considérer que les exigences de délai de huit (08) jours après sommation sont valables dans ce cas.

Par ailleurs, il n'est pas inutile de rappeler qu'au moment de la réalisation du pacte commissoire, la créance doit être liquide et exigible.

Relevons pour terminer que si le bien gagé n'est pas une somme d'argent ou un bien dont la valeur a fait l'objet d'une cotation officielle, ce dernier devrait être estimé au jour du transfert par un expert désigné à l'amiable ou judiciairement. Toute clause contraire est réputée non écrite[565]. De même, « *En cas d'attribution judiciaire ou conventionnelle, lorsque la valeur du bien excède le montant qui*

---

[564] Voir art. 104, al3. AUS.

[565] Art. 104 al 3, de l'AUS.

lui est dû, le créancier gagiste doit consigner une somme égale à la différence s'il existe d'autres créanciers bénéficiant d'un gage sur le même bien ou, à défaut, verser cette somme au constituant. Toute clause contraire est réputée non écrite. »[566]. Egalement, si la valeur de l'immeuble excède le montant de la créance garantie, le créancier doit verser au constituant une somme égale à la différence[567]. Sauf volonté contraire des parties, le transfert du bien est effectué au moment de l'inexécution avérée du débiteur, celui de l'échéance sans effet d'une mise en demeure puisqu'en principe, la seule échéance du terme ne constitue pas une faute.

Dans sa logique globale de protection des investisseurs, le législateur maintient que le pacte commissoire s'applique à tous les nantissements sauf en matière de nantissement de fonds de commerce. La seule modalité de réalisation du fonds de commerce reste donc la vente judiciaire suivant les articles 178. 2 de l'AUS et des dispositions de l'AUVE.

On constate ainsi que malgré sa volonté de booster le crédit, le législateur OHADA essaye autant que faire ce peut de ne pas briser l'équilibre entre les parties. Il devrait cependant, pour asseoir la cohérence en matière de pacte commissoire, arrimer l'AUVE[568] à ces nouvelles dispositions. Les législateurs nationaux sont tout aussi contraints, du moins dans les matières régies par l'OHADA et dans les textes particuliers de droit interne, à s'arrimer à cette nouvelle donne

---

[566] Art. 105 de l'AUS.

[567] Art. 200 de l'AUS.

[568] Notamment en introduisant des assouplissements aux articles 246 et 247 qui soumettent la vente forcée d'immeubles aux dispositions exclusives relatives aux saisies d'immeubles.

sans pour autant dépouiller l'interdiction de la clause de voie parée de toute sa substance.

2-Le refus de la clause de voie parée

L'admission du pacte commissoire ne remet pas en cause l'affirmation du caractère d'ordre public des voies d'exécution, même si elle atténue l'interdiction de la clause de voie parée. L'article 198 de l'AUS affirme toujours ce caractère. Selon l'alinéa 1 de cet article, « *A moins qu'il ne poursuive la vente du bien hypothéqué selon les modalités prévues par les règles de la saisie immobilière, auxquelles la convention d'hypothèque ne peut déroger, le créancier hypothécaire impayé peut demander en justice que l'immeuble lui demeure en paiement.* ».

La clause de voie parée est dès lors l'acte par lequel le débiteur consent à l'avance, au créancier, le droit de vendre le bien gagé à son profit en le dispensant de respecter les dispositions concernant la réalisation des sûretés ou les procédures d'exécution forcée.

Le maintien de l'interdiction de la clause de voie parée ne fait pas de doute. Cependant, il ne s'agit plus d'interdire complètement la réalisation contractuelle ou l'attribution judiciaire de la sûreté. En dehors des cas prévus par la loi, les parties ne peuvent, dans leurs conventions, convenir de modalités particulières de réalisation du gage. Les dispositions de l'AUS dans ce domaine sont d'ordre public. Il en est ainsi tant en ce qui concerne les conditions d'admission du pacte commissoire que des modalités de sa réalisation.

L'interdiction de la clause de voie parée a une portée personnelle et matérielle.

Sur le plan personnel, la condition relative aux personnes morales et aux personnes physiques inscrites au RCCM et aux personnes morales est d'ordre public. Les parties ne peuvent par des conventions particulières y déroger. Le pacte commissoire ne peut donc en aucun cas porter sur des garanties de crédits de consommation. L'autonomie de la volonté des parties n'a donc pas de force en ce qui concerne la dérogation à ces règles.

En ce qui est du champ matériel, il vise à la fois les biens n'entrant pas dans le domaine du pacte commissoire et les modalités de réalisation du pacte.

En ce qui est des biens interdits, que les parties soient ou non professionnelles, le pacte commissoire ne peut en aucun cas porter sur des immeubles à usage d'habitation principale. De même, pour ce qui est de la nature des biens concernés, tout accord visant à admettre une clause compromissoire dans l'hypothèse d'un nantissement d'un fonds de commerce est réputée non écrite.

Les parties ne peuvent pas non plus aller outre l'interdiction selon laquelle pacte commissoire ne deviendra parfait que si le débiteur ne paie pas à l'échéance. Egalement, est proscrit, tout accord visant à soustraire des biens de l'estimation d'un expert. Il en sera ainsi lorsqu'il ne s'agira pas de sommes d'argent ou de biens dont la valeur a fait l'objet d'une cotation officielle.

Par-dessus tout, le justiciable qui ne peut prétendre au bénéfice des articles 198 et 199 de l'AUS sus-évoqués ne pourra faire vendre les immeubles qui lui sont hypothéqués qu'en application des dispositions régissant la saisie d'immeubles. Sont donc concernés, tous les créanciers hypothécaires qui n'ont pas eu recours à un pacte commissoire ou qui n'ont pas demandé l'attribution de l'immeuble hypothéqué par devant le juge compétent. Il en va de même *a fortiori* de tout créancier chirographaire qui engage une saisie immobilière à la suite de la carence ou de l'insuffisance des biens meubles du débiteur. L'ensemble de ces créanciers est donc soumis à l'article 246 de l'AUVE qui rappelle que « *le créancier ne peut faire vendre les biens appartenant à son débiteur qu'en respectant les formalités prescrites (..)* » en matière de saisie immobilière.

A côté du caractère d'ordre public des mesures prescrites dans le cadre des saisies, les Etats de l'OHADA reprennent avec vigueur le vieux principe de l'immunité d'exécution totale.

B- L'IMMUNITÉ D'ÉXÉCUTION

L'immunité d'exécution est une faveur exceptionnelle de la loi en vertu de laquelle certains débiteurs ne peuvent faire l'objet d'une exécution forcée. Ce principe a été énoncé en droit français par le Tribunal des conflits[569] dans l'une des décisions fondamentales consacrant la séparation entre le droit administratif et le droit commun. Selon cette décision, un établissement public se caractérise par les prérogatives de puissance publique dont celui-ci pouvait faire usage. En l'espèce, les associations syndicales autorisées constituent

---

[569] Tribunal des conflits, 9 décembre 1899, Association Syndicale du Canal de Gignac, n° 00515.

des établissements publics, à l'encontre desquels ne peuvent être exercées les voies d'exécution du droit commun.

Si ce principe est affirmé sans concession dans chacun des Etats parties de l'OHADA, il l'est de moins en moins en droit international.

1- L'immunité d'exécution en droit interne

En droit interne, l'immunité d'exécution bénéficie à l'Etat[570], aux collectivités territoriales décentralisées[571]et aux établissements publics administratifs[572]. Si la mesure n'est pas contestée pour ces derniers,

---

[570] Il s'agit ici de l'Etat *stricto sensu,* aussi bien dans sa structure centrale (Présidence de la République, Services du Premier Ministre, Ministères) que dans sa structure déconcentrée (les représentations locales des différents départements ministériels pour la déconcentration technique, et les services des différentes circonscriptions administratives, notamment les régions, les départements et les arrondissements, pour ce qui est de la déconcentration géographique). Pour plus de détails, lire utilement le décret n° 2008/376 du 12 novembre 2008 portant organisation administrative de la République du Cameroun. L'impossibilité de soumettre l'Etat aux voies de contrainte ayant cours en droit privé a été reconnue très tôt par la cour de cassation française, en son arrêt du 31 mars 1819, *Enregistrement c/ Jousselin.*

[571] Pour le cas du Cameroun, V. les dispositions de l'article 3 de la loi n° 2004/017 du 22 juillet 2004 portant orientation de la décentralisation. Il s'agit des communes, des communautés urbaines et des régions. Lire en complément, les lois n° 2004/018 du 22 juillet 2004 fixant les règles applicables aux communes, et n° 2004/019 de la même date, fixant les règles applicables aux régions. Il faut noter que l'impossibilité de soumettre l'Etat à une saisie, reconnue par la cour de cassation française en 1819, a été étendue aux collectivités territoriales décentralisées par arrêt du 16 décembre 1965, *Commune d'auzay-le-Rideau.*

[572] La loi camerounaise n° 99/016 du 22 décembre 1999 portant statut général des établissements et des entreprises du secteur public et parapublic définit l'Etablissement public administratif comme *« une personne morale de droit public, dotée de l'autonomie financière et de la personnalité juridique, ayant reçu de l'Etat ou d'une collectivité territoriale décentralisée un patrimoine d'affectation, en vue de réaliser une mission d'intérêt général ou d'assurer une obligation de service public».* En guise d'exemples, nous pouvons citer les hôpitaux, les universités, les grandes écoles… Par l'arrêt *Canal de Gignac* du 18 décembre 1989, le Tribunal des conflits a décidé que *« les voies d'exécution instituées par le code de procédure*

son opportunité est sujette à discussion en ce qui est des entreprises publiques industrielles et commerciales (EPIC), des entreprises parapubliques ou autres sociétés d'Etat.

Le législateur a repris sans restriction ni réserve le principe de l'immunité d'exécution des personnes morales de droit public[573]. Ce principe est affirmé à l'article 30 de l'AUVE[574]. Cette immunité est absolue et aucune mesure de contrainte, conservation ou exécution ne peut être engagée contre ces personnes.

Face à une telle rigueur, le législateur a essayé d'en atténuer les conséquences en prévoyant à l'alinéa 2 de cet article, la possibilité d'une compensation entre le créancier et les personnes morales de droit public. Mais il faut tout de suite dire que ce texte n'a pas réussi à atténuer les effets de cette affirmation. En effet, l'objet et le domaine de ce mécanisme d'extinction des obligations restent imprécis. De même, l'incertitude de la nature juridique de la compensation ici en réduit la portée[575].

Face à la proscription absolue posée par ce texte, les précisions de la CCJA étaient attendues dans le sens de la restriction du domaine de l'immunité d'exécution dans l'optique d'être plus en phase avec les buts de l'OHADA.

---

civile pour le recouvrement des créances entre les particuliers ne peuvent être suivies vis-à-vis des établissements publics ».

573 F. ONANA ETOUNDI, *OHADA, Jurisprudence thématique, commentée et annotée de la Cour Commune de Justice et d'Arbitrage (1997-2008)*, collection Pratique et Contentieux de Droit des Affaires, Yaoundé, *Presses de l'AMA*, juin 2009, p. 391.

574 Selon cet article, *« L'exécution forcée et les mesures conservatoires ne sont pas applicables aux personnes qui bénéficient d'une immunité d'exécution »*.

575 *Ibid.*

Dans l'Affaire AZIABLEVI YOVO et autres c/ TOGO TELECOM[576], la juridiction communautaire reste sur la position rigoureuse de l'AUVE. En l'espèce, l'article 2 de la loi togolaise n° 090/26 du 04 décembre portant réforme du cadre institutionnel et juridique des entreprises publiques qui soumet ces dernières aux règles de la comptabilité privée, rendant leurs biens saisissables, était en cause. Cette loi n'est pas isolée puisqu'une loi ivoirienne va dans le même sens. Ces législations cherchent en réalité à rendre compétitives les entreprises du secteur public en les soumettant aux règles de droit privé, ce qui pourrait contribuer à attirer plus d'investisseurs ainsi assurés de recouvrer leurs créances.

Cet argumentaire n'a pas été suivi par la CCJA pour qui de telles dispositions ne soustraient pas le bénéfice de l'immunité à ces entreprises et sont au demeurant contraires à celles des articles 30 et 336 de l'Acte uniforme et à l'article 10 du traité OHADA.

Cet arrêt qui semble irréprochable du point de vue de sa légalité pousse néanmoins à s'interroger sur sa conformité aux objectifs que se fixe l'OHADA et donc à son esprit d'ensemble. Le préambule du Traité souligne en effet que les Actes uniformes doivent être appliqués avec diligence, dans les conditions propres à garantir la sécurité juridique des activités économiques, afin d'encourager l'investissement. On peut tout de suite dire que l'article 30 de l'AUVE et l'application qui en est faite ne sont pas de nature à faciliter l'atteinte de ces objectifs. On se serait attendu à ce que la haute juridiction donne une orientation restrictive à l'immunité d'exécution, interprétation qui aurait été conforme tant à la nécessité d'assurer la

[576] Arrêt n° 043/2005 du 07 juillet 2005.

continuité du service public qu'au souci de sécurisation des activités économiques. De même, il s'ouvre ici une brèche à l'insécurité juridique du fait de la diversité des textes régissant la matière dans les différents Etats membres. Comme on pouvait s'y attendre, cette décision a essuyé les critiques de l'ensemble des observateurs de l'OHADA comme ramant à contre-courant des tendances internationales en la matière et des objectifs clairement affichés par l'OHADA.

On aurait pensé qu'à d'autres occasions, la haute Cour reverrait sa position dans le sens d'adoucir l'affirmation de l'immunité d'exécution des sociétés d'Etat. Bien au contraire, par deux autres décisions, elle renouvelle sa fermeté quant à l'immunité d'exécution totale dont bénéficient les entreprises publiques ou sociétés d'Etat[577].

Le législateur en posant qu'aucune mesure d'exécution ne peut être engagée contre les personnes bénéficiant de l'immunité d'exécution semble laisser le soin aux législateurs étatiques de préciser ces personnes ainsi que le régime de cette immunité. Certaines décisions font ainsi référence à des textes nationaux[578].

Il apparaît alors clairement que l'orientation retenue reste en total déphasage avec l'évolution de la question de l'immunité d'exécution en droit international.

---

[577] CCJA, Arrêt n°024/2014 du 13 mars 2014 : Aff. KOUATOUATI AKAKPO et 18 autres c/ Sté TOGO-PORT ; CCJA, Arrêt n°009/2014 du 27 février 2014 : Aff. Sté des Télécommunications du Tchad C/ Sté SAS ALCATEL SPACE.

[578] TPI Bafoussam, ord. référé n° 37 du 28 janv. 2004, SNEC SA c/ Djekou Joseph, SGBC SA Bafoussam, BICEC Bafoussam. Le juge fait appel ici à la loi camerounaise n° 99/016 du 22 décembre 1999 portant statut général des établissements publics. Voir également TPI de Bouaké, jugement n° 105 du 23 juin 2005, Institut National Polytechnique Houphouet-Boigny c/ Mian Assa Séraphin, juriscope.org. Ce dernier jugement renvoie clairement à la loi ivoirienne n° 08-338 du 02 juillet 1998.

2- L'immunité d'exécution en droit international

En droit international[579], l'immunité d'exécution bénéficie aux Etats étrangers[580], à leurs émanations personnelles[581] et matérielles[582] ainsi qu'aux organisations internationales[583]. Pour ces acteurs, la CCJA a eu l'occasion d'affirmer les contours de l'immunité dont elles bénéficient. La haute Cour n'admet le principe de l'immunité des organisations internationales que si cette dernière est actuelle.

---

[579]D'innombrables instruments juridiques ont été consacrés, soit entièrement, soit partiellement, à la question de l'immunité de saisie de l'Etat. Sur le plan universel, nous pouvons citer la convention de Vienne sur les relations diplomatiques du 18 avril 1961, la convention de Vienne sur les relations consulaires du 24 avril 1963, la convention de Bruxelles du 24 mars 1934 relative aux navires d'Etats, la convention de Montego Bay de 1982 relative au droit de la mer, la convention des Nations Unies sur les immunités juridictionnelles des Etats et de leurs biens... Sur le plan communautaire, nous pouvons mentionner la convention européenne du 16 mai 1972 sur l'immunité des Etats, et plus proche de nous, l'Acte Uniforme OHADA portant organisation des procédures simplifiées de recouvrement et des voies d'exécution. Au niveau interne, certains pays ont dédié un texte spécial à la question. Il est ainsi du Royaume Uni avec la *State immunity Act de 1978,* et des Etats Unis d'Amérique du nord avec la *foreign immunities Act de 1976.*

[580] Selon la jurisprudence, même non reconnu, l'Etat étranger bénéficie de l'immunité de saisie. *Civ. 2 nov. 1971, République Démocratique du Vietnam c/ Clerget, RCDIP 1972. 310, note (P) BOUREL.*

[581] Notamment les chefs d'Etats étrangers, les agents diplomatiques et leurs subordonnés, les ministres plénipotentiaires. Pour plus de détails, lire les conventions de Vienne des 18 avril 1961 et 24 avril 1963, respectivement sur les relations diplomatiques et sur les relations consulaires. Voir également, *mutatis mutandis, Paris, 31 mai 1994, MOBUTU SESE SEKO, République du Zaïre c/ Sté Logrine ; Avis consultatif CIJ du 29 avril 1999.*

[582] Les ambassades et consulats, outre d'autres organismes étatiques installés en sol étranger. *CA Paris, 10 août 2000, JCP 2001, II, 10512 ; Ord. CIJ du 15 déc. 1979, Rec. 1979, p. 7.*

[583] C'est le cas de l'OHADA selon les articles 47 et 48 du Traité du 17 octobre 1993 relatif à l'harmonisation du droit des affaires en Afrique. Pour ce qui concerne le personnel de cette Organisation, on lira utilement l'article 49 du Traité suscité tel que révisé à Québec le 17 octobre 2008. C'est aussi le cas de l'Organisation des Nations Unies et d'autres organisations internationales.

Pour elle en effet, la saisie-attribution des créances, pratiquée au préjudice d'une organisation internationale, intervenue durant la période de suspension de l'immunité diplomatique dont elle bénéficiait est valide[584].

Il convient, pour aborder la question de l'immunité d'exécution en droit international, d'analyser sa portée, ses limites et l'épineuse question de la renonciation tacite ou implicite.

L'application de l'immunité d'exécution en droit international a une portée restrictive. Cette tendance a commencé à s'amorcer depuis le début du 19ème siècle en raison de l'implication de plus en plus croissante des Etats dans les activités du commerce international. C'est qu'en réalité, les opérateurs privés devenaient de plus en plus réticents à contracter avec l'Etat qui ne renonçait pas dans les conventions passées avec eux, à son immunité d'exécution. Dans l'intérêt du commerce international, les Etats ont accepté de renoncer à leurs immunités à travers la convention des Nations Unies sur les immunités juridictionnelles des Etats et de leurs biens du 2 décembre 2004. Cette convention est l'aboutissement d'un long processus.

En effet, si les Etats y renonçaient déjà dans leurs conventions commerciales, l'atténuation de l'absolutisme de l'immunité d'exécution des Etats prend un tournant décisif avec l'affaire République Islamique d'Iran et OITE contre Société Framatome et autres. Dans cette affaire, la Cour de cassation française affirme que « *si l'immunité d'exécution dont jouit l'Etat étranger et ses départements ministériels est de principe, elle peut toujours être*

[584] CCJA, Arrêt n°022/2013 du 18 avril 2013 : Aff. Organisation Internationale pour les Migrations (OMI) c/ Madame MEKPE ODJO Marguerite.

exceptionnellement écartée, notamment, lorsque le bien saisi a été affecté à l'activité économique ou commerciale relevant du droit privé, qui donne lieu à la demande en justice, même si cette affectation n'a pas été prévue par une clause expresse du contrat, la juridiction saisie pouvant rechercher par tous moyens, si cette affectation existe »[585]. Cette jurisprudence sera ultérieurement reprise par bien d'autres décisions[586]. En réalité, l'immunité d'exécution perd sa raison d'être lorsque « *l'Etat se met en civil* » selon la belle formule de Marcel Waline.

Plus récemment en France, il a été admis que si les biens saisis ont été affectés à l'activité économique, commerciale ou civile de l'Etat relevant du droit privé, la position classique de la jurisprudence est qu'ils peuvent être saisis. Tel est le cas, par exemple, des biens immobiliers en France acquis par un Etat pour loger son personnel diplomatique (mais pas l'Ambassadeur)[587].

Cependant, si les biens ne sont pas affectés à une activité commerciale, l'enjeu revient alors à déterminer si l'Etat a renoncé à son immunité d'exécution. Il arrive en effet que des cocontractants puissants de l'Etat lui imposent une telle renonciation[588].

Dans une telle occurrence, la renonciation peut être expresse ou tacite. La jurisprudence a ainsi admis qu'un Etat pouvait de manière implicite, renoncer à son immunité d'exécution, par exemple en

---

585 Cass. civ.1ère Ch. Civ., 20 mars 1989, Clunet, 1004.

586 Affaire Eurodiff : *Bull. civ.*I. n° 98, *JCP*1984.II.20205, concl. Av. gén. Gulphe. ; Arrêt Sonatrach : *JCP* 1986.I.20566. concl. Av. gén. Gulphe, note H. Synvet.

587 Civ., 1re, 25 janv. 2005, Bull civ. I, n° 39 ; D. 2005. Jur. 616, avis Sainte-Rose.

588 R. THOMINETTE, « Faut-il interdire au créancier d'un Etat étranger d'avoir accès aux juridictions françaises ? », *Recueil Dalloz – 2007 – n°27, p. 1899.*

acceptant une clause d'arbitrage faisant référence à un règlement prévoyant que les parties s'obligent à exécuter la sentence arbitrale[589]. Il est aussi admis que l'acceptation d'une clause d'arbitrage emporte une telle renonciation, sauf existence d'une clause contraire[590]. Mais cette renonciation ne concerne pas les biens des représentations diplomatiques, notamment leurs comptes qui sont protégés par l'immunité diplomatique qui résulte de la Convention de Vienne du 18 avril 1961, dès lors que les sommes déposées sur ces comptes sont affectées à l'exercice de la mission diplomatique. Pourtant, un arrêt de la Cour d'appel de Paris affirme que « *les comptes bancaires d'une ambassade sont présumés être affectés à l'accomplissement des fonctions de la mission diplomatique [et] il appartient dès lors [au créancier] de rapporter la preuve que le compte saisi est affecté à une activité ne relevant pas de l'exercice des fonctions de la mission diplomatique de l'ambassade*[591] ». Sur la base de cette décision, on pourrait conclure que le créancier qui engage une saisie sur les actifs de l'ambassade n'en est pas empêché, à condition de prouver que les sommes saisies ont été utilisées à d'autres fins que celles de la mission diplomatique. Seulement, cette position jurisprudentielle qui améliore la situation du créancier ne remet pas en cause le principe de l'immunité d'exécution absolue qui bénéficie aux Etats et à leurs émanations pour des biens affectés à une mission avérée de service public.

---

[589] Civ. 1re, 6 juill. 2000, Bull. civ. I, n°207 ; D. 2001. Chron. 2139, par J. Moury.
[590] Voir affaire Norbert Beyrand c/ République de Côte d'Ivoire, Cass. Civ., 9 juillet 1992, *Rev. Arb.* 1994, 133, note Ph. TERRY.
[591] Paris, 21 sept. 2006, Juris-Data, n°2006- 315151.

Une autre possibilité offerte au créancier de pouvoir saisir les actifs de l'ambassade est de rapporter la preuve d'une renonciation à l'immunité diplomatique prévue par la Convention de Vienne. Dans une telle occurrence, la Cour d'appel de Paris rejette le principe de la renonciation implicite et considère que la renonciation à l'immunité diplomatique doit être spécifique et que la renonciation générale par un Etat à ses immunités, sans viser expressément celle découlant de la Convention de Vienne, ne saurait rendre saisissables les actifs diplomatiques de l'Etat en France[592]. Cette position a été récemment confirmée par la Cour de cassation lorsqu'elle affirme qu'un Etat ne peut renoncer à son immunité d'exécution « *que de manière expresse et spéciale, en mentionnant les biens ou la catégorie de biens pour lesquels la renonciation est consentie* »[593]. Ainsi, même suite à la renonciation de l'immunité d'exécution, le créancier ne pourra pas saisir les biens affectés à une activité de souveraineté ou à une mission de service public.

La question s'est posée de savoir si la renonciation par un Etat à son immunité de juridiction, pouvait d'office emporter renonciation à l'immunité de saisie. Pour certaines conventions internationales, les deux renonciations sont à dissocier[594]. Seulement, la plupart des

---

[592] Paris, 10 août 2000, D. 2001. Jur. 2157, note Fongaro ; 26 sept. 2001, D. 2001. IR. 3017. Voir dans le même sens, *CA Paris, 26 septembre 2001, République du Cameroun c/ Société Winslow Bank & trust company Ltd, Rev. cam. Arb*, n° 30, juillet-août-sept. 2005, Pp. 13 et s.

[593] Cass. Civ,1re, arrêt n° 11- 13323 du 28 mars 2013. Affaire Air France c/ NML capital Ltd (société détenue par le fond d'investissement américain), citée par A. U. BONO, « L'immunité d'exécution des personnes morales de droit public à l'épreuve de la pratique en droit OHADA », *Revue de l'ERSUMA, n° 3- septembre 2013, p.90, note 428.*

[594] La convention de vienne de 1961 sur les relations diplomatiques dispose en son article 32 al 4 que *« la renonciation à l'immunité de juridiction pour une action*

instruments juridiques relatifs à l'arbitrage consacrent le principe du cumul des renonciations. Il en est ainsi du règlement d'arbitrage de la Chambre de Commerce International. Faisant application de ce règlement d'arbitrage, la Cour d'appel de Rouen, dans une affaire ayant opposé la société BEC Frères à l'Office des céréales de Tunisie, a jugé qu'en *« souscrivant à des clauses compromissoires sans lesquelles à l'évidence les marchés n'auraient pas été conclus puis en s'y soumettant, l'Etat tunisien a ainsi accepté les règles du droit commun du commerce international : qu'il a, par là même, renoncé à son immunité de juridiction et, les conventions devant s'exécuter de bonne foi, à son immunité d'exécution (...) »*[595]. La Cour de cassation s'est plus tard prononcée dans le même sens[596]. Cette solution dérive, du caractère obligatoire et exécutoire de la sentence arbitrale CCI, découlant de l'article 28 de son règlement d'arbitrage et il n'y a, *a priori,* aucun obstacle à ce que le même raisonnement soit applicable à tout arbitrage en général, et à l'arbitrage OHADA en particulier[597].

Il faut dire que les Etats de l'OHADA rament à contre-courant de cette dernière tendance internationale et optent pour la dissociation des

---

civile ou administrative n'est pas censée impliquer la renonciation à l'immunité quant aux mesures d'exécution du jugement, pour lesquelles une renonciation distincte est nécessaire ». De même, la convention sur les immunités juridictionnelles des Etats et de leurs biens prévoit en son article 20 que *« dans le cas où le consentement à l'adoption des mesures de contrainte est requis en vertu des articles 18 et 19, le consentement à l'exercice de la juridiction au titre de l'article 7 n'implique pas qu'il ait consentement à l'adoption des mesures de contrainte ».*

595 CA de Rouen, 20 juin 1996, Société BEC Frères c/ Office des céréales de Tunisie, *Rev. arb. 1997, 263.*

596 Civ. 1ère, 6 juill. 2000, Société Creighton Ltd c/ Min. fin. De l'Etat du Qatar et Min. aff. Mun. et agr du gouvernement de l'Etat du Qatar, *JCP E 2001, n° 5, p. 223.*

597 L'article 23 AUA et l'article 27 du règlement d'arbitrage CCJA reconnaissant à la sentence arbitrale, les caractères obligatoire et exécutoire.

immunités de juridiction et de saisie, en appliquant sans restriction l'immunité d'exécution. Cet état de choses ressort par exemple de l'arrêt n° 105 du 13 juin 2001 rendu par la Cour d'appel de Niamey dans l'affaire société IRAN ou encore de l'affaire Société SONARA c/ African Petrolium Consultants (APC) du TGI de Buea[598]. Dans ce dernier arrêt, le tribunal a ordonné la mainlevée de la saisie pratiquée sur les biens de la SONARA (Société Nationale de Raffinage du Cameroun) alors que cette dernière avait librement consenti à être partie à un arbitrage conformément à l'article 2 al. 2 de l'Acte uniforme sur l'arbitrage[599].

Une telle hostilité sans réserve à l'exécution forcée contre l'Etat et ses émanations est contraire à l'objectif de l'OHADA d'établir un courant de confiance en faveur des économies des Etats-parties dans l'optique de créer un nouveau pôle de développement en Afrique. On sait que cet état de fait peut avoir un coût pour la zone OHADA, tant en termes financier qu' « *en termes d'image, les créanciers n'hésitant pas à avoir recours à des moyens de publicité qui entachent la réputation de l'Etat sur les marchés de capitaux.*[600] »

Sur la base de ce qui vient d'être dit, il ne reste plus qu'à espérer que les juridictions de l'OHADA, notamment la CCJA, fassent preuve d'audace et suivent les tendances internationales en la matière.

---

[598] Inédit ; cité par G. KENFACK DOUAJNI, "Les Etats parties à l'OHADA et la convention des Nations Unies sur les immunités juridictionnelles des Etats et de leurs biens", *Revue Camerounaise de l'Arbitrage*, n°32-janvier-février-mars 2006, P.3 et S.

[599] Selon ce texte, « *Les Etats et les autres collectivités territoriales ainsi que les établissements publics peuvent également être parties à un arbitrage, sans pouvoir invoquer leur propre droit pour contester l'arbitrabilité d'un litige, leur capacité à compromettre ou la validité de la convention d'arbitrage* ».

[600] R. THOMINETTE, op.cit., p. 1900

De même, on peut espérer que sur le plan national, les législateurs consacrent les procédures de « mandement d'office» et de « mandement obligatoire »[601] qui constituent avec l'astreinte, des voies d'exécution administrative qui pourraient, peu ou prou, contribuer à vaincre la récalcitrance de l'Etat à exécuter les titres exécutoires.

A côté de l'immunité d'exécution, l'une des mesures d'encadrement des opérations de saisie et de protection de l'intérêt général lors de l'action du créancier est la précision par la loi des personnes habilitées à faciliter les mesures de matérialisation des droits du poursuivant.

C- LA PRÉCISION DES FACILITATEURS DE LA SAISIE

L'expression «*facilitateurs* » désigne ici l'ensemble des personnes dont le concours légal favorise le recouvrement paisible et efficace de la créance. Ils permettent au créancier de recouvrer sa créance sans pour autant perdre de vue les intérêts du débiteur. Ils arbitrent donc les demandes et intérêts des acteurs de la saisie.

Il est de l'intérêt de la société tout entière que le créancier, titulaire du droit de saisir ne puisse pas le mettre en œuvre par lui-même ou par ses propres moyens pour éviter des abus et troubles de toutes sortes. Ses doits sont exercés à la fois par le personnel judiciaire et le personnel auxiliaire.

---

[601] Le mandement d'office ou obligatoire consacré par le législateur français depuis 1980, est une procédure d'inscription d'une dette au budget de la personne morale débitrice. Elle ne peut être mise en œuvre qu'en présence d'une décision de justice passée en force de chose jugée. Le mandement est dit d'office lorsqu'il s'agit des dettes d'une collectivité territoriale et obligatoire pour les dettes qui incombent à l'Etat.

1- Le personnel judiciaire

Il convient de noter que l'AUVE a procédé à une déjudiciarisation de la saisie de sorte que le juge n'intervient plus que de manière exceptionnelle. Il ne pouvait en être autrement puisqu'il était question de faciliter le recouvrement des créances par une célérité accrue des procédures. Si le rôle exceptionnel du Ministère Public est diversement apprécié en matière d'exécution des décisions civiles, la question de la détermination du juge compétent en matière de saisie suscite des controverses.

a- La détermination de la compétence du juge en matière de saisies

Le souci de célérité qui anime le législateur le conduit en matière mobilière à ne réserver le rôle du juge que soit pour autoriser la saisie conservatoire, soit pour délivrer un titre exécutoire ou alors débloquer les difficultés qui pourraient naître de la saisie. La question du juge compétent pour autoriser les mesures conservatoires ne pose pas de problème tout autant que celle du juge chargé de la vente de l'immeuble[602]. Notre analyse sera donc axée sur la détermination du juge de l'exécution et de sa compétence matérielle ainsi que sur le juge territorialement compétent.

L'huissier ou l'agent d'exécution peut rencontrer des difficultés dans la procédure de saisie. Dans une telle hypothèse, l'article 48 de

[602] Le tribunal compétent du lieu de situation de l'immeuble est logiquement compétent en la matière. Voir les articles 266 et s. de l'AUVE.

l'AUVE lui permet de saisir la juridiction compétente en assignant les parties à comparaître. Mais la question se pose alors de savoir de quelle juridiction il s'agit. Pour l'article 49 de l'AUVE, il s'agit du « *président de la juridiction statuant en matière d'urgence ou le magistrat délégué par lui* ». Il revenait alors à chaque Etat de déterminer cette juridiction dans son organisation judiciaire[603].

Pour répondre à ce souci, la loi camerounaise du 29 décembre 2006 sur l'organisation judiciaire instaure un juge de l'exécution. Cette loi a été critiquée[604] pour avoir violé le principe du double degré de juridiction en retenant le président de la Cour d'appel et celui de la Cour suprême pour connaître des difficultés d'exécution liées leurs propres décisions. Malgré ces critiques, le législateur camerounais à travers la loi n° 2007/001 du 19 avril 2007 qui vient préciser la juridiction du juge de l'exécution, " persiste et signe" dans son "erreur"[605] en instituant un "juge de l'exécution au pluriel"[606]. Selon ce texte, le juge compétent est le président de la juridiction qui a rendu la décision en cause[607]. Il s'agit donc des présidents des juridictions

---

[603] Il convient de rappeler que le droit OHADA consacre le principe de l'autonomie institutionnelle et procédurale. Ce dernier signifie qu'en l'absence d'un *corpus* de règles processuelles propres, le droit OHADA, pour les besoins de son application par les juridictions nationales, renvoie aux règles de procédure de droit national qui permettent sa mise en œuvre effective au sein de chaque Etat-partie.

[604] Voir F. ANOUKAHA, " La réforme de l'organisation judiciaire au Cameroun", *juridis Périodique* n° 68-2006, pp.45 et s.

[605] Ces expressions sont de F. ANOUKAHA "Le Juge du contentieux de l'exécution des titres exécutoires : le législateur camerounais persiste et signe…l'erreur", *Juridis Périodique,* n°70, avril- mai- juin 2007, pp. 33-38.

[606] Voir J. FOMETEU, "Le Juge de l'Exécution au pluriel ou la parturition au Cameroun de l'article 49 de l'Acte Uniforme OHADA portant voies d'exécution", *Juridis Périodique,* n°70, avril- mai- juin 2007, pp.97-109.

[607] Selon l'article 3 (1) de cette loi, « *le juge du contentieux de l'exécution des décisions judiciaires nationales est le président de la juridiction dont émane la*

d'instance, du président de la Cour d'appel et le premier président de la Cour suprême.

En disposant ainsi, le législateur prive les décisions rendues par la Cour d'appel et la Cour suprême d'un recours en appel. En effet, selon la loi camerounaise, la décision rendue par le président de la Cour d'appel est susceptible de pourvoi[608] alors que celle du président de la cour suprême ne peut faire l'objet d'aucun recours[609]. Ainsi, le législateur camerounais viole doublement l'article 49 al.2 de l'AUVE qui prévoit que la décision du juge de l'exécution fasse l'objet d'un appel.

Toute la doctrine, en dépit des erreurs du législateur camerounais s'accorde à reconnaître que le juge de l'exécution est le président du Tribunal de Première Instance territorialement compétent. Il doit en être ainsi parce que le juge compétent doit être juge de l'urgence et ses décisions doivent être susceptibles d'appel. En plus, pour un souci de célérité et d'efficacité, cette compétence doit être dévolue à un seul juge.

Il s'est ouvert un débat sur la casquette du juge de l'urgence dont parle l'Acte uniforme. S'agit-il du juge des requêtes, du juge des référés ou d'un juge autonome ? Cette question a donné lieu au Cameroun, à un véritable débat au sein de la doctrine et une jurisprudence divisée entre les deux positions en présence. A l'observation, aucune de ces tendances ne semblait être exempte de reproche. Nous pensons que ce débat doit être clos aujourd'hui avec la loi camerounaise de 2007 qui

---

décision contestée, statuant en matière d'urgence ou le magistrat de sa juridiction qu'il délègue à cet effet ».

608 Art.3 al.5. de la loi du 19 avril 2007 précitée.

609 Cf. art 3 (6).

institue un juge du contentieux de l'exécution. S'il avait voulu opérer un choix entre le juge des requêtes et le juge des référés, le législateur camerounais se serait contenté d'aménager les attributions des juridictions existantes, mais l'article 1er de cette loi précise bien que son objet est d'instituer un juge de l'exécution.

On constate cependant que le débat sur la détermination du juge de l'exécution reste d'actualité. Si pour une certaine doctrine, la définition d'une pluralité de juges de l'exécution ne fait plus de doute au regard de la loi n° 2007/001 du 19 avril 2007 instituant le juge du contentieux de l'exécution et fixant les conditions de l'exécution au Cameroun des décisions judiciaires et actes publics étrangers ainsi que les sentences arbitrales étrangères, la jurisprudence n'est pas encore constante. On se serait attendu que, malgré les critiques adressées à la loi sus-citée, le juge applique la maxime *lex specialia generalibus derogant.* A notre avis, les juges camerounais étaient astreints à l'application de cette règle jusqu'à ce que la CCJA se prononce sur la conformité de la loi camerounaise. Pourtant, la Haute Cour fera une appréciation différenciée de la loi camerounaise dans un même arrêt.

Pour la CCJA en effet, législateur OHADA n'ayant pas indiqué avec exactitude le président de la juridiction dont il s'agit, le soin a été laissé aux Etats parties d'apporter cette précision. Elle retient par conséquent que, « *attendu qu'en droit camerounais, l'article 3-1 de la loi n° 2007/001 du 19 avril 2007 instituant le juge du contentieux de l'exécution dispose que : « le juge du contentieux de l'exécution des décisions judiciaires nationales est le Président de la juridiction dont émane la décision contestée, statuant en matière d'urgence ou le*

Magistrat de sa juridiction qu'il délègue à cet effet ; qu'en application du principe de droit « specialia generalibus derogant » c'est donc bien les dispositions de cette loi spéciale qui s'appliquent au détriment de la règle générale édictée par l'article 211 du code de procédure civile et commerciale du Cameroun selon lequel « si le jugement est confirmé, l'exécution appartiendra au tribunal qui l'a rendu » »[610]. On se serait attendu que la CCJA pousse son raisonnement au-delà et censure la loi camerounaise comme contraire à l'art. 49, au moins en ce qui concerne la violation du principe de double degré de juridiction notamment pour ce qui est des décisions rendues par les cours d'appel et la Cour suprême. Au contraire, cet arrêt vient définitivement valider la consécration d'un juge de l'exécution « au pluriel » sur le territoire camerounais.

Pourtant, selon la même décision, sur le plan des délais de recours, le texte camerounais contraire à celui de l'OHADA a été censuré par le Haute Cour. Ainsi selon la CCJA, la loi n° 2007/001 du 19 avril 2007 instituant le juge du contentieux de l'exécution indique à son article 3 al. 5 que « *lorsque le juge du contentieux de l'exécution est le président de la Cour d'appel ou le magistrat que celui-ci a délégué à cet effet, sa décision est susceptible de pourvoi dans un délai de quinze (15) jours à compter de son prononcé* ». Or, l'article 28-1 du Règlement de la Procédure de la Cour indique que le délai du pourvoi est de deux (02) mois à compter de la signification de la décision

[610] CCJA, Arrêt n° 097/2013 du 22 novembre 2013 : Aff. SGS c/ MBOMBO'O Mama.

attaquée. En application de l'article 10 du Traité OHADA, l'application de la loi camerounaise a été censurée en la matière[611].

Quant à sa compétence matérielle, le juge de l'exécution est compétent pour connaître de tout ce qui a trait à l'exécution forcée des décisions de justice et autres actes, des demandes en reconnaissance et en *exequatur* des décisions judiciaires et actes publics étrangers, des sentences arbitrales nationales et étrangères[612]. Ce juge a donc deux missions. Il agit tantôt comme juge de la reconnaissance et l'*exequatur* des actes et décisions extrajudiciaires et étrangers, tantôt comme juge des difficultés de l'exécution. Il est compétent pour connaître de toutes les difficultés liées à l'exécution, donner une autorisation pour une saisie conservatoire, pour donner mainlevée à une saisie.

Le juge de l'exécution est saisi par assignation selon l'art. 48 al.2 de l'AUVE. Son ministère est caractérisé par la célérité car, une fois que le défendeur a été assigné et qu'il n'a pas comparu, la décision peut être rendue en son absence. De même, la décision est susceptible d'appel dans le délai de 15 jours. Le délai d'appel comme son exercice ne sont pas suspensifs de l'exécution sauf décision contraire motivée du juge compétent[613].

---

[611] Arrêt n° 097/2013 du 22 novembre 2013, *op.cit.*.

[612] Voir art.2 de la Loi n°2007/001 du 19 avril 2007 instituant le juge du contentieux de l'exécution et fixant les conditions de l'exécution au Cameroun des décisions judiciaires et actes publics étrangers ainsi que les sentences arbitrales étrangères.

[613] Article 49 al.2 et 3 de l'AUVE.

Le législateur OHADA a pris le soin d'indiquer la juridiction territorialement compétente à chaque fois que l'intervention du juge est nécessaire à la saisie. Il ressort en ce qui concerne les saisies mobilières, à quelques exceptions près que le juge territorialement compétent est celui du domicile du débiteur. Ainsi, selon l'article 54 de l'Acte uniforme, la juridiction compétente pour autoriser la saisie conservatoire est celle du domicile ou du lieu de résidence du débiteur. De même, la demande de mainlevée de la saisie conservatoire est portée devant la juridiction qui a autorisé cette mesure. Lorsqu'elle a été prise sans autorisation préalable, la demande est portée devant la juridiction du domicile ou du lieu où demeure le débiteur[614]. En ce qui est des autres contestations, notamment celles relatives à l'exécution de la mesure, elles sont portées devant la juridiction compétente du lieu où sont situés les biens saisis[615]. C'est également devant le tribunal du lieu de la saisie que sont portées les contestations relatives à la saisie vente selon l'article 129.

En matière de saisie-attribution des créances, l'article 169 désigne la juridiction du domicile ou du lieu où demeure le débiteur pour connaître des contestations. Au cas où celui-ci n'a pas de domicile connu, lesdites contestations sont portées devant le tribunal du lieu où demeure le tiers saisi. La juridiction du domicile du débiteur est aussi compétente dans la tentative de conciliation par laquelle s'ouvre la saisie des rémunérations du travail[616], en matière de revendication ou de demande de mainlevée de ladite saisie[617].

---

614 Art. 63 de l'AUVE.

615 *Idem.*

616 Art. 174- 205.

617 Art. 227 al. 3 et 228 al. 3

Une telle option témoigne, sans conteste, de la volonté du législateur d'épargner au débiteur d'énormes dépenses.
Ce n'est donc qu'en matière immobilière que la juridiction compétente reste fondamentalement celle du lieu de situation des biens[618]. Si la magistrature assise a un rôle important en matière de saisie, le Ministère Public joue tout aussi un rôle de chien de garde.

b- L'intervention du Ministère Public

Il ne fait point de doute que les voies d'exécution ne concernent pas que les intérêts privés d'un créancier et d'un débiteur. Il est évident que l'ordre public rentre en jeu lorsqu'il s'agit de faire obéir la force des juges et respecter la force exécutoire des titres[619]. Le maintien de l'ordre public exige que les titres soient exécutés et que par ailleurs, le maniement de l'*imperium* ne mette en cause le respect d'un grand nombre de droits fondamentaux.
Ainsi, le rôle du juge en matière de saisies se limitant à se pencher sur les incidents que les parties soulèvent, il est important que le Ministère public prenne le relais pour vérifier la bonne application de la loi ou pour corriger d'éventuelles défaillances pouvant se généraliser. Son rôle en la matière est de veiller à l'exécution des titres, de poursuivre les infractions pénales nées lors de la procédure d'exécution forcée, veiller au respect de l'ordre public et d'exercer une surveillance disciplinaire.

---

[618] Art. 248 de l'Acte uniforme.
[619] R. PERROT, Ph. THERY, op.cit, p.288, n°174.

En matière d'exécution et dans la pratique, le parquet est souvent sollicité en vertu de l'article 29 (2) de l'AUVE selon lequel « *La formule exécutoire vaut réquisition directe de la force publique* ». Ainsi, dans la pratique et malgré la déjudiciarisation des saisies et la controverse doctrinale qu'a pu susciter l'interprétation de cette disposition, les huissiers de justice et agents d'exécution associent le Ministère public à toute réquisition de la force publique[620]. C'est que les lois nationales investissent le parquet de la charge de l'exécution des titres judicaires[621].

Cependant, dans un souci de célérité des procédures de saisie, la CCJA tranche que toute disposition de droit interne qui prévoit une étape de communication obligatoire de l'affaire au parquet est contraire à la lettre et à l'esprit de l'OHADA[622]. Les Hauts Magistrats écartent ainsi par voie de conséquence, en droit camerounais les dispositions de l'article 36 du Code de Procédure Civile et Commerciale qui définissent les affaires communicables. Il en est de même de celles de l'article 4(4) de la loi n°92/008 du 14 août 1992 fixant certaines dispositions relatives à l'exécution des décisions de justice qui dispose que lorsqu'une Cour d'appel est saisie d'une demande de défenses à l'exécution provisoire, elle transmette le

---

620 H. TCHANTCHOU, « La place du parquet ou du Ministère public dans les processus judiciaires communautaires : le cas de l'OHADA », *Revue de l'ERSUMA*, Numéro 1, juin 2012, p. 493.

621 Au Cameroun, voir l'article 29, Loi N° 2006/015 du 29 décembre 2006 portant organisation judiciaire et l'article 545 du Code de procédure pénale.

622 CCJA, arrêt n° 003/2002 du 10 janv. 2000, SIEM c/ Société ATOU et BICICI. *Adde* arrêt n° 016 du 29 avril 2004, SDA et WAHAD NOUHADA c/ HASSAN SAHLY.

dossier au Procureur Général pour réquisitions dans les 5 jours, faute de quoi il est passé outre[623].

Concernant le pouvoir d'injonction, le Ministère public peut enjoindre aux huissiers de son ressort de prêter leur ministère lorsque leur refus ou leur carence n'est pas justifié, mais ne peut en aucun cas se substituer à eux.

En ce qui concerne la matière pénale, il convient de noter que l'article 5 (2) du Traité OHADA dispose que « *Les Actes uniformes peuvent inclure des dispositions d'incrimination pénale, les Etats parties s'engagent à déterminer les sanctions pénales encourues* ». A côté de cette répartition des compétences, il convient de noter que les lois nationales prévoient des infractions de droit commun qui répriment des comportements fautifs en lien avec les saisies. Le Ministère Public étant garant de l'ordre public, sa présence est rendue obligatoire en matière pénale. En effet, le débiteur contre lequel est engagée une procédure d'exécution forcée peut être tenté de commettre des infractions telles que l'organisation de son insolvabilité, le détournement de biens saisis, les violences contre l'intégrité de l'huissier et bien d'autres. Les huissiers de justice et autres agents d'exécution peuvent également commettre des infractions pénales. Ainsi, avant l'ouverture du procès pénal en lui-même, le parquet doit procéder aux diligences nécessaires pour faciliter l'office du juge[624]. Il doit ainsi rechercher et constater des infractions, veiller à la

[623] Sont également entre autres mises en cause les dispositions nationales suivantes : art. 106 du Code Ivoirien de procédure civile, commerciale et administrative ; art. 407, 408 et 409 CPCC qui associaient obligatoirement le parquet à la procédure de saisie immobilière.

[624] Ibid., p.491.

conservation des preuves et à la représentation du suspect. Il doit également saisir le tribunal après avoir rassemblé tous les indices et identifié les auteurs[625].

En ce qui est de l'aide à l'exécution, les agents chargés de l'exécution font souvent face aux obstacles matériels qu'ils peuvent être incapables de solutionner par leurs propres moyens. Le Ministère Public peut alors être requis pour rechercher des informations nécessaires à la saisie.

Pour ce qui est de la surveillance disciplinaire, le Procureur de la République est chargé de la surveillance disciplinaire des officiers ministériels de son ressort et doit vérifier le respect des règles de la déontologie.

Suivant la pratique française héritée par les Etats partie de l'OHADA, le Ministère Public a le droit, en matière civile, d'exercer une action en justice par voie directe et principale toutes les fois que l'ordre public est intéressé[626].

Dans tous les cas, il convient de relever le mutisme du Ministère Public dans la poursuite des infractions prévues par les Actes uniformes de l'OHADA. Un auteur relève d'ailleurs la rareté, sinon l'absence totale de mise en mouvement de l'action publique dans l'optique de réprimer les infractions prévues dans les Actes uniformes[627]. Ceci pourrait se justifier par la soumission du Ministère Public à la hiérarchie de l'exécutif ne lui laissant pas les mains

---

[625] Ibid.

[626] Cass. Req., 25 mai 1869, S. 69.1.413 ; Cass., Civ. 17 déc. 1913, D. 1914.1.261 ; Cass. Req. 4 nov. 1946, S. 1947.1.43.

[627] L. J. B. TCHOUAMBIA TOMTOM, « La poursuite des infractions pénales OHADA devant les juridictions d'instances camerounaises : où est passé le Ministère public ? », *Revue de l'ERSUMA,* numéro 4, septembre 2014, p.34.

totalement libres. C'est cette raison qui aurait conduit à la méfiance de la CCJA quant à l'implication du Ministère Public en matière de causes communicables[628]. A côté de ces raisons objectives, on peut relever quelques raisons subjectives. Ce manque d'implication du Ministère Public à la bonne application du droit OHADA peut se justifier par leur relative ignorance de ce droit et les élans de corruption qui gangrènent ce corps[629].

Si le souci de célérité par la déjudiciarisation des saisies a réduit le rôle des facilitateurs judiciaires, l'effet inverse est que le personnel auxiliaire est désormais au cœur de la facilitation des voies d'exécution.

2- Le personnel auxiliaire

Le législateur OHADA et les lois nationales font de l'huissier de justice le chef d'orchestre de la saisie sans toutefois exclure l'intervention d'autres auxiliaires.

a- L'huissier de justice, chef d'orchestre de la saisie

L'huissier de justice a pour fonction d'assister chaque personne privée ou publique, physique ou morale à voir matérialiser ses droits. L'AUVE a maintenu en matière de saisies, le monopole de cet officier ministériel en lui assignant des obligations dans l'optique de parvenir à une exécution loyale de ses fonctions. Mais le revers de ce

---

[628] H. TCHANTCHOU, *op. cit.*, p.489.
[629] Ibid.

monopole est que l'huissier qui exerce ses fonctions de manière légère verra sa responsabilité engagée.

L'huissier est investi d'une mission de service public qui consiste à faire exécuter des décisions de justice.

L'huissier, sous réserve de la compétence territoriale, peut instrumenter au profit de tout justiciable. Mais, il ne peut le faire à peine de nullité à l'égard de ses parents et alliés et ceux de son conjoint en ligne directe, ni à l'égard de ses parents et alliés collatéraux jusqu'au sixième degré.

Ainsi, la responsabilité qui plane sur les parties à la saisie qui transgresseraient l'indisponibilité qui frappe les biens saisis ou toutes autres obligations auxquelles elles sont astreintes résulte de ces pleins pouvoirs que la loi attribue à l'huissier. En dehors des opérations strictement liées à aux saisies *stricto sensu*, l'huissier a aussi le pouvoir de recourir à la force publique lorsqu'il fait face à l'impossibilité de pratiquer la saisie, rechercher et fournir des informations aux parties pour la facilitation des opérations de saisie, de saisir le juge de l'exécution en cas de difficulté dans l'exécution ou alors de procéder à l'ouverture des portes pour appréhender les biens.

Relativement au recours à la force publique, l'article 42 de l'AUVE prévoit qu'en l'absence de l'occupant ou si ce dernier refuse l'accès des lieux où se trouvent les biens à saisir, l'huissier de Justice peut requérir l'autorité administrative ou une autorité de police ou de gendarmerie pour assister aux opérations de saisie[630]. Puisqu'il est admis que l'intervention de la force publique doive rester

[630] Voir également l'art. 2 (1) Nouveau) du décret n° 79/448 du 5 décembre 1979 qui règlemente la profession d'huissier au Cameroun.

exceptionnelle, il est nécessaire que l'huissier fasse toutes les diligences pour tenter l'exécution d'un titre exécutoire sans avoir à requérir la force publique[631].

L'huissier peut alors, dans le but d'obtenir des informations fiables, requérir le Procureur de la République lorsqu'il est détenteur d'un titre exécutoire[632]. L'huissier sera aussi tenu de donner des informations aux parties sur leurs droits et obligations, sur les mesures entreprises et sur leur incidence ainsi que des instances juridictionnelles à saisir.

Par ailleurs, et selon la lettre de l'article 48 de l'AUVE, lorsqu'il rencontre des difficultés dans l'exécution d'un titre exécutoire, l'huissier peut prendre l'initiative de saisir la juridiction compétente. Cette saisine dépend de l'huissier qui reste ici juge de la difficulté rencontrée, qui devra néanmoins être réelle et sérieuse de sorte que, ses seules armes n'ont pu lui permettre de la contourner.

L'AUVE va plus loin dans la mission de simplification de la saisie lorsqu'il permet à l'huissier de justice de pénétrer dans les lieux servant ou non à l'habitation et le cas échéant de procéder à l'ouverture des portes[633]. Il est néanmoins certain, en l'absence de précisions, qu'il faut que ce soit dans une situation d'urgence ou en cas d'absence intentionnelle du débiteur de son logement visant à se dérober de ses obligations. Par ailleurs, et dans l'optique d'éviter la distraction des biens par le débiteur, l'huissier peut établir un gardien à ses portes[634].

---

[631] B. NICOD, *op.cit.*, p.39.
[632] Voir art. 4 (Nouveau) (b) du Décret n° 79/448 précité.
[633] Voir art.41.
[634] Cf. art.42.

Mais l'on constate que dans la pratique, ces prérogatives ne lui permettent pas d'accomplir pleinement ses obligations. En effet, le fait que les huissiers soient sous la hiérarchie du Procureur de la République pose parfois des problèmes. L'on peut aussi se rendre compte que les injonctions adressées par ce dernier aux huissiers sont de nature à limiter considérablement la liberté de saisir. Ceci est d'autant plus vrai que le Procureur de la République ayant un pouvoir de sanction sur l'huissier, ce dernier ne pourra qu'obéir à ces injonctions même lorsqu'elles seraient illicites. Dans un tel contexte, l'indépendance de l'huissier qui est gage de la bonne exécution des décisions de justice et autres titres paraît peu évidente.

A coup sûr, l'huissier de justice est responsable de la mauvaise exécution des actes de sa fonction. Relativement au fondement de cette responsabilité, il faut dire que contrairement à son homologue français, le législateur OHADA n'a pas précisé le fondement de la responsabilité de l'huissier vis-à-vis du créancier. Selon le premier, « *l'huissier de justice chargé de l'exécution a la responsabilité de la conduite des opérations de saisie* »[635].

On peut donc remarquer que la responsabilité de l'huissier dans l'espace OHADA découle des textes de droit national des Etats parties. Ainsi, selon l'article 32 de la Loi ivoirienne n°97-514 du 4 septembre portant statut des huissiers de justice[636], « *tout manquement aux devoirs et obligations imposés aux huissiers de justice titulaires de charges peut être sanctionné par une mesure disciplinaire…* ».

---

[635] Art. 19 de la loi française du 9 juillet 1991 portant réforme des procédures civiles d'exécution.

[636] Il est à noter que cette loi abroge en réalité celle n°69-242 du 9 juin 1969.

De même, on peut lire à l'article 41 du Décret camerounais n° 79/448 du 5 novembre 1979 portant réglementation des fonctions et fixant le statut des huissiers de justice que « *toute violation par un huissier des devoirs de son état, notamment toute erreur professionnelle grave, tout manquement à l'honneur, à la délicatesse...constitue une faute professionnelle* ». Sa responsabilité peut ainsi être engagée au titre de mandataire du créancier, ou à raison de la nullité des actes dont il a la charge au cours des opérations de saisie.

Etant débiteur à l'égard de son mandant, parce que tenu de prêter son concours[637], l'huissier doit à ce dernier, obligation de conseil et de diligence. Cette obligation de renseignement existe aussi bien en matière de saisies conservatoires[638], que dans les saisies à fin d'exécution[639]. L'huissier de justice en sa qualité de mandataire est donc tenu de prêter son ministère. Il ne peut en être autrement que si la mesure lui paraît revêtir un caractère illicite ou si le montant des frais paraît manifestement susceptible de dépasser le montant de la créance réclamée à l'exception des condamnations symboliques que le débiteur refuserait d'exécuter.

On peut alors constater qu'au cas où l'huissier viole grossièrement formalités prescrites à peine de nullité, de sorte que le créancier perd le droit de recouvrer sa créance, ce dernier peut engager sa responsabilité.

---

[637] Cf. art. 20 (1) du Décret camerounais précité.

[638] Art. 64 et 69 pour la saisie conservatoire des meubles corporels ; art.86 et 88 pour la saisie conservatoire des droits d'associés et des valeurs mobilières ; art.77 et 79 pour la saisie conservatoire des créances.

[639] Art. 100 et 109 pour la saisie vente ; 157 et 160 pour la saisie-attribution des créances.

Selon la jurisprudence française, les huissiers de justice sont « *tenus par des devoirs de leur charge à mettre en œuvre tous les soins et diligences pour assurer, dans les conditions prescrites par la loi, l'exercice de leur mandat* »[640]. L'huissier de justice est donc tenu d'une obligation de moyens et doit mettre en œuvre tout son art et toutes ses connaissances pour parvenir à une exécution conforme à la loi de sorte qu'en cas d'insuffisance professionnelle d'une certaine gravité, il encourt des sanctions.

La responsabilité de l'huissier peut aboutir à des sanctions disciplinaires ou au paiement des dommages et intérêts.

Il est prévu dans tous les Etats parties à l'OHADA qu'en cas d'insuffisance professionnelle, l'huissier peut se voir infliger un blâme ou un avertissement prononcés par le Procureur Général près la Cour d'appel et la Chambre Nationale des Huissiers de Justice. Plus grave encore, il peut être prononcé contre eux une suspension à temps pour une durée n'excédant pas un an.

Par ailleurs, rien n'interdit à un justiciable de saisir la juridiction compétente d'une action en réparation du dommage causé par la nullité de la procédure ou d'un acte due au fait d'un huissier de justice[641]. D'ailleurs, suivant l'article 17 CPCC, *« Si, par application des dispositions de l'article 603, un exploit est déclaré nul par le fait*

---

[640] Civ. 1ère 20 juillet 1982, Bull. n°268 ; Versailles 20 nov 1987, D.1988, I.R.2, G.P.1988.1.101.

[641] L'article 603 du CPCC pose le principe de la responsabilité des auxiliaires de justice en ces termes « *Les procédures ou les actes nuls ou frustratoires et les actes qui auront donné lieu à une condamnation d'amende, seront sur conclusions des parties ou même d'office, mis à la charge des avocats-défenseurs ou officiers ministériels qui les auront faits, lesquels suivant l'exigence des cas, seront en outre passibles des dommages et intérêts de la partie, et pourront même être suspendus de leurs fonctions.* »

de l'huissier ou de l'agent d'exécution, ceux-ci pourront être condamnés aux frais de l'exploit et de la procédure annulée, sans préjudice de dommages et intérêts de la partie, suivant les circonstances.». Mais il faut noter que la responsabilité civile des huissiers de justice, à la différence de la responsabilité disciplinaire est assurable[642]. Le régime de cette responsabilité est celui de droit commun et repose sur la trilogie : faute, préjudice, lien de causalité.

Enfin, les dispositions pénales nationales peuvent sanctionner les huissiers pour détournement des biens saisis, pour violation de domicile, abus de confiance ou encore pour faux. Les huissiers peuvent également être poursuivis pour escroquerie, pour fausse qualité lorsqu'ils se prétendent faussement mandatés.

Pour éviter que l'huissier ne se heurte systématiquement à la résistance des débiteurs ou qu'il ne soit obligé d'employer des moyens détournés, la loi lui permet, lorsqu'il fait face à des difficultés, de requérir le concours de la force publique.

b- Le concours de la force publique

Selon l'article 29, l'Etat est tenu de prêter son concours à l'exécution des décisions et autres titres exécutoires. La formule exécutoire vaut réquisition directe de la force publique et sa carence ou son refus peut engager sa responsabilité.

---

642 Voir art. 18 et 24 du Décret n°79/448 précité qui font obligation aux Huissiers de justice de contracter une assurance au moment de leur entrée en fonction et de la renouveler chaque année dans l'optique de couvrir les risques professionnels.

L'AUVE à travers cette disposition rappelle le devoir de l'Etat comme garant de l'exécution des décisions et actes exécutoires. Ce texte fait de l'Etat le débiteur du droit à l'exécution dont le créancier est titulaire. Inspiré par l'article 17 de la loi française de 1991, l'article 29 s'en démarque néanmoins sur deux points.

D'abord, alors que le premier prévoit simplement que l'huissier de justice peut requérir le concours de la force publique, le second ajoute que la formule exécutoire vaut réquisition directe. Ensuite, alors que la loi française ne prévoit que le refus, le législateur OHADA parle aussi de carence. Il s'agit donc d'une obligation de résultat puisque la moindre carence, même justifiée n'emporte pas moins sanction[643]. Elle s'impose aux autorités administratives, de police et de gendarmerie compétentes[644].

Il convient cependant de relever que cette réquisition n'est possible que si le créancier justifie de l'existence d'un titre exécutoire. Il nous semble aussi évident que l'intervention de la force publique doive être nécessaire, c'est-à-dire que la police et/ou la gendarmerie ne devraient intervenir que si la saisie donne lieu à des comportements violents que l'huissier ou l'agent d'exécution ne peut dominer par ses propres moyens. Les forces de l'ordre ne doivent donc intervenir que si l'exécution met en cause la sécurité publique ou la protection des personnes procédant ou assistant aux opérations[645] ou alors si la résistance opposée rend l'exécution impossible.

---

[643]N. Diouf, *Traité OHADA et actes uniformes commentés et annotés*, op.cit., P.773.
[644] Article 42 AUVE.
[645] R. PERROT, Ph. SIMLER, op.cit.

Cette conception peut trouver une justification tant dans le texte de l'AUVE que dans son esprit. En effet, selon l'article 256 al.1, « (…) *l'huissier de justice ou l'agent d'exécution peut pénétrer dans les immeubles* (…) *avec, si besoin est, l'assistance de la force publique.* ». Il faut bien remarquer que le texte souligne que cette intervention ne se fait que "si besoin est", c'est-à-dire de manière opportune. Dans l'esprit, on doit se rappeler que l'un des objectifs de l'AUVE est l'humanisation de l'exécution forcée avec pour corollaire la protection du débiteur tant dans son intégrité physique et morale que sa réputation et partant, celle des membres de sa famille.

Outre la nécessité de l'intervention, il faut également parler de sa juste mesure. Elle ne doit, sous peine d'abus de pouvoir, être utilisée que dans le but de permettre une exécution facile.

Grâce à cette intervention, le créancier a l'assurance de poursuivre l'exécution à son terme. Mais opportunité et mesure doivent guider cette action sous peine de responsabilité.

La possibilité d'engager la responsabilité de l'Etat est prévue à l'alinéa 2 de l'article 29 précité. Cette mesure est justifiée par le constat des travers du passé paralysant purement et simplement la poursuite de l'exécution forcée. On constate par exemple dans la pratique, des interventions de toutes sortes ordonnant à l'huissier ou l'agent d'exécution d'arrêter les mesures engagées ou le refus pur et simple du concours de la force publique face à la récalcitrance du débiteur. On peut ainsi déplorer des injonctions du ministère public s'opposant sans justification à l'exécution forcée d'un acte ou d'une décision ou ordonnant simplement l'arrêt de la procédure[646].

Quant à la nature de cette responsabilité, il faut dire qu'elle est tantôt une responsabilité sans faute, lorsque le refus de l'Etat est justifié[647], tantôt une responsabilité pour faute lorsque l'opportunité du refus ne peut être rapportée. Il est à noter que le droit OHADA faisant de l'Etat un justiciable de droit commun, l'article 29 de l'AUVE oblige également ce dernier à apporter son concours même lorsqu'il subit la saisie[648].

Il s'agit là d'une inspiration de la Cour Européenne dans l'affaire Francovich et Bonifaci c/ Italie en date du 19 novembre 1991. Elle décide en effet que *« la pleine efficacité des normes communautaires serait mise en cause et la protection des droits qu'elle reconnaît serait affaiblie si les particuliers n'avaient pas la possibilité d'obtenir réparation lorsque leurs droits sont lésés par une violation du droit communautaire imputable à un Etat membre....L'obligation pour les Etats membres trouve également son fondement dans l'article 5 du traité en vertu duquel ceux-ci sont tenus de prendre toutes les mesures générales ou particulières pour assurer l'exécution du droit communautaire et par conséquent pour effacer les conséquences illicites d'une violation du droit communautaire ».* La faute de l'Etat sera retenue aussi bien pour une abstention que pour des actes positifs dont le résultat conduit à mettre à mal le droit du créancier à l'exécution forcée.

---

[646] A. NGUELEU, op.cit, P.102 ; *Adde* M. MAIDAGI, op.cit., P.181.

[647] V. P. 266 et s., sur la protection de l'intérêt général.

[648] L'Etat détenteur de la puissance publique devra alors intervenir pour assurer l'exécution des décisions rendues contre lui-même, en qualité d'acteur économique.

Il se pose aussi le problème de la détermination de la juridiction compétente pour connaître d'une telle action en responsabilité. On sait qu'en cas de carence, le créancier dispose d'un recours en droit interne pour obtenir réparation pour déni de justice. Il est aussi possible que le créancier exerce un recours devant la juridiction supranationale. L'on peut cependant, dans le cas camerounais, déplorer le fait que le justiciable ne puisse pas porter sa revendication devant la Cour Africaine des Droits de l'Homme et de Peuples puisque le Cameroun n'a pas ratifié le protocole de création de cette instance. Il est cependant admissible que les justiciables de certains autres Etats parties à l'OHADA puissent exercer un tel recours[649]. En effet, selon l'article 27 al. 1 du protocole de Ouagadougou du 9 juin 1998, si la Cour estime qu'il y a violation d'un droit de l'Homme, elle ordonne toutes mesures appropriées afin de remédier à la situation, y compris le paiement d'une juste compensation ou l'octroi d'une réparation. Il est à préciser qu'un tel recours est justifié par le caractère fondamental du droit à l'exécution forcée. On sait aussi qu'un tel recours ne peut être porté devant la CCJA puisque la vérification de la qualité de l'exécution et la sanction des Etats n'entrent pas dans les compétences de cette Cour. Un auteur[650] souhaite donc l'élargissement des compétences de la CCJA pour permettre aux justiciables des Etats non signataires du protocole de Ouagadougou de saisir cette dernière lorsqu'ils estiment que l'Etat a fait preuve d'une ingérence passive ou active.

---

[649]A.-D. WANDJI KAMGA, *Le droit à l'exécution force, Réflexion à partir des systèmes camerounais et français,* Thèse de Doctorat Phd., Université de Yaoundé II et Université de Limoges, 2009.

[650] *Idem.*

Il est cependant à noter que les décisions de cette Cour ne donnent pas lieu à un titre exécutoire susceptible de conduire à la satisfaction du créancier. Mais cette disposition a une influence psychologique sur la force publique puisque la responsabilité de la personne dont la carence est à l'origine du manquement sera engagée en fin de compte. Dans le flou actuel, il est plus probable d'envisager la responsabilité de l'Etat agissant comme puissance publique et donc au régime de la responsabilité prévu dans le cadre du contentieux administratif.
La mobilisation de la force publique tout autant que celle d'autres auxiliaires de justice reste donc importante pour la satisfaction du créancier.

c- Les autres personnels auxiliaires

En dehors de l'huissier qui est le principal facilitateur des opérations d'exécution par la force, il peut être remplacé dans certains cas par le greffier. Par ailleurs, il serait impensable d'engager une étude sur les facilitateurs de la saisie sans évoquer le rôle du greffier, de l'avocat ou encore celui du notaire.
Le caractère particulier de la saisie des rémunérations donne un rôle important au greffier en chef du tribunal d'instance dans l'exécution forcée des décisions de justice. Ce dernier veille au bon déroulement des opérations de la saisie. Le greffier joue un rôle tant dans la tentative de conciliation que dans les opérations de saisie, en matière de saisie des rémunérations de travail.
Selon l'article 176 de l'Acte uniforme, il est tenu au greffe de chaque juridiction un registre coté et paraphé par le président de la juridiction

sur lequel sont mentionnés tous les actes de natures quelconques, décisions et formalités auxquels donnent lieu les cessions et saisies sur les rémunérations. Après réception de la demande en tentative de conciliation, le greffier adresse une convocation par lettre recommandée aux parties. C'est aussi le greffier qui convoque le débiteur par lettre recommandée avec accusé de réception ou par tout autre moyen laissant trace écrite. Il notifie le lieu, le jour et l'heure de la tentative de conciliation au créancier[651]. Le greffier assiste le président de la juridiction compétente lors de la tentative de conciliation conduite par ce dernier.

Lors des opérations de saisie, c'est le greffier qui est chargé de notifier l'acte de saisie à l'employeur par lettre recommandée avec accusé de réception ou tout moyen laissant trace écrite[652]. On peut aussi logiquement imaginer que c'est lui qui est chargé d'établir l'acte de saisie en question. Il est également au centre de toutes les informations venant de l'employeur sur la situation ou le changement de situation du débiteur de nature à influer sur le cours de la procédure[653]. Le greffier est aussi celui qui reçoit la retenue opérée chaque mois selon l'article 188 de l'Acte uniforme et procède au versement[654] ou à la répartition des sommes, entre les créanciers, préalablement placées dans un compte dont il a la charge de l'ouverture[655].

Mais dans une matière où les formalités sont fastidieuses, l'implication de l'avocat est nécessaire.

---

[651] Art.180 de l'AUVE.

[652] Art. 183 de l'AUVE.

[653] Voir art. 186 de l'AUVE.

[654] Selon l'art.195 de l'AUVE.

[655] Art. 197 de l'AUVE.

L'avocat, s'il n'est pas un agent de l'exécution forcée au sens propre du terme, est néanmoins appelé à jouer un rôle en la matière. On sait que son rôle de conseil dans les procédures lui donne l'occasion d'intervenir pour l'une ou l'autre partie à la saisie.
En sa qualité de conseil, il sera porté à indiquer au créancier la mesure la plus appropriée et les moyens à mettre en œuvre pour une exécution efficace. Il pourra aussi saisir le juge pour demander une mesure conservatoire ou pour s'y opposer. L'avocat du débiteur aura quant à lui pour rôle de veiller à la stricte observance des règles de l'exécution forcée et de signaler le cas échéant, les abus qui pourraient survenir. Très souvent, lorsque les opérations de saisie donnent lieu à l'ouverture d'un contentieux devant le président de la juridiction compétente, l'avocat jouera à coup sûr un rôle important de représentation.
Mais il est des cas, quoique rares au demeurant, où le rôle de l'avocat pourrait s'apparenter à celui de l'agent d'exécution. Il en est ainsi en matière conservatoire pour prendre les inscriptions de sûretés judiciaires et principalement en matière immobilière pour préparer le cahier des charges et représenter les éventuels acquéreurs à l'audience d'adjudication. Le rôle du notaire et du commissaire priseur est également perceptible en cette matière.
Les notaires quant à eux ont un rôle très limité dans les opérations de saisie. Mais qu'à cela ne tienne, ils jouent un rôle important en matière de saisie immobilière. En effet les différentes lois nationales exigent que toute transaction immobilière se fasse en présence du notaire. On peut aussi imaginer que la saisie des droits d'associés et des valeurs

mobilières s'effectuant dans les conditions quasi identiques à celles de la saisie immobilière, le notaire puisse y avoir à jouer un rôle.

Avant l'Acte uniforme, leur intervention était exceptionnelle. L'article 413 du CPCC n'en faisait allusion qu'en arrière plan et sous réserve d'une double condition. D'abord, il fallait une convention entre les parties sur la compétence du notaire et ensuite une ordonnance du juge des requêtes autorisant cette compétence. Avec l'arrivée de l'AUVE marquée par le souci de déjudiciarisation des saisies, la compétence des notaires est élevée au même rang que celle des juridictions pour la vente[656]. Cet état de choses ressort de la lettre de l'article 282 qui semble en plus ne plus exiger la condition de l'autorisation du juge des requêtes. En matière de saisie immobilière donc, le notaire sera chargé d'effectuer les ventes sur conversion de la saisie[657].

Les commissaires priseurs, dans les Etats où ils existent bénéficient d'un monopole pour les opérations de vente forcée surtout en matière de saisie-vente. Lorsqu'ils existent, ils ont en principe seuls, sur leur territoire de compétence, le pouvoir de faire les prisées et les ventes publiques aux enchères de biens meubles corporels. Mais ce droit peut appartenir concurremment dans ces Etats aux commissaires priseurs et aux autres agents d'exécution, dans les limites territoriales du ressort de chacun d'eux. En l'absence de ces professionnels dans bon nombre des Etats membres de l'OHADA, les huissiers de justice cumulent les deux rôles d'huissier et de commissaire priseur[658].

---

[656] L. M. A. ANANGA, op.cit., p.20.
[657] Art. 282 précité.
[658] Cf. art. 1er (3) du décret camerounais régissant la profession d'huissier de justice précité.

En somme, la nécessité de protéger l'intérêt général lors des opérations de saisie trouve divers fondements. Certains d'entre eux peuvent être justifiés tandis que d'autres sont de pures artifices. Ceci a pour conséquence que la saisie est très encadrée et sérieusement limitée lorsqu'elle vise certaines personnes. La conséquence en est que protection de l'intérêt général dans l'espace de l'OHADA apparaît très rigide au risque même de sacrifier les intérêts du créancier et du commerce international. Mais à côté de cette protection de l'intérêt général, se dresse celle dont peuvent bénéficier les tiers.

SECTION II : LA SAUVEGARDE DES INTERETS DES TIERS

Le rapport d'obligation lie généralement ceux qui en sont parties, il ne profite pas aux tiers et ne doit non plus leur causer de préjudice. En effet, les tiers n'ayant en principe rien à voir dans l'obligation dont l'inexécution a conduit à la mise en œuvre des saisies, il est de bon ton que leurs intérêts ne soient point exposés. Si cette affirmation ne fait pas de doute en ce qui concerne l'exécution volontaire des obligations, elle semble encore plus forte en ce qui est de l'exécution par la force. La notion de tiers ici englobe toutes les catégories de tiers à la saisie. Il peut s'agir des personnes qui ne sont ni créanciers, ni débiteurs, mais il peut aussi s'agir de ceux qui sont interpelés dans la saisie parce qu'étant détenteurs de biens ou de compte saisis. Enfin, il peut s'agir de personnes totalement étrangères à une saisie donnée. La notion de tiers doit donc être comprise ici au sens large de tous ceux qui ne sont ni créanciers, ni débiteur au premier degré. Il s'agit à la fois des tierssaisis et des tiers à la saisie. C'est que, quelle que soit leur position, leurs droits peuvent se trouver menacés par une procédure de saisie. C'est alors que l'on peut à juste titre s'interroger sur les intérêts des tiers faisant l'objet de protection et des recours dont ils bénéficient au cas où leurs droits auraient été méconnus dans le cadre de la saisie.

§1 : L'IDENTIFICATION DES INTÉRÊTS PROTÉGÉS

L'analyse des dispositions de l'Acte uniforme laisse clairement transparaître le souci de protection des intérêts tant patrimoniaux qu'extrapatrimoniaux du tiers saisi et des tiers à la saisie.

A-LA PROTECTION DES INTÉRÊTS PATRIMONIAUX DES TIERS

La liberté de saisir doit pouvoir être mise en œuvre sans porter atteinte aux intérêts patrimoniaux du tiers qu'il soit tiers saisi ou tiers à la saisie. En effet, le législateur OHADA a mis en place des mécanismes de protection tant des biens corporels qu'incorporels du tiers.
En ce qui concerne la protection des biens corporels des tiers, la sauvegarde dont ils bénéficient porte tant sur les meubles que sur les immeubles. On sait qu'en matière de saisie des biens meubles corporels, lorsque la saisie est pratiquée entre les mains d'un tiers, celle-ci ne doit porter que sur les meubles que ce dernier détient pour le compte du débiteur. Les biens des tiers ne font donc pas partie de l'assiette de la saisie. Cette règle est impérative ; il ne peut en être autrement que si le tiers saisi se rend responsable vis-à-vis du

créancier, débiteur des causes de la saisie en cas de manquement à ses obligations. Dans cette hypothèse, ses biens seront saisis en tant que nouveau débiteur du créancier qui n'a pas pu être satisfait du fait de son comportement. En dehors de cette hypothèse, toute dégradation, destruction ou enlèvement frauduleux des biens du tiers sera sanctionné.

De même, les biens des personnes qui ne sont pas débitrices ne peuvent pas être confondus à ceux du débiteur. Non seulement le créancier ne doit saisir que la personne dont le nom figure sur le titre exécutoire, mais aussi doit veiller à ce que les biens trouvés entre ses mains ou entre les mains des tiers sont bien la propriété du débiteur.

Les biens immeubles du tiers font aussi l'objet de cette protection. Lorsque la saisie est pratiquée sur des biens meubles gardés dans le logement du tiers, l'huissier ou l'agent d'exécution ne devra en aucun cas se rendre coupable de destruction ou de dégradation de l'immeuble théâtre des opérations de saisie. L'introduction dans le logement est réglementée tant en ce qui concerne l'ouverture que la fermeture des portes.

Il est aussi fait obligation à l'huissier instrumentaire de refermer l'issue par laquelle il serait entré lorsque la saisie est opérée en l'absence du tiers. Ceci permet de mettre les biens dont le logement est garni à l'abri de soustractions frauduleuses. La présence de témoins aux opérations de saisie permet aussi d'identifier clairement les biens saisis et d'éviter toute soustraction.

En ce qui est des biens incorporels, on pense essentiellement à la saisie des créances. Lorsque les sommes à saisir entre les mains d'un tiers sont par exemple insuffisantes pour le payement de la créance en principal, frais et intérêts, le débiteur ne peut en aucun cas combler son paiement sur les sommes du tiers saisi. En effet, le tiers n'est tenu que dans la limite de ce qu'il doit au débiteur saisi en vertu de l'article 165 de l'Acte uniforme. Ses propres sommes ne seront saisies que s'il est tenu au paiement des causes de la saisie. Ainsi, l'employeur entre les mains de qui la saisie est pratiquée ne peut être personnellement lié au payement de la dette de son salarié.

Ces développements démontrent à suffisance que l'obligation contractée par le débiteur ne peut engager les biens du tiers. Dans ce cas, le créancier ne peut prétendre mettre sous main de justice les biens du tiers qu'il soit tiers saisi ou tiers à la saisie sauf par exemple pour le cas d'acceptation pure et simple d'une succession.

Le législateur protège ainsi par ces mesures le droit de propriété du tiers, mais, il va encore plus loin en préservant ses droits extrapatrimoniaux.

B- LA PROTECTION DES DROITS EXTRAPATRIMONIAUX DES TIERS

Si l'OHADA est d'abord un instrument juridique au service de l'émergence des économies des Etats parties, il se veut aussi un instrument moderne et pour cela, ne devrait pas ramer à contre-courant les textes juridiques internationaux et nationaux qui visent de plus en plus à placer la dignité de l'être humain au centre de toute action.

Recherchant la satisfaction du créancier tout en assurant la protection du débiteur, l'AUVE a aussi tenu compte d'un autre acteur important qui est le tiers. En effet, celui-ci bénéficie de mesures de la protection de ses droits fondamentaux.

Toute action de l'agent d'exécution doit prendre en compte la dignité du tiers en évitant de porter atteinte à son honneur, à sa réputation, à son intégrité physique et morale, à sa tranquillité et à sa vie privée.

Ainsi, les biens du tiers ne peuvent être saisis dans le seul souci de le priver de son droit d'en jouir pleinement. De même, la dignité du tiers est préservée. Le commandement, l'itératif commandement et les actes de saisie respectent le droit du tiers à l'information dans un souci de dignité. Il s'agit de prévenir le tiers pour que ce dernier prenne toutes les mesures pour éviter le dénigrement et le coup que la présence de l'huissier ou des forces de l'ordre peut porter à sa considération. Il peut par exemple délaisser les biens pour éviter que la saisie ne se fasse à son domicile ou alors mettre en œuvre toutes les conditions pour un règlement amiable ou tout simplement faciliter la saisie.

La protection de l'intégrité physique et morale est aussi de mise. L'huissier instrumentaire ou la force publique mobilisée doit éviter toute mesure de torture ou de frustration du tiers ou de sa famille. Le tiers est aussi informé des sanctions auxquelles il pourrait s'exposer pour lui éviter toute injustice qui résulterait de son ignorance. Cette information lui permettra aussi d'apporter son concours tel que la loi le lui recommande.

La vie privée du tiers est aussi respectée. En réalité, l'entrée dans son logement doit s'effectuer aux jours et heures prescrits par l'Acte uniforme. De même, les photographies qui pourraient être faites sur les biens, conformément à l'article 45 ne peuvent faire l'objet d'un

usage de nature à porter atteinte aux droits extrapatrimoniaux du tiers. A la fin de la saisie, le logement est fermé pour ne pas exposer la demeure du tiers au regard des passants, ce qui pourrait avoir des conséquences sur la considération dont il bénéficie.
Cette protection est d'autant plus affirmée que l'Acte uniforme et les différentes législations nationales confèrent des actions visant à sanctionner le non respect des droits en cause.

§2 : L'INVENTAIRE DES MESURES DE PROTECTION DES TIERS

L'atteinte portée contre la personne du tiers ou sa fortune peut donner lieu à une diversité d'actions. Il bénéficie des actions en distraction ou en revendication lorsque son objectif est de reprendre la maîtrise sur son bien qui aurait été saisi. La loi lui octroie également en plus de ces actions ou lorsqu' 'il ne peut en bénéficier, des actions en responsabilité civile et pénale.

A-LES ACTIONS EN REVENDICATION ET EN DISTRACTION

Ces actions bénéficient au tiers qui se prétend titulaire d'un droit de propriété sur l'un ou sur les biens qui ont été saisis. Si l'action en distraction est la plus utilisée en matière de saisie parce que la plus efficace, l'action en revendication n'en reste pas moins reconnue.

1-L'action en distraction

L'action en distraction est celle par laquelle un tiers demande au tribunal de soustraire de la saisie un bien dont il se prétend propriétaire. Elle est prévue par les articles 141[659] et 142 de l'AUVE en matière mobilière et par les articles 308 à 310 du même texte lorsque le bien en cause est un immeuble. Le juge de l'exécution devra alors se prononcer sur la contestation relative à la propriété du bien en cause.

Cette action est différente de la contestation relative à la saisissabilité des biens compris dans la saisie. Or, les juridictions ont parfois du mal à cerner cette différence. Il a ainsi été décidé, dans une affaire où un tiers qui prétendait que les biens saisis lui appartenaient, a demandé en justice la mainlevée, qu'il n'avait pas le titre juridique lui permettant d'invoquer l'insaisissabilité, les contestations relatives à la saisissabilité ne pouvant être soulevées que par le débiteur, l'huissier ou l'agent d'exécution[660]. De même, selon une décision, le débiteur qui est propriétaire des biens saisis est sans qualité et par suite irrecevable à demander l'action en distraction desdits biens[661]. Ce dernier ne peut donc initier que l'action en nullité lorsque les biens

---

[659] *« Le tiers qui se prétend propriétaire d'un bien saisi peut demander à la juridiction compétente d'en ordonner la distraction.*
« A peine d'irrecevabilité, la demande doit préciser les éléments sur lesquels se fonde le droit de propriété invoqué. Elle est signifiée au saisissant, au saisi et éventuellement au gardien. Le saisissant met en cause les créanciers opposants par lettre recommandée avec avis de réception ou tout moyen laissant trace écrite.
« Le débiteur saisi est entendu ou appelé ».

[660] Daloa, 1ère Ch., Civ.et Com., arrêt n° 82-04 du 31 mars 2004, Akanan Haissan Abdallah c/ Monzei Beydoun et Kansou Ali, *juriscope.org*.

[661] Daloa, Ch.civ.et com., arrêt n°09 du 8 janvier 2003, Laboratoire Han-photo c/ Kouan Clinan Antoine, *juriscope.org*.

saisis sont ceux d'un tiers[662]. Selon la CCJA, le tiers visé par cette disposition s'entend de toute personne étrangère à la saisie-vente ; tel est le cas des associés qui n'ont pas été visés par l'arrêt constituant le titre exécutoire sur la base duquel la saisie-vente est pratiquée, ledit arrêt ne visant que la société dont ils sont membres[663]. Mais il convient de préciser que cette action ne peut être exercée par le tiers que s'il ressort du procès-verbal de saisie que le bien réclamé fait partie des objets appréhendés[664]. Doit ainsi être annulée la décision par laquelle la juridiction compétente, saisie d'une demande en distraction, ordonne la restitution d'objets saisis non compris dans la saisie dont l'énumération paraît étrangère aux indications de l'acte d'assignation ; en effet, par cette décision, la juridiction statue au-delà de la demande[665].

Le tiers devra alors rapporter la preuve de la propriété dont il se prévaut en indiquant notamment dans sa demande les éléments qui fondent son droit et le mode d'acquisition du bien[666]. Ainsi, la demande en distraction formée par un tiers qui se contente de simples affirmations doit être rejetée lorsqu'il ressort de l'examen des diverses pièces versées au dossier de la procédure, notamment des factures et

---

662 Bouaké, arrêt n° 77/2001 du 16 mai 2001, Z c/ K. ohada.com/Ohadata J-02-97

663 CCJA, arrêt n° 016/2005 du 24 févr. 2005, Sabbz Afif Youssef et autres c/ Madame Guity née Karédjatou Tassebedo et Société de Commerce général du Centre, dite CGC, GD-CCJA, p. 539, obs. Sylvain Sorel Kuaté Tameghé.

664 Tribunal régional hors classe Dakar, jugement n° 218 du 31 janv. 2001, Yves Philippe c/ Société des Transports ATK, la Société Multiloc, Maître Ndeye Tegue Fall Lô et Maître Mademba Gueye, *ohada.com/ohadata J*-02-105.

665 Bouaké, Ch. civ.et Com., arrêt n° 61 du 04 avr. 2001, STIB et F. c/ S. et L., ohada.com/ohadata J-02- 105.

666 Voir art. 141 AUVE ; *adde* Tribunal régional hors classe Dakar, jugement n° 226 du 31 janv. 2001, Soc. Gén. d'Equipement (SOGEI), Matar Diagne et Kikou Touré c/ Société Immo. Tropic et Joseph Collina, *ohada.com/ohadata J*-05-89.

des bons commande, que les effets saisis par le créancier l'ont été dans les locaux commerciaux appartenant au débiteur saisi, ce qui fonde à tout le moins une présomption de propriété de celui-ci[667]. Par contre, la production par les demandeurs au cours d'une instance en distraction, de cartes grises attestant que les véhicules automobiles dont ils réclament la distraction sont immatriculés en leur nom constitue la preuve qu'ils sont propriétaires desdits véhicules[668]. Egalement, en cas de saisie pratiquée par un créancier du gérant d'un maquis[669] sur les biens du maquis pour le recouvrement de dettes personnelles dudit gérant, la distraction totale peut être ordonnée si la preuve de la qualité de propriétaire du maquis est établie à partir du certificat de salubrité, d'une fiche d'identification et de nombreux bons d'achat[670]. A défaut de titre de propriété, le tiers peut réclamer son droit de propriété en se fondant sur l'article 2279 du C.civ., ce qui aura pour effet de renverser la charge de la preuve. De même l'article 5 de l'Acte uniforme sur le droit commercial général allège le régime de la preuve en matière commerciale[671]. Le tiers pourra faire prévaloir tout moyen de nature à convaincre de son droit de propriété sur le bien en cause. L'action en distraction n'est alors admise qu'avant la vente aux enchères publique. Après cette vente, seule lui reste ouverte, l'action en revendication.

---

[667] CCJA, arrêt n° 52/2005 du 15 déc. 2005, Bouho Kossia Edith c/ Kouadio Kouassi Jonas, juriscope.org.

[668] CCJA, arrêt n° 016/2005 du 24 févr. 2005, Sabba Afif Youssef et autres c/ Madame Guity née Karédjatou Tassabédo et Société de Commerce Général du Centre dite CGC, op.cit.

[669] Expression utilisée en Afrique pour désigner un bar, dancing.

[670] Abidjan, Ch. Civ.et Com., arrêt n° 91 du 20 janv. 2004, Orsoh Sonah Ludovic c/ Société Sidis Senoh et un autre, *juriscope.org.*

[671] Cet article institue le régime de la liberté de la preuve en matière commerciale.

2- L'action en revendication

Lorsque le tiers qui se prétend propriétaire des biens saisis n'a pu, pour une raison ou pour une autre mettre en œuvre l'action en distraction avant la vente, il ne lui reste plus qu'à engager une action en revendication. Selon l'article 142 al. 1 de l'Acte uniforme, seule l'action en revendication est possible après la vente du bien réclamé. Cet article fait l'objet d'une application jurisprudentielle rigide[672].

Cependant, nous pensons qu'il n'en sera ainsi que si la vente intervenue peut être prouvée par un procès-verbal de vente publique aux enchères. Si cette vente n'a pas été faite dans le respect des règles relatives aux voies d'exécution, le tiers peut encore exercer son action en distraction.

Mais il est clair que l'action en revendication pourra se heurter à l'article 2279 du C.civ.selon lequel, en matière de meubles, la possession vaut titre. Même si elle semble ainsi difficile, l'action en revendication n'en reste pas moins admise. Elle pourra prospérer si la saisie n'est pas valide ou alors si le revendiquant réussit à prouver la mauvaise foi de l'acquéreur. Mais, le tiers qui a été reconnu propriétaire d'un bien déjà vendu peut jusqu'à la distribution des sommes produites par la vente en distraire le prix non diminué des frais[673].

Malgré l'admission de ces deux actions, la liberté de saisir dont bénéficie le créancier n'est pas entamée puisque l'article 139 de l'Acte

---

[672] Cour d'appel d'Abidjan, arrêt n°1036 du 30 juillet 2003, OUATTARA IDRISSA c/ Société COASTAL TRADING COMPAGNY dite CTC, *ohadata, J-03-303.*
[673] Art. 142 al. 2 de l'AUVE.

uniforme affirme que les demandes relatives à la propriété ou à la saisissabilité ne font pas obstacle à la poursuite de la saisie, mais suspendent la procédure pour ceux des objets en cause. Dès lors, doit être accueillie, la demande de suspension des poursuites portant sur divers matériels lorsque leur vente est projetée alors qu'une procédure de distraction des objets saisis est ouverte[674].

Même s'il ne réussit pas dans son action en distraction ou en revendication, le tiers bénéficie des actions en responsabilité civile et pénale.

B- LES ACTIONS EN RESPONSABILITÉ CIVILE ET PÉNALE

Toute protection ne trouve de sens que dans les moyens mis en œuvre pour la rendre concrète ou pour la sanctionner. Le tiers n'étant pas au départ de l'obligation ayant conduit à l'exécution forcée, la loi lui accorde une protection renforcée qui peut donner lieu à une action en responsabilité civile ou en responsabilité pénale.

1- L'action en responsabilité civile

Elle peut être exercée tantôt contre le débiteur saisi, tantôt contre l'huissier instrumentaire ou l'agent d'exécution.

Contre le débiteur, le tiers saisi dispose d'une action récursoire lorsqu'il a été sanctionné pour le payement des causes de la saisie. Il

---

[674] Tribunal hors classe de Dakar, Jugement du 28 avril 2003, Société ICOTRAF c/ Pièces matériels Import et Société SRG ICOTRAF.

s'agira alors de réclamer au débiteur ce qu'il a dû payer au créancier pour son compte. Une Cour d'appel a ainsi confirmé le jugement par lequel un tribunal a fait droit à l'action en remboursement d'un tiers saisi contre des débiteurs saisis aux motifs qu'ayant payé les causes de la saisie pour le compte de ces débiteurs suite à sa condamnation, ce tiers avait un droit de recours contre eux[675].

Il faut cependant dire que cette action récursoire sera difficile puisque le débiteur ne pourra pas en définitive être tenu pour les fautes commises par le tiers saisi. Par ailleurs, rien n'interdit au tiers, s'il est prouvé qu'il n'a commis aucune faute dans l'exécution de son obligation de concourir à l'exécution, de demander réparation au débiteur, pour le préjudice qu'il aurait subi du fait de l'exécution forcée pratiquée entre ses mains. Cette réparation est alors distincte de l'action récursoire visant simplement à récupérer les sommes versées au payement du créancier.

Contre l'huissier ou l'agent d'exécution qui s'est mépris de ses droits patrimoniaux et surtout extrapatrimoniaux, le tiers saisi dispose également d'une action civile en réparation de droit commun. Cette action se calque sur celle qu'aurait exercée le débiteur si la saisie était pratiquée entre ses mains et repose sur le régime commun de la responsabilité civile délictuelle.

En dehors de cette action, la saisie peut aussi donner lieu à des poursuites pénales.

---

[675] CA Zinder, arrêt n° 30 du 25 mai 2006, Syntramin section Somaïr Arlit c/ SONIBANK, *ohada.com/ohadata J*-10-291.

2- L'action en responsabilité pénale

Pour traiter des questions de responsabilité pénale dans le cadre de l'OHADA, il convient de mentionner utilement qu'en ce qui concerne les infractions en lien avec le monde des affaires, il existe une répartition claire des compétences entre le législateur OHADA et les législateurs nationaux. Le premier se limite à poser des incriminations en laissant le soin de la définition des sanctions aux seconds. Mais il convient de noter que dans le cadre des saisies, c'est principalement le droit pénal commun qui sera mis en œuvre selon chaque législation nationale.

Ceci dit, il faut d'emblée signaler que l'action en responsabilité pénale dans le cas des saisies bénéficie tant au tiers saisi qu'au tiers à la saisie contre qui des mesures d'exécution ont été, à tort, dirigées. Elle peut aussi leur bénéficier lorsque leurs propres biens ont été frauduleusement enlevés par l'huissier ou l'agent d'exécution. Cette action sera essentiellement exercée contre l'huissier ou l'agent d'exécution qui, malgré l'opposition du tiers et sans preuve de l'appartenance des biens au débiteur, a procédé à leur saisie.

Le tiers peut aussi poursuivre l'huissier ou l'agent d'exécution qui s'introduit chez lui à des heures prohibées ou qui a procédé à la saisie sans qualité. Ceci conduit aussi à songer aux infractions telles que l'usurpation de fonction, l'usage de fausse qualité et bien d'autres. Par ailleurs, les tortures qu'aurait subies le tiers peuvent donner lieu à des sanctions pénales. Il faut dire que l'ensemble de ces actions se calquent sur celles qu'aurait pu exercer le créancier.

Pour terminer, il convient de mentionner que la protection des tiers et la sauvegarde de l'intérêt général sont des motifs sérieux de limitation de la liberté de saisir. Cette limitation n'est pas fantaisiste, elle repose bien sur des fondements qui vont du souci du respect de l'honorabilité de l'Etat, de la présomption de solvabilité dont il bénéficie au souci de sauvegarde de l'ordre public en passant par la préservation des enjeux sociaux et économiques. Leur matérialisation est facilitée par l'affirmation du caractère impératif des procédés d'exécution forcée, le recours à la force publique pour concourir à l'exécution forcée et la reprise de la rigueur traditionnelle des immunités d'exécution.

Mais il faut dire que cette limitation est si rigide que, non seulement elle rame à contre-courant de l'évolution internationale du droit en maintenant des archaïsmes, mais encore limite les chances de solvabilité du débiteur. Cet état de choses est d'autant plus grave que le refus d'arrimage du droit OHADA à la tendance internationale est entretenu par l'interprétation rigoureuse de la loi par la CCJA. Il faut dire que les conséquences sont inévitablement l'inverse de ce que vise le vaste et l'ambitieux programme de l'OHADA. Un droit du crédit et de l'exécution aussi rigide crée un climat de méfiance des hommes d'affaires et limite ainsi les investissements dans l'espace OHADA. On est alors en droit de se poser la question de l'influence de la protection du débiteur qui a été l'une des questions au centre de la réforme des voies d'exécutions dans les pays membres de l'OHADA.

CONCLUSION DE LA SECONDE PARTIE

La liberté dont dispose le créancier dans les opérations de saisie ne peut en aucun cas prendre le pas sur la sauvegarde de l'intérêt général, des intérêts des tiers et des droits fondamentaux du débiteur.

La protection de l'intérêt général et la préservation de l'ordre public limitent considérablement la saisie. En aucun cas, les opérations de saisie ne doivent porter atteinte à l'honorabilité de l'Etat ou perturber le bon fonctionnement du service public. De même, l'exécution d'une décision de justice ou d'un acte ne doit être de nature à perturber l'ordre public ou le souci de sauvegarde des intérêts économiques et sociaux du grand nombre. Dans tous ces cas, l'Etat se refuse d'apporter son concours à l'exécution ou demande purement et simplement l'arrêt d'une procédure engagée. Cette vérité est d'autant plus plausible que l'immunité dont bénéficient les Etats dans le contexte OHADA est sans faille que ce soit sur le plan législatif que jurisprudentiel. Cette situation, il faut le remarquer est contraire à la tendance internationale à la restriction du domaine des immunités. Elle fragilise alors la situation du créancier et crée un climat de méfiance et de suspicion dans les relations commerciales.

De même, le tiers qui n'est pas à l'origine de la créance fait l'objet d'une protection justifiée.

Enfin, la montée en puissance des droits fondamentaux donne une sorte d'immunité au débiteur puisque le strict respect de ces droits finit par primer sur le souci d'exécution des décisions de justice. En effet, la volonté du législateur est d'humaniser les voies d'exécution en créant aussi une obligation de collaboration et de loyauté à la charge du créancier. De la sorte, tout abus observé de la part du créancier ou de l'huissier est sanctionné.

En somme, il convient de relever que le législateur OHADA en voulant humaniser les saisies par la garantie des droits fondamentaux du débiteur et des tiers a davantage fait basculer le curseur du côté de ce dernier. Dans ces conditions, on se pose alors la question de savoir si le pari d'équilibre des intérêts des parties qui animait le législateur a été tenu.

CONCLUSION GENERALE

La question de la liberté de saisir dans le système OHADA des voies d'exécution amène à réfléchir sur son existence, son admission et sur son effectivité. Elle conduit nécessairement à analyser les possibilités de choix qui sont données au créancier dans la mise en œuvre de son droit à l'exécution.

Il est certain que l'AUVE affirme clairement la volonté d'instaurer la liberté de saisir tout en prenant le soin d'en fixer les limites.

La liberté du créancier se manifeste ainsi tant dans le choix du champ sur lequel sera déployée la saisie que sur les procédés à mettre en œuvre.

En ce qui est du choix du champ de la saisie, il est spatial, personnel et matériel. La mise en œuvre des mesures d'exécutions dans les territoires de l'OHADA est facilitée par l'existence de la Cour Commune de Justice et d'Arbitrage dont les décisions sont revêtues d'une formule exécutoire permettant au créancier d'en demander l'exécution dans n'importe quel pays. On remarque également que, l'AUVE élargit le champ personnel de la saisie en généralisant les cas de saisie entre les mains des tiers et sur soi-même. Le créancier a alors le choix de la personne entre les mains de qui diligenter les opérations de saisie. Ainsi, il pourra engager la saisie contre la personne entre les mains de qui il estime que son action pourra aisément aboutir. Il peut ainsi entreprendre de saisir les biens du débiteur entre ses mains propres ou entre celles de ceux que la lui loi assimile. De même, il peut poursuivre le débiteur sur ses droits que des tiers détiendraient. L'AUVE a alors généralisé les cas de saisie entre les mains des tiers.

Est également généralisée, l'hypothèse de saisie sur soi-même toutes les fois que les qualités de tiers et de créancier se réunissent en une seule personne. De même, pourvu que cette option soit justifiée, le créancier peut décider de saisir simultanément des biens détenus par plusieurs personnes.

Une fois les cibles personnelles identifiées, le créancier aura aussi le choix du bien à saisir. Ici, il optera entre les types de biens, mobiliers ou immobiliers sous réserve du respect de la subsidiarité de la saisie immobilière. Dans les saisies mobilières, il pourra choisir soit un bien corporel ou incorporel soit tel ou tel bien pris individuellement. Dans la saisie immobilière, il pourra opter pour tel ou tel immeuble ou d'en poursuivre plusieurs dans le respect des conditions établies dans ce cas et pourvu que sa totale satisfaction en soit la justification. Il peut également anticiper sur le mode de réalisation des biens qui font l'objet de garantie de sa créance en optant soit pour la réalisation conventionnelle, l'attribution judiciaire ou alors en attendant de remplir les conditions nécessaires à l'exécution par la force. De même, il lui est accordé d'engager une saisie sur la base d'un titre non définitif ou sur une créance non liquidée. La multitude d'obligations mises à la charge des sujets passifs et des facilitateurs de la saisie milite aussi pour une liberté plus accrue.

Pour ce qui est du choix des procédés d'exécution, la seule contrainte qui s'impose au créancier est que la nature du bien choisi dicte la procédure à respecter. Mise de coté cette contrainte, le créancier pourra alors recourir à une exécution définitive ou à une exécution provisoire.

L'AUVE à côté des saisies classiques, règlemente de nouvelles saisies. Cette extension agrandit les possibilités de choix du créancier. Le champ matériel des voies d'exécution s'intensifie donc avec l'apparition de nouvelles procédures plus simples, modernes, plus rapides et donc plus efficaces prenant en considération l'évolution du patrimoine du débiteur. Pour l'exécution provisoire, on sait que le créancier est libre d'y recourir ou d'attendre l'obtention d'un titre exécutoire. Cette liberté s'exprime d'autant plus que les risques qui pourraient en résulter sont présentés au créancier.

Néanmoins, on remarque à certains égards que le formalisme et l'humanisme qui caractérisent les nouvelles saisies les rendent plus fastidieuses et profitent prioritairement au débiteur[676]. A d'autres égards, le législateur donne la priorité à l'intérêt général, à l'ordre public et à la sauvegarde des intérêts économiques et sociaux face aux intérêts du créancier. Par ailleurs, d'énormes pouvoirs sont accordés au débiteur de même que la protection de ses intérêts est de mise.

On peut donc constater que le législateur OHADA fait la part trop belle au débiteur en méconnaissant la philosophie des voies d'exécution qui s'inscrit dans l'optique d'équilibre tout en optimisant les chances de recouvrement du créancier. Egalement, il semble que, consciemment ou pas, il procède à une protection démesurée des entreprises et du tissu économique, aux dépens des droits patrimoniaux des créanciers et manque par là même l'occasion de mieux réguler les relations économiques interpersonnelles.

---

[676] A. D. WANDJI KAMGA, *Le droit à l'exécution forcée, Réflexion à partir des systèmes juridiques camerounais et français*, thèse de doctorat Phd. Université de Yaoundé II et Université de Limoges, 2009, p.533.

On se rend certes compte que si le risque d'insolvabilité a diminué comparativement à ce qui prévalait avant l'avènement de l'OHADA, il n'en demeure pas moins grand. Il est clair que le législateur a surtout posé le principe de la liberté de saisir sans aller au bout de ses intentions. Il est donc important que le texte de l'OHADA soit amélioré tant par le législateur que par ceux qui doivent l'appliquer.

L'œuvre du législateur communautaire doit d'abord porter sur la simplification des procédures, notamment du régime des nullités, et des délais de procédure. De même, l'arrimage à l'évolution internationale du droit tout en faisant un effort de contextualisation nous semble nécessaire. Il faudra par exemple redéfinir l'étendue de l'immunité dans le contexte de l'OHADA. Il faut aussi remarquer que le rôle de la Cour Africaine des Droits de l'Homme et des Peuples dans le contrôle de la qualité de l'exécution est souhaitable[677]. Un auteur[678] propose également, même si cela nous semble difficile à réaliser, l'élargissement des compétences de la CCJA dans l'optique du contrôle de la qualité de l'exécution avec un pouvoir de condamnation des Etats. Il suggère également, au regard de l'acuité du risque d'inexécution, que le législateur pense à mettre sur pied une assurance risque d'inexécution pour que ce risque soit mutualisé[679]. Pour lui, il faut promouvoir les moyens négociés d'exécution, moins coûteux, moins spectaculaires et, partant, plus efficaces. Ces moyens marquent incontestablement la liberté du créancier qui aura désormais le choix entre les moyens négociés et les procédures forcées d'exécution. L'admission du pacte

677 Ibid., p.531.
678 Ibid, p. 535
679 Ibid.

commissoire et de l'attribution judiciaire des biens gagés sont sans doute la première lueur de cette avancée qui devra se parfaire.

La participation des législateurs des Etats parties est aussi impérative. On remarque que la résolution du législateur de l'OHADA de moderniser le droit n'est pas relayée en droit interne. Les textes nationaux sont d'une obsolescence criarde et doivent nécessairement s'arrimer aux évolutions économiques et sociales. De même, ils doivent être conformes au droit de l'OHADA pour que son application ne diffère pas fondamentalement d'un pays à un autre créant ainsi des paradis d'insolvabilité.

Le rôle du juge doit être visible dans la construction du droit OHADA. Tant sur le plan communautaire que national, le juge doit s'efforcer à aller au-delà de l'application à la lettre des textes de loi, pour se conformer à l'esprit de l'OHADA. C'est donc par ce moyen qu'il réussira à susciter l'arrimage des différents législateurs nationaux aux évolutions jurisprudentielles et légales. Il faut dire à cet effet que le juge national doit éviter la sécrétion d'un droit des affaires « informel » en se cantonnant aux textes nationaux ou aux pratiques vieillissantes. Le législateur communautaire fonde en effet beaucoup d'espoir sur le rôle du juge pour assurer l'unité d'interprétation des Actes uniformes en vue de faire asseoir leur autorité. L'attitude de l'ensemble des facilitateurs de l'exécution forcée doit également évoluer vers plus de professionnalisme. Ils doivent nécessairement s'approprier la lettre et surtout l'esprit du droit de l'OHADA.

C'est de la somme de tous ces efforts que s'améliorera le droit de l'exécution. C'est alors que ce dernier assurera l'équilibre des parties qui est, à notre avis, la condition *sine qua non* d'une réelle liberté de saisir.

BIBLIOGRAPHIE

A- Ouvrages

ANOUKAHA (François), TJOUEN (Alexandre-Dieudonné), *Les procédures simplifiées de recouvrement et des voies d'exécution OHADA*, coll. Droit uniforme, Yaoundé, PUA, 1999.

ASSI-ESSO (Anne-Marie), NDIAW (Diouf), *OHADA, Recouvrement des créances,* coll. Droit uniforme, Unida, Juriscope, Bruxelles, Bruylant, 2012.

CORNU (Gérard), *Vocabulaire juridique, Association Henri Capitant,* Paris, PUF, 4ème éd. 1987.

ISSA SAYEGH (Joseph), POUGOUE (Paul-Gérard) et FILIGA SAWADOGO (Michel), *Traité des Actes Uniformes commentés et annotés,* Juriscope, 2002 et 2008.

JULIEN (Pierre), TAORMINA (Gilles), *Voies d'exécution et procédures de distribution*, Paris, LGDJ, 2000.

KUATE TAMEGHE (Sylvain-Sorel), *La protection du débiteur dans les procédures individuelles d'exécution*, l'Harmattan, Paris, 2004.

MAH (Ebénézer Paul), *L'huissier de justice au Cameroun francophone*, l'Harmattan Cameroun, Yaoundé, 2014.

MOULOUL (Alhousseini), *Comprendre l'Organisation pour l'Harmonisation en Afrique du Droit des Affaires (OHADA)*, 2008.

NICOD (Benoît), *Les voies d'exécution,* coll. Que sais-je ?, Paris, PUF, 1994.

ONANA ETOUNDI (Félix), MBOCK BIUMLA (Jean Michel), *Cinq ans de jurisprudence commentée de la Cour Commune de Justice et d'Arbitrage (CCJA), (1999- 2004),* avec la participation de Marie Joseph de Boideffre et Moore Dickerson, Unida, Presses de l'Ama, 1ère éd., 2005.

ONANA ETOUNDI (Félix), *OHADA, Jurisprudence thématique, commentée et annotée de la Cour Commune de Justice et d'Arbitrage (1997-2008)*, collection Pratique et Contentieux de Droit des Affaires, Yaoundé, Presses de l'AMA, juin 2009.

ONANA ETOUNDI (Félix), *Droit OHADA et exécution provisoire, collection pratique et contentieux de droit OHADA*, Yaoundé, 2006.

PERROT (Roger), THERY (Philippe), *Les procédures civiles d'exécution,* Paris, Dalloz, 2000.

POUGOUE (Paul-Gérard), KALIEU (Yvette), *L'organisation des procédures collectives d'apurement du passif OHADA,* coll. Droit uniforme, Yaoundé, PUA, 1999.

POUGOUE (Paul-Gérard), KALIEU (Yvette), *Introduction critique à l'OHADA*, Yaoundé, PUA, 2008.

POUGOUE (Paul-Gérard), TEPPI KOLLOKO (Fidèle), *La saisie immobilière dans l'espace OHADA*, 2e éd., Collection *Vade-mecum*, PUA, Yaoundé, 2010.

POUGOUE (Paul-Gérard), KUATE TEMEGHE (Sylvain Sorel) (Sous la direction de), *Les grandes décisions de la Cour Commune de Justice et d'Arbitrage de l'OHADA*, LGDJ, Paris, 2010.

POUGOUE (Paul-Gérard), (Sous la direction de), *Encyclopédie du droit OHADA*, Lamy, 2011.

POUGOUE (Paul-Gérard), TEPPI KOLOKO (fidèle), *La saisie attribution des créances OHADA,* coll. Vade-mecum, Unida, Yaoundé, PUA, 2005.

TUMNDE (Martha Simo), MELONG(Justin) et TUMNDE MONTEH (Peter), *The Execution of Court Judgments under the OHADA Uniform Act on Simplified Recovery Procedures and Measures of Execution*, Yaoundé, PUA, 2013.

TWENGEMBO, *Formulaires d'actes de procédure OHADA,* 2ème éd., Yaoundé, PUA, 2004.

B- Articles de doctrine

ABARCHI (Djibril), « La supranationalité de l'Organisation pour l'Harmonisation en Afrique du Droit des Affaires (OHADA) », *Ohadata,* D-02-02 ; www.ohada.com.

ADJAKA (Michel), «L'identification de la juridiction compétente prévue à l'article 49 de l'acte uniforme portant organisation des procédures simplifiées de recouvrement et voies d'exécution (AUPSRVE). », *Ohadata, D*-08-47.

ADJAKA (Michel), « Réflexion sur le régime des nullités consacré par l'Acte uniforme de l'OHADA portant Organisation des Procédures Simplifiées de Recouvrement et des Voies d'Exécution. », *Ohadata, D*-11-25.

AQUEREBURU (Coffi Alexis), « L'Etat justiciable de droit commun dans le Traité OHADA », *Penant, n°865,* p.503. *Revue de Droit Uniforme Africain, n° 000, 09/08/2010, Ohadata D- 13- 54.*

ANOUKAHA (François), « Le Juge du contentieux de l'exécution des titres exécutoires : le législateur camerounais persiste et signe…l'erreur », *Juridis Périodique,* n°70, avril- mai- juin 2007, pp. 33-38.

ANOUKAHA (François), « La réforme de l'organisation judiciaire au Cameroun », *Juridis Périodique,* n°68, octobre- novembre- décembre 2006, pp. 45-56.

BADJAGA (Boubacar), « Le traitement des opérations de saisie-attribution sur compte bancaire impliquant le tiers saisi à l'aune des dispositions de l'AUVE de l'OHADA », *Jurifis Info, n° 13- Nov./déc. 2013, pp. 54- 62 ; Ohadata, D-14- 05.*

DIALLO (Bakary), « La saisie immobilière en OHADA vue par le juge suprême. Commentaire de l'arrêt CCJA n°25 du 15 juillet 2004, Aff. Dame M c/ Société Commerciale de Banque Crédit Lyonnais dite SCB-CL », *Jurifis Info,* Edition spéciale, n°12, octobre 2012, p.44 ; *Ohadata, D*-13-16.

BATOUM (Frédéric Placide Michel), « La saisie vente dans la législation OHADA ou le sacre de l'insolvabilité ? », *Juridis Périodique* n°74, avril- mai- juin 2008, pp. 71-83.

BENKEMOUN (Laurent), « Quelques réflexions sur l'OHADA, dix ans après le traité de Port-Louis », *Penant,* n°62, avril- mai- juin 2005, pp. 41-51.

BOUBOU (Pierre), « La réalisation de l'hypothèque dans le projet de réforme de l'acte uniforme sur les sûretés : priorité à la viabilité des garanties », ohada.com/ ohadata D-10-54.

BRIZOUA-BI (Michel), « L'attractivité du nouveau droit OHADA des hypothèques », *Droit et Patrimoine,* N° 197- novembre 2010, pp. 86-88.

CUPERLIER (Olivier), « Arbitrage OHADA et personnes publiques », *Ohadata D*-13-64.

DESDEVISES (Yvon), « Equilibre et conciliation dans la réforme des procédures civiles d'exécution », *in Nouveaux juges, nouveaux pouvoirs, Mélanges R. Perrot*, Paris, Dalloz, 1996, pp.99-106.

DIAKHATE (Mamadou), « Les procédures simplifiées et les voies d'exécution : la difficile gestation d'une législation communautaire », *Ohadata,* D-05-01 ; www.ohada.com.

DIAKHATE (Mamadou), « Observations sur la jurisprudence de la Cour Commune de Justice et d'Arbitrage (CCJA) relative à l'interprétation de l'article 32 AUPSRVE (exécution provisoire) », *Ohadata* D-05-14.

DIAKITE (Ousmane), « Analyse commentée de l'Acte Uniforme sur les Voies d'Exécution », *Revue du droit des affaires du Mali*, n°2, P.20 et S., ohadata D-03-15.

DIENG (Amadou), « Panorama du droit OHADA : quels enjeux pour les avocats ? L'*exequatur* des décisions et sentences CCJA » colloque OHADA du Barreau Pluriel, 26 nov. 2009 ; ohada.com/ohadata D-11-89

DOE-BRUCE (Adama), « La responsabilité des auxiliaires de justice du fait des saisies », *Revue Africaine de Droit, d'Economie et de Développement,* Vol1, N°6, 2005 pp.584-587.

DOGUE (Charles), « Une nouveauté déplorable : la prohibition des défenses à exécution provisoire », Ohadata D-02-23, *Actualités Juridiques*, n°28, juin 2002.

DOSSA (Raymond), « Le rôle de l'avocat dans la cité : du juridique au judiciaire », Communication présentée aux Journées Portes Ouvertes du secteur des réformes de la justice, Cotonou, le 26 septembre 2011, *Revue de l'ERSUMA*, Numéro spécial-Novembre/Décembre 2011, pp. 151- 163.

EBERANDE KOLONGELE (Désiré-Cashmir), « Immunité d'exécution, obstacle à l'exécution en droit OHADA contre les entreprises et personnes publiques ? », disponible sur : www.ohada.com.

ESSAMA (Joséphine Angèle), « Les délais de grâce avec l'entrée en vigueur de l'Acte Uniforme sur les voies d'exécution », *RASJ,* vol. 1, n°3, 2003, pp.149-162.

FENEON (Alain), « Le pacte commissoire : une innovation importante du nouvel Acte Uniforme sur les Sûretés », ohada.com/ohadata D-12-82 ; Penant n° 877-octobre/décembre 2011, P.429.

FICERO (Nathalie), « La saisie vente », *in Répertoire de procédure civile, Encyclopédie Dalloz,* t.5, octobre 2001, pp.1-19.

FOMETEU (Joseph), « Le Juge de l'exécution au pluriel ou la parturition au Cameroun de l'article 49 de l'Acte Uniforme OHADA portant voies d'exécution », *Juridis Périodique,* n°70, avril- mai- juin 2007, pp.97-109.

GATSI (Jean), « Le recouvrement de créances bancaires en droit OHADA », *Ohadata, D*- 05- 32.

GATSI (Jean), « L'avis à tiers détenteur et le nouveau droit des affaires OHADA », Ohadata, D- 05- 24.

GAUDEMET (Yves), « La saisie des établissements publics : nouveaux développements de la question », *Gaz Pal.* n°6, novembre-décembre 1984, pp.565-569

HENRI (Caroline), FABIANI (Dominique), « L'exécution des biens indivis », *Petites affiches,* n°8, 12 janvier 2000, pp.5-11.

HOONAKKER (Philippe), « L'exécution provisoire », *in Répertoire de procédure civile, Encyclopédie Dalloz,* juin 2001.

HUGON (Christine), « L'exécution des décisions de justice », *in Libertés et droits fondamentaux,* sous la dir. de Rémy CABRILLAC, Marie-Anne FRISON-ROCHE et Thierry REVET, Paris, Dalloz, 6ème éd., 2000, pp. 511-523.

IBONO (Armel Ulrich), « L'immunité des personnes morales de droit public à l'épreuve de la pratique en droit OHADA », *Revue de l'ERSUMA*, n° 3- septembre 2013, pp. 80-94.

IPANDA (François), « Le régime des nullités des actes de procédure depuis l'entrée en vigueur de l'Acte Uniforme portant organisation des procédures simplifiées de recouvrement et des voies d'exécution (à la lumière de quelques décision récentes », *Ohadata,* D-02-01 ; *RCDA* n°6, janvier- mars 2001 ; www.ohada.com.

IPANDA (François), « L'arrêt Epoux Karnib : Une Révolution ? Question d'interprétation », *RCDA* n° 10, Janvier – mars, 2002.

ISSA-SAYEGH (Joseph.), « L'intégration juridique des pays africains par l'OHADA », Conférence du 15 mai 2007- Pointe-à-pitre (Guadeloupe).

ISSA-SAYEGH (Joseph.), « Présentation des dispositions sur les Procédures Simplifiées de Recouvrement et les Voies d'Exécution », *Ohadata* D-06-08.

ISSA-SAYEGH (Joseph.), « Réflexion et suggestions sur la mise en conformité du droit interne des Etats parties avec les Actes Uniformes de l'OHADA et réciproquement », *Ohadata* D-04-12

ISSA-SAYEGH (Joseph.), « Introduction au traité et aux Actes Uniformes de l'OHADA », *Ohadata*, D-02-17.

ISSA-SAYEGH (Joseph.), « Quelques aspects de l'intégration juridique : l'exemple des Actes Uniformes de l'OHADA », *Revue de droit uniforme*, Unidroit. Rome, 1999-1, P.5 et S.

ISSA-SAYEGH (Joseph.), « La portée abrogatoire des Actes Uniformes de l'OHADA », *Revue burkinabè de droit*, numéro spécial, n° 39- 40, P.51 et S.

JULIEN (Pierre), « Saisie », *Répertoire de Procédure Civile, Encyclopédie Dalloz*, Tome III, 1997.

KAMTO (Maurice), « La participation des personnes morales africaines de droit public à l'arbitrage OHADA », In Philippe Fouchard (sous la direction de), *L'OHADA et les perspectives de l'Arbitrage en Afrique,* Travaux du Centre René-Jean Dupuy pour le droit et le développement, vol. I, Bruylant, Bruxelles, 2000, pp. 89-100.

KENFACK DOUAJNI (Gaston), « L'exécution forcée contre les personnes morales de droit public », *Revue camerounaise de l'arbitrage*, n° 18, juillet - août - septembre 2002, p. 3, *Ohadata, D-*02- 28.

KENFACK DOUAJNI (Gaston), « Les Etats parties à l'OHADA et la convention des Nations Unies sur les immunités juridictionnelles des Etats et de leurs biens », *Penant* n° 855, p. 198 ; Revue Camerounaise de l'Arbitrage N° 32 / Janvier - Février - Mars 2006, p. 3, *Ohadata, D-*06- 02.

KENFACK DOUAJNI (Gaston), « L'exécution des sentences arbitrales dans l'espace OHADA », *Revue Camerounaise de l'Arbitrage,* numéro spécial, février 2010, p.100, *Ohadata, D-11- 38.*

KENFACK DOUAJNI (Gaston), « Le contentieux de l'exécution provisoire dans l'Acte uniforme relatif au droit de l'arbitrage », *Revue Camerounaise de l'Arbitrage,* n°16- Janvier- février- mars 2002, p.3.

KENFACK DOUAJNI (Gaston), « Les mesures provisoires et conservatoires dans l'arbitrage OHADA », *Penant* n° 833, mai-août 2000 ; *Rev. cam. Arb.*, n° 8, janvier-mars 2000, p. 3, *Ohadata, D-* 08-84.

KENFACK DOUAJNI (Gaston), « L'arbitrage CCJA », Revue camerounaise de l'arbitrage, 1999, n° 6, p. 3, Ohadata, D- 08- 81.

KENFACK DOUAJNI (Gaston), « Propos sur l'immunité d'exécution et les émanations des Etats», Revue Camerounaise de l'Arbitrage, n° 30 - Juillet - Août - Septembre 2005, p. 3, *Ohadata*, D-08- 59.

KENFACK DOUAJNI (Gaston), « Suggestions en vue d'accroitre l'efficacité de l'OHADA », Communication faite au colloque ARPEJE/ IDEF, ERSUMA, Porto Novo, 3-5 mai 2004 ; Revue Camerounaise de l'Arbitrage n° 24 - Janvier - Février - Mars 2004, p. 3, *Ohadata*, D- 08- 53.

KENFACK (Hugues), « Les immunités de juridiction et d'exécution de l'Etat et de ses émanations en tant qu'acteurs du commerce international.», *Revue Juridique Tchadienne*, n° 6, p.1 ; *Ohadata, D-08-02.*

KERE KERE (Gilbert), « Le droit commun de l'exécution forcée dans l'espace OHADA », *RASJ,* Vol. 7, N° 1, 2010, pp.65- 83.

KUATE TAMEGHE (Sylvain Sorel), « Les images flous de la vérification des biens saisis dans le système OHADA des voies d'exécution », *Juridis Périodique* n°61, janvier –février- mars 2005, pp.87-92.

KUATE TAMEGHE (Sylvain Sorel), « Délicatesse, convivialité, humanité… et voies d'exécution », *Juridis Périodique* n°62, avril-mai- juin- 2005, pp.41-51.

KUATE TAMEGHE (Sylvain Sorel), « Les mystères des articles 50 al.1 et 51 de l'Acte Uniforme portant organisation des Procédures Simplifiées de Recouvrement et des Voies d'Exécution », *Afrilex* n°5, p.177et s.

KUATE TAMEGHE (Sylvain Sorel), « La stratégie de protection du logement dans le système OHADA des voies d'exécution » *Revue Internationale de Droit Africain* n° 68, janv.-mars 2006, p. 7-38.

KUATE TAMEGHE (Sylvain Sorel), « Quelques paradoxes du recouvrement impliquant l'administration », *Les Annales du Cerjusp* n° 001, pp. 121- 138.

LAPOYADE DESCHAMPS (Christian), « Un texte insaisissable, Commentaire du décret n°87-637 du 5 août 1987 pris pour application de l'article 1414 du Code civil », *D.* 1989, chr. Pp154-158.

LEBOULANGER (Philippe), « L'immunité d'exécution des personnes morales de droit public », *Revue Camerounaise de Droit de l'Arbitrage,* numéro spécial, février 2010, p.127 ; *Ohadata, D*-11-42.

LEUMEGA (Elvis), « La problématique du développement économique dans l'article 32 de l'Acte Uniforme OHADA portant sur les Procédures Simplifiées de Recouvrement et des Voies d'Exécution (jusqu'où le législateur communautaire devrait continuer à faire la sourde oreille ?) », www.village-justice.com.

MAÏDAGI (Maïnassara), « Le défi de l'exécution des décisions de justice en droit OHADA », *Ohadata,* D-06-51 ; www.ohada.com.

MARTIN (Didier), « Le droit de l'indivision (commentaire de la loi relative à l'organisation de l'indivision) », *Dalloz-Sirey,* 1997, chr. pp. 221-236.

MARTIN (Raymond), « Saisie (biens insaisissables) », *Encyclopédie Dalloz, Répertoire de procédure civile*, t. 5, 2003, pp.1-7.

MARTOR (Boris) et THOUVENOT (Sébastien), « L'uniformisation du droit des affaires en Afrique par l'OHADA », *JCP- Cahiers de droit de l'entreprise,* n°5, supplément à la Semaine juridique n°44 du 28 octobre 2004, pp. 5-11.

MEKOBE SONE (Daniel), « La juridiction du président », Réunion des chefs de Cour d'Appel, Yaoundé 4, 5, 6 février 2002.

MINOU (Sterling) « La juridiction prévue à l'article 49 de l'Acte Uniforme n° 6 portant organisation des procédures simplifiées de recouvrement et des voies d'exécution est-elle juge des référés au Cameroun ? » *Juridis Périodique,* n°62, avril- mai- juin 2005, pp.97-104.

MODI KOKO BEBEY (Henri-Désiré), « L'identification de la juridiction compétente de l'article 49 de l'Acte uniforme portant organisation des procédures simplifiées de recouvrement et des voies d'exécution. », *Ohadata, D*-04-35.

MOTTE- SURANITI (David), « L'exécution en France des sentences arbitrales CCJA », *RTDJA,* N° 002, pp.996 114.

NDZUENKEU (Alexis), « Les nouvelles règles de compétence juridictionnelle en matière de saisies mobilières : regard sur l'article 49 de l'Acte Uniforme portant organisation des procédures simplifiées de recouvrement et des voies d'exécution », *Annales de la F.S.J.P. de Dschang*, t.6, numéro spécial droit OHADA- CIMA, Unida, PUA, 2002 ; www.ohada.com.

NGOUMTSA ANOU (Gérard), « L'exequatur en droit positif comparé : regard sur l'espace intégré OHADA à la lumière de l'expérience européenne », *RDAI/IBLJ,* N°5, 2012, pp. 588- 595.

NGUELEU (Anselme), « Panorama de l'exécution des décisions de justice au Cameroun », *Juridis Périodique,* n°25, janvier –février-mars 1996, pp.99-103.

NGUIHE KANTE (Pascal), « Réflexion sur le régime juridique de la dissolution et de la liquidation des entreprises publiques et parapubliques au Cameroun depuis la réforme des procédures collectives OHADA. », *Afrilex* n° 4, pp. 221-250.

NKEA NDZIGUE (Francis), « Les droits du débiteur dans le système OHADA des voies d'exécution », *Penant* n° 873, pp. 405-420.

OKILASSALI (Maurille), « La participation des Etats africains à l'arbitrage C.I.R.D.I », *Revue Camerounaise de l'Arbitrage,* N°13- Avril- Mai- Juin 2001, pp.3-23.

OMAM (Florence) ; « Le rôle de l'huissier en matière d'exécution des décisions de justice depuis l'Acte uniforme relatif aux mesures de recouvrement forcé et aux voies d'exécution », *Revue Camerounaise de Droit,* juillet-septembre 2000, pp. 9-25.

ONANA ETOUNDI (Félix), « La pratique des voies d'exécution dans l'Acte Uniforme OHADA », deuxième communication du séminaire du 12 mai 2007 (Grand Bassan) sur le recouvrement simplifié des créances et des voies d'exécution, *Ohadata, D*-07-22 ; www.ohada.com.

ONANA ETOUNDI (Félix), « Le régime des nullités des actes de procédure dans l'Acte Uniforme portant organisation des procédures simplifiées de recouvrement et des voies d'exécution », www.ohada.com

ONANA ETOUNDI (Félix), « Quel est le sort des défenses à l'exécution provisoire dans les Etats membres de l'OHADA ? », *Actualités Juridiques* n° 47/ 2005, P.64.

ONANA ETOUNDI (Félix), « L'immunité d'exécution des personnes morales de droit public et ses applications jurisprudentielles en droit OHADA », *Revue de Droit Uniforme Africain,* n° 000- 09/08/2010, *Ohadata, D*- 13- 55.

PAILLUSSEAU (Jean), « Le droit de l'OHADA, un droit très important et original », *JCP, Cahiers de droit des entreprises,* n°5, supplément à la Semaine juridique n°44 du 28 octobre 2004, pp.1-5.

PARLEANI (Gilbert), "Le juge des référés face au droit communautaire", *D.* 1990, chr. Pp.65-72.

PASCHOUD (Anne- Christine), « Détournement de gage ou d'objet saisi », *Encyclopédie Dalloz, Répertoire de droit pénal et de procédure pénale,* t 3, 2000, pp.1-7.

POISSON (Sébastien), « Pour une approche procédurale de la nullité des actes d'exécution forcée », http://magat.francois.free.fr/Pour%20une%20approche%20proc%C3%A9durale%20de%20la%20nullit%C3%A9%20des%20actes%20d%27ex%C3%A9cution%20forc%C3%A9e.html

POUGOUE (Paul- Gérard), « OHADA, instrument d'intégration juridique », *RASJ,* vol.2, n°2, 2001, pp.11-30.

POUGOUE (Paul- Gérard), « Les sociétés d'Etat à l'épreuve du droit OHADA », *Juridis Périodique* N° 65, Janvier- Février- Mars 2006, pp. 99- 102.

de SABA A. (Appolinaire), « Le recouvrement de la dette publique intérieure dans les Etats de l'OHADA », *Revue de l'ERSUMA*, n°3- septembre 2013, pp.216-227.

de SABA A. (Appolinaire), « Le statut des personnes bénéficiant de l'immunité d'exécution : enseignements des best practices américaine et française au droit OHADA », *RDAI/IBLJ, N° 5, 2012, pp.575- 581.*

SAWADOGO FILIGA (Michel), « La question de la saisissabilité ou de l'insaisissabilité des biens des entreprises publiques en droit OHADA (à propos de l'arrêt de la CCJA du 7 juillet 2005, affaire Aziablévi Yovo et autres c/ Société Togo Télécom) », *Ohadata,* D-7-16 ; www.ohada.com.

SENE, « La responsabilité du tiers saisi. Lu pour vous sur courdecassation.fr. », *Jurifis Info,* n° Décembre 2010, p.28 *; Ohadata, D.*10-68.

SOH (Maurice), « Insaisissabilités et immunités d'exécution dans la législation OHADA ou le passe-droit de ne pas payer ses dettes », *Juridis Périodique,* n°51, P.89.

SOUOP (Sylvain), « La saisie arrêt des comptes bancaires », *Juridis Infos,* n°13, janvier –février- mars, 1993, pp.62-68.

SOUOP (Sylvain), « L'exécution provisoire encadrée, leurres et heurs d'un revirement jurisprudentiel », *Juridis Périodique,* n°58, avril-mai- juin 2004, pp.116-118.

SOUOP (Sylvain), « Pour qui sonne le glas de l'exécution provisoire ? (Observations sous arrêt n°002/2001 du 11 octobre 2001, affaire SGBCI c/ époux Karnib », *Juridis Périodique,* n°54, avril- mai- juin 2003, pp.104- 105.

STORCK (Michel), « L'exécution sur les biens des époux », *Les petites affiches,* 12 janvier 2000, pp.12-20.

TANKOUA (Emmanuel), « Réflexion sur l'applicabilité de la loi n°92/008 du 14 août 1992 sur l'exécution des décisions de justice telle que modifiée par l'Acte Uniforme portant organisation des procédures simplifiées de recouvrement et des voies d'exécution », *Juridis Périodique* n°50, avril- mai- juin 2002, pp.

TAPO GARBA (Abdoulaye), « Saisie- vente : inconnu du tribunal du domicile du saisissant pour connaître d'une demande de mainlevée », *Revue de droit des affaires du Mali,* n°, p61, www.ohada.com.

TCHAKOUA(Jean-Marie), « L'exécution des sentences arbitrales dans l'espace OHADA : regard sur une construction inachevée à partir du cadre camerounais », *RASJ,* Vol 6, n° 1, 2009, pp.1-13.

TCHAKOUA(Jean-Marie), « L'espace dans le système d'arbitrage de la Cour Commune de Justice et d'Arbitrage de l'OHADA », *Penant 842,* pp. 59- 87.

TCHANTCHOU (Henri), « Le contentieux de l'exécution et des saisies dans le nouveau droit OHADA (article 49 de l'Acte Uniforme portant organisation des procédures simplifiées de recouvrement et des voies d'exécution », *Juridis Périodique* n°46, avril- mai- juin 2004, pp.112-116.

TCHANTCHOU (Henri), « La place du parquet ou Ministère public dans les processus judiciaires communautaires : le cas de l'OHADA », *Revue de l'ERSUMA,* Numéro 1, juin 2012, pp. 489-497.

TCHANTCHOU (Henri), « Sursis ou défenses à exécution... ? L'exécution provisoire revient... ! », *Juridis Périodique,* n°27 juillet – août- septembre 1996, pp.87-91.

TCHANTCHOU (Henri) et NDZUENKEU (Alexis), « L'exécution provisoire à l'ère de l'OHADA », *Penant*, n° 850, janvier-mars 2005, pp. 46-70.

TCHOUAMBIA TOMTOM (Louis Jean Bedel), « La poursuite des infractions pénales OHADA devant les juridictions camerounaises : où est passé le Ministère public ? »,

TEPPI KOLOKO (Fidèle), « La CCJA et l'article 32 de l'Acte Uniforme portant organisation des procédures simplifiées de recouvrement et des voies d'exécution en OHADA (A la lumière des arrêts n°012/2003 ; 013/2005 ; 014/2004 du 19 juin 2003 », *Juridis Périodique* n°58, avril- mai- juin 2001, pp.98- 105.

THOMINETTE (Renaud), « Faut-il interdire au créancier d'un Etat étranger d'avoir accès aux juridictions françaises ? », *Recueil Dalloz-2007*- n°27, pp. 1897-1900.

TJOUEN (Alexandre- Dieudonné), « L'exécution des décisions de justice en droit camerounais», *RIDC- 2*, 2000, pp.429-442.

TWENGEMBO, « Loi n°92/008 du 14 août 1992 fixant certaines dispositions relatives à l'exécution des décisions de justice », *Juridis Périodique* n° spécial, octobre- novembre –décembre 1992, pp. 76-81.

WIEDERKEHR (Georges), D'AMBRA (Dominique), « Exécution des jugements et actes», *Répertoire de Procédure Civile, Encyclopédie Dalloz*, 2003, Tome III.

WAMBO (Jérémie), « L'article 156 de l'AUPSRVE de l'OHADA et sa mise en œuvre au plan jurisprudentiel », Ohadata D-13-21.

YIKAM (Jérémy), « Observations sous CCJA, arrêt n°013 du 18 mars 2004, Fotoh Fonjungo Tobias c/ SGBC » *Juridis Périodique* n°58, avril- mai- juin 2001, pp.86- 95.

YOUEGO (Christine), « La réalisation de l'hypothèque en droit OHADA : étude de l'AUS à la lumière du droit français », *Revue de l'ERSUMA*, n° 3- septembre 2013, pp. 155-184.

YOUEGO (Christine), « Commentaire de la loi n°89/020 du 20 décembre 1989 fixant certaines dispositions relatives à l'exécution des décisions de justice », *Juridis Info,* numéro spécial juillet –août-septembre 1990, pp29-41.

C- Thèses et mémoires

Thèses

KUATE TAMEGHE (Sylvain Sorel), *La protection des débiteurs dans le système des voies d'exécution OHADA,* Université Montesquieu, Bordeaux IV, 2003.

ONANA ETOUNDI (Félix), *L'incidence du nouveau droit communautaire OHADA dans le droit interne de l'exécution des*

décisions de justice en matière répressive : cas du Cameroun, thèse de doctorat d'Etat en droit des affaires, UY II, 2005.
WANDJI KAMGA (Alain-Douglas), *Le droit à l'exécution forcée, Réflexion à partir des systèmes juridiques camerounais et français*, thèse de doctorat Phd. Université de Yaoundé II et Université de Limoges, 2009.

Mémoires

ANANGA (Louis Marie Alain), *L'OHADA et la réforme des mesures civiles d'exécution forcée*, Mémoire d'Auditeur de Justice, ENAM, Yaoundé, 2000.
DJUIDJA (Jeannette), *La saisie-vente*, Mémoire d'Auditeur de Justice, ENAM, Yaoundé, 2000.
ENOTI Fils (Henri), *L'Etat et les saisies*, Mémoire de DEA, Université de Yaoundé II-Soa, 2010-2011.
KITIO (Edouard), *La situation du débiteur dans l'Acte Uniforme sur les voies d'exécution,* Mémoire de DEA, Université de Douala, 2002-2004.
MVOULA (Jacques Dérinmsky), *Le contentieux de la saisie immobilière devant la Cour Commune de Justice et d'Arbitrage de l'OHADA*, Mémoire de DEA, Université de Yaoundé II-Soa, 2007-2008.
NJIMAN EWANE (Clotaire), *Les défenses à exécution à l'épreuve des saisies,* Mémoire de DEA, Université de Yaoundé II-Soa, 2003-2004.
MBEM LISSOUCK, *La saisie des rémunérations de travail,* Mémoire de DEA, Université de Yaoundé II-Soa, 2004-2005.

NGAVANGA (Nicaise Magloire), *La propriété garantie en droit OHADA*, Mémoire de DEA option droit des affaires, Université de Yaoundé II-Soa, www.memoireonline.com.

NOBOLA (Emile), *Les immunités de saisie,* Mémoire de DEA, Université de Yaoundé II- Soa, 2003-2004.

WONDJE (Christine Christelle), *Voies d'exécution et droits fondamentaux dans l'espace OHADA*, Mémoire de Maîtrise en Sciences Sociales, option Sciences Juridiques et Politiques, Université Catholique d'Afrique Centrale, Yaoundé, 2001-2002.

D- Législation

Législation internationale, communautaire et nationale

Pacte International relatif aux droits civils et politiques du 16 décembre 1966.

Charte Africaine des Droits de l'Homme et des Peuples du 27 juin 1981.

Traité du 17 octobre 1993 relatif à l'harmonisation du droit des affaires en Afrique, tel que révisé à Québec le 17 octobre 2008.

Traité portant révision du Traité portant création de l'OHADA.

Acte Uniforme portant organisation des procédures simplifiées de recouvrement et des voies d'exécution.

Acte Uniforme portant organisation des procédures collectives d'apurement du passif.

Loi n°2006/015 du 29 décembre 2006 portant organisation judiciaire.

Code de procédure civile et commerciale, Yaoundé, éd MINOS, 2001.

Code civil.
Loi n° 92/007 du 14 août 1992 portant code du travail
Loi n°2007/001 du 19 avril 2007, instituant le juge du contentieux de l'exécution et fixant les conditions de l'exécution au Cameroun des décisions judiciaires et actes publics étrangers ainsi que les sentences arbitrales étrangères
Loi n°92/008 du 14 août 1992 fixant certaines dispositions relatives à l'exécution des décisions de justice, modifiée par la loi n°97/018 du 7 août 1997.
Loi N° 90/059 du 19 décembre 1990 portant organisation de la profession d'avocat (au Cameroun).
Décret n°94/197/ PM du 09 mai 1994 relatif aux retenues sur salaire
Ordonnance n°74-2 du 06 juillet 1974 modifiée par l'Ordonnance n°77/2 du 10 janvier 1977 fixant le régime domanial.
Décret n° 79/448 du 05 novembre 1979 portant réglementation des fonctions et fixant le statut des huissiers de justice et agents d'exécution (au Cameroun), modifié et complété par les Décrets n°s 85/238 du 22 février 1985 et 98/178 du 27 Août 1998.

Législation française

Loi n°91/650 du 9 juillet portant réforme des procédures civiles d'exécution
Décret n°92/755 du 31 juillet 1992 instituant les nouvelles règles relatives aux procédures civiles d'exécution pour l'application de la loi n°91-650 du 09 juillet 1991 portant réforme des procédures civiles d'exécution.

TABLE DES MATIÈRES

L'HARMATTAN ITALIA
Via Degli Artisti 15; 10124 Torino

L'HARMATTAN HONGRIE
Könyvesbolt ; Kossuth L. u. 14-16
1053 Budapest

L'HARMATTAN KINSHASA
185, avenue Nyangwe
Commune de Lingwala
Kinshasa, R.D. Congo
(00243) 998697603 ou (00243) 999229662

L'HARMATTAN CONGO
67, av. E. P. Lumumba
Bât. – Congo Pharmacie (Bib. Nat.)
BP2874 Brazzaville
harmattan.congo@yahoo.fr

L'HARMATTAN GUINÉE
Almamya Rue KA 028, en face
du restaurant Le Cèdre
OKB agency BP 3470 Conakry
(00224) 657 20 85 08 / 664 28 91 96
harmattanguinee@yahoo.fr

L'HARMATTAN MALI
Rue 73, Porte 536, Niamakoro,
Cité Unicef, Bamako
Tél. 00 (223) 20205724 / +(223) 76378082
poudiougopaul@yahoo.fr
pp.harmattan@gmail.com

L'HARMATTAN CAMEROUN
BP 11486
Face à la SNI, immeuble Don Bosco
Yaoundé
(00237) 99 76 61 66
harmattancam@yahoo.fr

L'HARMATTAN CÔTE D'IVOIRE
Résidence Karl / cité des arts
Abidjan-Cocody 03 BP 1588 Abidjan 03
(00225) 05 77 87 31
etien_nda@yahoo.fr

L'HARMATTAN BURKINA
Penou Achille Some
Ouagadougou
(+226) 70 26 88 27

L'HARMATTAN SÉNÉGAL
10 VDN en face Mermoz, après le pont de Fann
BP 45034 Dakar Fann
33 825 98 58 / 33 860 9858
senharmattan@gmail.com / senlibraire@gmail.com
www.harmattansenegal.com

L'HARMATTAN BÉNIN
ISOR-BENIN
01 BP 359 COTONOU-RP
Quartier Gbèdjromèdé,
Rue Agbélenco, Lot 1247 I
Tél : 00 229 21 32 53 79
christian_dablaka123@yahoo.fr

654705 - Mai 2016
Achevé d'imprimer par
1livre.com
du rêve à la réalité !

www.ingramcontent.com/pod-product-compliance
Lightning Source LLC
LaVergne TN
LVHW011146061026
849535LV00003B/625
9782343060392